수의사가 말하는
수의사

기획 & 진행 이학범 《데일리벳》 대표·박대곤 수동물병원 원장

지은이들 김정민 서울대학교 수의과대학 졸업생 | 백남운 반려동물의료센터 다울 원장 | 박자실 다솜고양이메디컬센터 수의사 | 박천식 아크리스동물의료센터 원장 | 최종영 도담동물병원 원장 | 권순균 홍익동물병원 원장 | 유승호 한국마사회 국제경마부장 | 홍원희 수족관 대표 수의사 | 손영호 반석가금진료연구소 연구소장·반석엘티씨 대표이사 | 조경욱 서울어린이대공원 동물복지팀 팀장 | 김희종 대전 오월드 수의사 | 김춘근 이비치동물치과병원 원장 | 안재상 청담눈초롱안과동물병원 원장 | 강무숙 금손이동물병원 원장 | 설채현 그녀의동물병원 원장 | 오순민 농림축산식품부 방역정책국장·대한민국 수석수의관 | 엄태윤 전 대한공중방역수의사협의회 대표 | 정설령 한국반려동물영양연구소 대표 | 이형찬 수의전문 변호사 | 진희경 경북대학교 수의과대학 실험동물의학 교수 | 이혜원 동물복지지원센터 센터장 | 박민경 세계동물보건기구(OIE) 지위평가부서 부국장 | 이학범 《데일리벳》 대표 (이상 원고 게재 순)

* 이 책은 2005년 처음 출간된《수의사가 말하는 수의사》의 개정판입니다. 세월의 흐름에 따라 달라진 수의사의 세계를 반영하고자 새로운 에피소드로 전면 교체하였습니다. 필진도 모두 바뀌었습니다.

수의사가 말하는 수의사 Episode 2

2005년 3월 2일   초판   1쇄 발행
2019년 2월 1일 개정판   1쇄 발행
2023년 9월 21일 개정판 12쇄 발행

지은이 이학범 외 22인 | 펴낸곳 부키(주) | 펴낸이 박윤우
등록일 2012년 9월 27일 | 등록번호 제312-2012-000045호
주소 03785 서울 서대문구 신촌로3길 15 산성빌딩 6층
전화 02) 325-0846 | 팩스 02) 3141-4066
홈페이지 www.bookie.co.kr | 이메일 webmaster@bookie.co.kr
제작대행 올인피앤비 bobys1@nate.com
ISBN 978-89-6051-678-6 14300
ISBN 978-89-85989-61-9 (세트)

이 도서의 국립중앙도서관 출판예정도서목록(CIP)은 서지정보유통지원시스템 홈페이지 (http://seoji.nl.go.kr)와 국가자료공동목록시스템(http://www.nl.go.kr/kolisnet)에서 이용하실 수 있습니다.(CIP제어번호: CIP2018036845)

부키 전문직 리포트 5

수의사가 말하는
수의사

23명의 수의사들이
솔직하게 털어놓은
수의사의 세계

Episode 2

부·키

1장 새내기 수의사의 좌충우돌 일기

01 수의학과 재학생 "수의대에 온 이유가 뭐예요?" | 김정민 8

2장 다양한 임상 수의사의 세계

02 개 · 고양이/반려동물 분야 늦은 밤 불 꺼진 병원에서의 여러 가지 생각들 | 백남운 20

03 고양이 전문 분야 고양이를 부탁해 | 박자실 32

04 특수동물/반려동물 분야 마음이 원하는 일을 해야 행복하다 | 박천식 49

05 돼지/산업동물 분야 남들이 다 "예"라고 할 때 나의 대답은 "아니요" | 최종영 62

06 소/산업동물 분야 언제나 푸른 상록수처럼 농촌 발전의 기수가 되고 싶다 | 권순균 75

07 말/산업동물 분야 말은 수단이 아니다 | 유승호 89

08 해양동물 분야 네가 떠난다면 그곳이 바다였으면… | 홍원희 104

09 닭/산업동물 분야 새롭게 꾸는 꿈 | 손영호 121

10 동물원/관람 동물 분야 동물원의 동물들, 단순히 구경거리가 아니랍니다 | 조경욱 132

11 야생동물 분야 야생동물과 더불어 살아가기 | 김희종 151

12 치과 분야 치과 전문 병원의 문을 열다 | 김춘근 165

13 안과 분야 오직 '안과만을 위한' 동물병원 | 안재상 180

14 한방 분야 "여기가 강아지 침을 놓는 곳이죠?" | 강무숙 194

15 행동학 분야 환경이 개의 행동을 만든다 | 설채현 208

3장 더 넓은 수의사의 세계

16 검역 분야 인생에 '만약'이란 없다 | 오순민 226

17 공중방역 분야 나라를 지키는 또 다른 방법, 공중방역수의사 | 엄태윤 242

18 동물 사료/영양학 분야 먹거리로 동물의 건강을 지킨다 | 정설령 258

19 수의 전문 변호사 분야 남들이 선택하지 않은 길에서

스페셜리스트로 거듭나기 | 이형찬 273

20 연구 분야 수의학에서 중개의학 연구로 | 진희경 283

21 동물 복지 분야 삶의 질은 동물에게도 중요하다 | 이혜원 295

22 국제기구 분야 나는 국제기구에서 일하는 수의사다 | 박민경 310

4장 수의사 정보 업그레이드

23 수의사에 대한 궁금증 21문 21답 시야는 넓게, 마음가짐은 긍정적으로! | 이학범 326

부록 전국 수의과대학 일람표 336

새내기 수의사의 청진기를 들기

1장

"수의대에 온 이유가 뭐예요?"

| 김정민 |

1993년생. 2012년 서울대학교 수의과대학 수의예과에 입학했다. 이 글을 쓸 당시는 본과 4학년이었지만 현재
는 졸업한 뒤 제주도에서 공중방역수의사로 근무하고 있다.

새내기를 맞이하는 날, 어느새 고학년이 되어 버린 내 앞에는
갓 대학생이 되어 쭈뼛쭈뼛 어찌할 줄 모르는 후배들이 앉아 있다. 이
런 자리에서 으레 하는 질문이 있다. 나도 몇 년 동안 그 질문을 받아
왔고 또 그 질문에 대답해 왔다. 그런데 이제는 내가 그 질문을 하고
있다. "수의대에 온 이유가 뭐예요?"

그러면 열에 아홉은 수줍은 미소를 띠고 같은 대답을 한다. 다르다
고 주장할지라도 결국은 같은 맥락이다. 아마 이 책을 읽고 있을 당신
도 같지 않을까? "동물이 좋아서요!"

대부분의 학생이 막연히 동물을 좋아한다는 이유로 수의대에 진학
한다. 나 역시 마찬가지였다. 예과 과정을 거쳐 본과 과정에 들어서기
전까지만 해도 누군가의 반려견, 반려묘를 위해 일한다는 꿈을 꾸고,

개와 고양이의 병을 마법처럼 고치고, 항상 웃으며 사람을 대하고, 가끔씩《동물농장》에도 출연하는 그런 수의사가 되기를 바랐다. 많은 학생이 나와 같은 꿈을 꾸며 입학하고 졸업한다. 이 글에서는 그런 수의대 학생들이 실제로 어떤 생활을 하고 어떤 고민을 거쳐 한 명의 수의사로 거듭나는지 살펴보려고 한다.

수의대 교육 과정은 길고 험난하다. 예과 과정 2년과 본과 과정 4년, 총 6년으로 구성된다. 예과 과정은 교양 과목 위주로 구성되어 있다. 즉 수의학과 전공보다는 전공 외의 과목을 많이 듣는다. 수의대 밖의 사람들을 만날 기회가 많고, 고등학생 시절 꿈꾸었던 '대학 생활의 묘미'라는 것을 잠시나마 경험할 수 있다.

본과 과정은 수의대 입학생이 흔히 꿈꾸던 수업으로 이루어진다. 본과 1학년부터 3학년까지는 해부학과 같은 기초적인 과목을 시작으로 임상 과목까지 배운다. 임상 과목이란 동물들을 진료하고 진단하는 학문이라고 생각하면 된다. 요즘은 실제 진료 사례를 중요하게 여기기 때문에 이론은 인터넷 강의로 듣고 수업 때는 진료 사례 위주로 다루는 경우가 많다.

꽤 많은 학생들이 수의대에서는 동물로 실험·실습하는 일이 잦을 것이라고 여겨 진학을 꺼리는 경우가 있다고 들었다. 수의학은 동물을 다루는 의학이고 배우는 과정에서 임상이 중요하므로 실습은 선택이 아니라 필수일 수밖에 없다. 하지만 다행스럽게도 학교들이 되도록 실습을 적용하는 동물의 수를 줄이거나 대체 방법을 찾기 위해 노력하는 추세다. 내과학 임상 수업 때는 실제 동물 대신 미국에서 수입한 동물 인형을 사용한다. 이 인형은 혈관까지 재현해 놓았다.

임상 외의 수업도 있다. 실험동물의학과 독성학 시간에는 실험동물

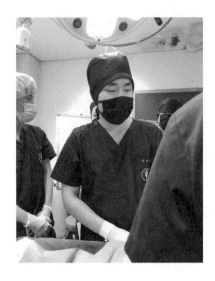

:: 본과 3학년 때 산과 수업 실습을 보조하는 모습.

에 대한 의학 정보를 배울 뿐만 아니라 실험동물을 다룰 때의 윤리 복지를 배우며, 실험동물을 대체하는 실험도 배운다. 완전한 대체 실험은 하기 어렵더라도 달걀을 이용해 실험하는 법 등을 공부할 수 있다.

그렇다면 마지막 1년 과정에는 무엇을 배우게 될까? 아직까지는 일부 학교에 해당하는 이야기지만 남은 1년 동안 현장에 나간다. 수의사가 하는 일이나 관련 분야가 정말 많은데, 여러 곳을 돌아다니며 자신에게 맞다고 생각하는 분야를 체험해 볼 기회를 갖는다.

수의대생이라고 하면 많이 받는 질문이 있다. "의사는 사람이라는 동물만 공부하는데, 수의사는 모든 동물을 다 공부하나요?"라는 것이다. 이 질문에 답하자면 일단 정답은 "그렇다"이다. 우리가 가장 애정을 쏟고 대다수의 학생이 수의대 진학 이유로 꼽는 반려동물인 개와 고양이부터, 우리에게 먹거리로 익숙한 산업동물인 돼지, 소, 닭 그리고 말과 야생동물과 수생동물까지 배우게 된다.

:: 말에게 먹이를 먹이면서 교감을 시도하고 있다.

다만 각 학교마다 특화된 동물이 조금씩 다르다. 제주대학교의 경우 일본에서 공부한 마학 교수가 지도를 하고 있어 말 관련 인프라가 잘 구축되어 있다. 제주대 학생이 아니더라도 여름 계절 학기에 교환학생을 신청하면 마학을 배울 수 있다.

다른 과 학생들은 수의대생의 시간표를 보고 고등학생 시간표보다 더 빡빡하다고 말한다. 매일 오전 8시 반부터 점심시간 직전까지 수업을 듣고 오후에는 언제 마칠지 모를 실습을 이어 간다. 가장 악명 높은 본과 1학년의 해부학 실습은 저녁 시간이 넘어 끝나기 일쑤다. 코끝을 찌르는 포르말린 냄새를 맡다 보면, 어느 순간 내 후각과 온몸이 마비된 기분이 든다. 이 실습이 끝난 뒤에는 집에 도착하자마자 기절할 정도로 녹초가 된다.

이렇게 힘든 본과 생활 이야기라니, 대학에서 학과 생활 외에는 아무것도 할 수 없을 것 같다는 생각이 들 수도 있다. 하지만 인간은 적응의 동물이다. 본과 생활에 차차 익숙해지면 내가 힘들다는 사실도 잊은 채 자신이 좋아하는 활동을 하나둘 찾아 나서게 된다.

수의대에 갓 입학한 학생들은 대부분 학년이 올라가면 자연스럽게 자신이 하고 싶은 일을 알게 되고, 그 일을 할 수 있는 길이 펼쳐질 것이라고 착각한다. 하지만 이런 행복한 착각과는 다르게 졸업이 가까워질수록 학생들은 더 깊은 고민에 빠진다. '나는 반려동물 수의사가 되고 싶어서 수의대에 왔는데 내가 생각한 것과는 다른 것 같아. 나는 수의사가 돼서 뭘 하지?' 대다수가 비슷한 고민을 하고 방황하며 괴로워한다. 하지만 수의사에게는 생각보다 다양한 진로가 있는 만큼 나에게 맞는 것, 내가 좋아하는 것을 여러 경험을 통해 진취적으로 찾아볼 필요가 있다. 나 역시 진로 결정을 위해 많은 경험과 고민을 했고 여전히 그 과정을 겪고 있다.

꿈이 바뀌어 가는 일을 두려워하지 말자

앞서 말했듯이 수의대에 진학하는 이유는 대체로 소(小)동물 임상, 즉 반려동물 수의사가 되고 싶어서다. 하지만 반려동물 시장은 이미 포화 상태다. 또한 개인 병원을 열려면 많은 초기 자본이 필요하다 보니 반려동물 임상에 대한 꿈은 접고 다른 길을 찾으려 하는 경우도 많다.

사실 수의사로서의 진로를 정할 때 진짜 필요한 일은 남의 이야기나 정보를 듣는 것이 아니라 내가 무엇을, 어떤 일을 원하는지 찾는 것이다. 나에게 중요한 것이 무엇인지, 돈을 떠나서 '개와 고양이를 치료하는 일'에서 과연 행복감을 느끼는지 살펴볼 필요가 있다.

만약 고민 끝에 반려동물 임상을 택하지 않기로 결정을 내렸는데

이 때문에 큰일 나는 건 아닌지 걱정도 들 수 있다. 앞서 말했듯 수의사가 할 수 있는 일은 반려동물 임상 외에도 무궁무진하다. 그러니 안심해도 된다. 소동물 말고 다른 동물의 임상 수의사가 될 수도 있고 제약 회사나 사료 회사에 취직할 수도 있다. 특정 분야를 연구할 수도 있고 국제기구에서 일할 수도 있다.

나는 아직 명확한 진로를 정하지 않고 모든 가능성을 열어 두고 있다. 고등학교를 같이 졸업한 동창들 중에는 벌써 취업을 한 친구도 있고 바쁘게 인턴 생활을 하는 친구도 있다. 반면 나는 동물병원 인턴 경험도 한번 해 보지 않고 실험실 역시 나가지 않으며 그저 그때그때 하고 싶은 일을 하면서 바쁘게 시간을 보내 왔다. 예과 시절부터 나는 모든 분야에 관심이 많았다. "너는 다 좋아하잖니?"라고 말씀하신 교수님이 있을 정도다. 이렇게 온갖 것에 관심이 많다 보니 아직은 진로를 확정하지 않고 본과 4학년 때 외부 실습과 학교 병원 실습을 1년간 하면서 더 구체적으로 앞날을 정해 보려고 한다.

창업에도 관심이 있다. 지금은 소규모 창업의 시대라고들 한다. 1인 사업가, 청년 사업가가 많아지고 있는데 수의계에서도 그 예를 찾아볼 수 있다. 최초의 수의사 인터넷신문인 《데일리벳》, 대중의 지원을 받아 전국을 돌아다니며 강아지 공장 문제를 해결하기 위해 프로젝트를 진행한 사회적 기업 '굿보이토토' 등이 있다. 반려동물에 관심이 많다고 해서 꼭 반려동물 임상 수의사로 직업을 한정 지을 필요는 없다. 반려동물을 위한 서비스를 만드는 창업가가 될 수도 있지 않은가. 나 역시 이러한 창업에 관심이 많고 뒤에서 다시 설명할 '도그인사이트 프로젝트' 그룹을 통해 서비스를 만드는 일을 구상하고 있다.

세계 속의 수의학을 마주하다

세계수의학도협의회(IVSA)는 덴마크에서 처음 시작되어 약 60년이 넘었다. 한국이 참여한 지는 이제 10년이 되어 간다.

외국인들과 어우러지는 삶은 고등학생 시절부터 나의 로망이었다. 2011년 수험생 시절, 어느 대학교로 논술 고사를 보러 갔을 때 한 학생이 외국인 학생과 즐겁게 대화하며 언덕을 내려오는 광경을 봤다. 그 모습이 어린 내게는 무척 멋져 보였다. 그런 로망을 막연히 갖고 있던 예과 2학년 여름 방학, 스페인으로 여행을 가려던 참에 그곳에서 IVSA 행사가 열린다는 소식을 듣고 바로 지원했다. 설렘 반 걱정 반으로 참여했던 행사는 잊을 수 없는 추억으로 남았다.

행사에서 나는 막내였는데 함께 참여했던 한국인 선배들이 참 좋았다. 당시 세계적으로 인기를 끌던 싸이의 〈강남 스타일〉 안무를 선배들과 열심히 연습해서 나라별 장기자랑 대회 시간에 외국인 참석자들에게 가르쳐 줬던 기억이 지금도 생생하다. 외국 여행이 낯설었던 나는 일정 내내 서투른 모습을 자주 보였다. 행사장 약도도 인쇄해 가지 않아 트렁크를 질질 끌며 한 시간 넘게 길거리를 헤매기도 했다.

모든 일이 낯설고 어리숙해서 더 그랬을까? 외국인 친구들을 대하는 마음은 그때가 가장 열려 있었고, 성심성의로 노력했던 것 같다. 한국 지폐를 코팅한 뒤 그 위에 외국 친구들 한 명 한 명을 떠올리며 편지를 썼을 정도였다.

여행이나 다른 행사에서 만났던 외국인 친구들과는 반 년만 지나도 연락이 끊기기 마련이었다. 반면 '수의학'이라는 동질감 때문일까? 3년이 지난 지금도 IVSA에서 만난 친구들을 떠올리면 애틋한 마음이 든다. 그 친구들이 한국을 찾아올 때면 내 일정을 취소해서라도 함께 서울을 돌아보곤 한다. IVSA를 여행 혹은 놀러 가는 일이라고 생각하는 학생들이 많지만 내게 IVSA는 단순히 외국인들과 섞여 노는 것, 그 이상의 의미를 지닌다.

IVSA의 세계 본부가 주관하는 연중 행사는 약 일주일가량 열린다. 32개국에서 200여 명의 수의대생이 모이는 큰 행사다. 각 회원국이 유치전을 펼쳐 매년 다른 나라에서 개최되는데 우리나라도 2011년에 이 행사를 이끌었다. 2014년 인도네시아에서는 유치위원단으로 참여해 밤을 새며 2016년 겨울 한국 심포지엄 유치 발표를 준비했으나 안타깝게도 대만에 패하고 말았다. 이러한 유치전 말고도 세계 수의학도들이 모인 자리에서 임원진 20여 명을 뽑을 때 매년 한국인이 꼭 한 명씩은 포함되고 있다. 또한 동물 복지, 공중 보건이라는 주제로 작은 의회를 만들어 소규모 프로젝트도 진행한다. IVSA 활동은 학생으로서 경험할 수 있는 가장 멋진 일이라고 생각한다.

반려견을 키우는 사람들이 믿을 수 있는 사이트가 있었으면

다양한 대외 활동은 내가 수의대에 들어온 이유를 지속적으로 상기시켜 주는 역할을 했다. 인터넷에는 무수히 많은 정보가 있다. 정확히 표현하자면 무수히 많은 '잘못된' 정보가 있다. 이러한 잘못된 정보를 바로잡고자 수의사 선배와 함께 시작한 프로젝트가 도그인사이트다.

함께 프로젝트를 진행하는 수의사의 일화를 빌려 설명하자면 그 시작은 이렇다. 병원에 '러키'라는 개가 찾아왔다. 러키의 보호자는 개가

포도를 먹으면 안 된다는 사실을 알지 못했다. 러키는 포도 중독으로 두 살이라는 어린 나이에 생을 마감했다.

사실 나도 비슷했다. 반려견을 입양할 때 보호자 교육이 이뤄지지 않다 보니, 수의대에 들어오기 전까지는 개에게 초콜릿을 먹이면 안 된다는 사실조차 모르고 있었다. 수의학을 배우면 배울수록 내가 얼마나 반려견을 잘못 대해 왔는지 깨닫고 자연스레 참회의 시간을 보내게 된다.

도그인사이트 프로젝트는 인터넷에 범람하는 부정확한 정보가 아니라 제대로 검증되고 정리된 수의학 정보를 제공하려는 수의사와 그런 정보를 제공받고 싶은 반려견 가족의 만남으로 시작됐다. 반려견을 키우는 사람들이 꼭 알아야 하는 의료 상식을 정리한 블로그에 중점을 두고 활동을 계속하고 있다. 페이스북에서는 '흰둥이'와 '민트'라는 이름의 강아지들과 이들의 보호자이자 도그인사이트 디자이너인 '빠지', 수의사인 '개똑똑쌤'의 에피소드를 다루면서 간단한 수의학 정보들을 핵심적으로 제공한다. 이와 함께 반려견 의료 정보 세미나를 개최해 '수의사와 보호자의 만남을 통한 제대로 된 의료 정보 제공'이라는 도그인사이트 핵심 가치를 온라인 너머 오프라인에도 전달할 수 있도록 노력하고 있다.

이 외에도 국내 반려동물 문화를 제고하는 자료들을 만든다. 그중에 2016년에 화제가 됐던 글로, 네이버 메인 페이지에도 노출됐던 보신탕 자료가 있다. 보신탕에 관한 기존 글들은 대부분 감정적인 면에 치우쳐 있는데 도그인사이트는 자료에서 감정을 최대한 배제하고 의학적인 면을 조명해 보려고 했다. 내용은 읽지도 않은 듯 무자비한 악성 댓글이 마구 달렸다. 하지만 공유된 수와 공감한 사람들의 반응 자체는 꽤 만족스러웠다. 또한 SBS 〈동물농장〉에서 다뤄진 이후 큰 화제가 됐던 강아지 공장 이야기도 '국내 반려동물 문화의 선진화 프로젝트'를 통해 심층적으로 다루었다.

물질적 가치보다 직업적 가치를

지금까지 수의대에서 공부하는 분야와 경험해 볼 수 있는 활동, 그리고 내가 생각하는 수의대생의 진로 등을 들려주었다. 이런 내용을 읽고 진학을 원할 수도 있는 예비 수의대생들에게 도움이 될 프로그램 하나를 알려 주고 싶다.

고등학교 수의학 아카데미, 이른바 '고수아'라는 프로그램이 있다. 기본 과정은 고등학교 1학년과 2학년생을 대상으로 하며, 일반적인 수의대 안내와 고등학생 수준에서 이해하기 쉬운 수업들을 진행한다. 심화 과정은 기본 과정을 들은 학생들과 3학년생들을 대상으로 하며, 원하는 학과를 선택한 뒤 실습해 볼 수 있다. 서울대학교와 충남대학교에서 이런 고수아 프로그램을 진행하고 있는데 각 대학교 학생회에서 고등학교마다 공문을 보내고 있다. 하지만 실제 학생들에게까지 그 내용이 잘 전달되지는 않는 것 같다. 나 역시 이런 프로그램이 있다는 사실을 몰라서 아쉽게 기회를 놓쳤다.

동기들의 말을 들어 보면 이 프로그램에 참여한 친구들이 많았다. 같은 대학교에 진학한 것은 아니어도 고수아 때 만난 선배들과 지속적으로 연락하며 지내기도 한다. 수의대 입학을 준비하는 학생들이 이 프로그램을 잘 활용했으면 좋겠다. 학교에서 공문을 못 받았다고 하더라도 고수아 카페를 검색해서 정보를 얻거나, 수의사가 되고 싶은 학생들이 모여서 정보를 주고받는 다음 카페를 찾아보면 된다.

이 밖에도 수의학과가 있는 대학 소재 지역에서는 '반려동물 한마당'이라는 반려동물 문화 축제를 열곤 한다. 이러한 축제에 참여하면 수의대생을 직접 만나 수의대 입학에 대한 안내를 받을 수 있고, 진로 체험도 가능하다. 반려동물 사료 혹은 간식도 받을 수 있으니 참여해 보기를 권한다.

우리 학교에는 '수의학 개론'이라는 예과 수업이 있다. 다양한 분야에서 일하는 선배 수의사들이 본인의 직업에 대해 설명해 준다.《수의사가 말하는 수의사》를 글로 읽는 대신 말로 듣는 자리다. 본인의 경험담 위주로 수업을 진행하다 보니 힘들었던 일이나 좋았던 일 모두 자연스럽게 이야기에 녹아난다. 그런데 강연하는 사람들이 공통적으로 들려주는 이야기가 있다. 바로 생명을 살려 냈을 때 느낀 뿌듯함이다. 특히 임상 분야에서 일하는 선배들의 이야기에 빠지지 않고 등장한다. 연봉 등 직업적 조건을 말할 때는 빛나지 않았던 선배들의 눈도 왠지 그 뿌듯함을 이야기할 때는 반짝반짝 빛나는 것처럼 보였다.

생명을 구하고 도우려는 순수한 의도는 물질적 가치나 그 어떠한 다른 가치로도 환산할 수 없을 것이다. 이것이 바로 수의사라는 직업의 진짜 매력이 아닌가 싶다. 이 책을 읽는 사람들, 특히 현재 수의대에서 공부하거나 입학을 희망하는 학생들이 이런 점에 공감해 주면 좋겠다. 그리고 이러한 가치를 함께 추구하게 되기를 바란다.

2장

다양한 임상 수의사의 세계

늦은 밤 불 꺼진 병원에서의
여러 가지 생각들

| 백남운 |

전남대학교 수의과대학 졸업 후 현재 반려동물의료센터 다울 원장으로 일하고 있다. 호서직업전문학교, 천안 연암대학교 등에서 강의했다.

삐빅, 삐빅. 아차, 잠깐 잠이 들었나 보다. 이제는 익숙해 질 법도 한데 매번 밤을 샐 때마다 쏟아지는 잠은 어찌할 도리가 없었다. 폐포(肺胞)에 물이 차는 폐수종으로 입원한 강아지 '해피'의 상태가 썩 좋지 않아 오늘도 어김없이 병원에 남아 아이를 지켜보는 상황이 됐다. 너무 피곤했던 탓인가? 새벽이 깊어 가고 어두컴컴하게 불 꺼진 처치실에서 반복적인 기계음을 듣고 있자니 문득 이런저런 생각이 떠오르기 시작했다. '난 언제부터 수의사를 하고 싶었던 걸까?' '내가 생각하는 동물병원 생활은 어떤 것이었을까?' 새삼스럽게 이런 생각의 꼬리를 따라가 보게 되었다.

언제부터 수의사를 하고 싶었을까

면접에서나 할 법한 흔한 이야기지만 우리 집은 내가 어릴 적부터 많은 동물을 키웠다. 시골에서 지낼 때는 소, 돼지, 닭, 오리, 토끼 등을 길렀고 도시로 이사 온 후에는 강아지, 햄스터, 병아리, 고양이 등을 키웠다. 아마도 대학 입학 전까지 계속 동물을 키워 오지 않았나 싶다.

그렇다고 해서 원래 꿈이 수의사였던 것은 아니다. 동물들을 좋아하긴 했지만 '이 생명들을 내 손으로 치료하고 싶다'라는 구체적인 생각은 없었던 것 같다. 동물의 피를 보거나 똥을 치우거나 때로는 죽은 동물을 만져야 한다는 사실이 너무 끔찍하고 싫었다. 적어도 아랫집 진돗개에게 우리 집 치와와 '세리'가 물려 죽기 전까지는 그랬다.

세리가 진돗개에게 물린 당시만 해도 24시간 운영하는 병원은커녕 밤 8시에 문을 연 병원조차 없었다. 벌써 20여 년 전이니 말이다. 나는 그날 저녁 머리가 퉁퉁 부은 세리에게 아무것도 해 주지 못한 채 차갑게 식어 가는 모습을 지켜봐야 했다. 그 충격 때문인지 다음 날에는 세리와 함께 키우던 '복순이'가 집을 나가 버렸다. 독자들은 믿기 힘들겠지만, 복순이는 가출한 다음 날 집 근처에 있는 5층짜리 건물 앞에서 공익근무요원들에 의해 발견되었다. 그 건물 옥상에서 뛰어내렸는지 심하게 다친 채였다. 양쪽 앞다리 모두 심한 골절상을 입었고 결국 앞다리를 평생 쓰지 못하는 처지가 됐다. 앞다리 절단 수술이 끝난 뒤 근무요원들이 복순이를 돌보았는데 또다시 탈출을 했다. 붕대를 감은 채 길에서 떨고 있는 것을 정말 우연찮게 내가 발견했다. 그 후 두 발로만 걸어 다니긴 했지만 꽤 오랫동안 건강하게 살다가 곁을 떠났다.

"그 이후 수의사가 내 꿈이 됐어"라고 말하기는 조금 부끄럽지만 그 사건이 내가 이 직업을 선택하게 된 계기가 된 것은 틀림없다.

난 왜 임상 수의사를 선택했을까

수의사가 선택할 수 있는 진로는 너무나 다양하다. 다행히 나는 군 복무를 통해 공무원 수의사를, 실습을 통해 동물병원 임상 수의사를, 혹은 나를 꽤나 예뻐해 주었던 선배들을 통해 농장 일 등등 이런저런 경험을 할 수 있었다. 그런데 난 왜 많은 길 중에서 임상 수의사의 길을 택했을까?

사실 나는 수의과 학부 과정 동안 동물병원 실습을 여러 번 했음에도 불구하고 '고객'에게 친절하기만 하면, 웃으면서 넉살 좋게 간식 하나 집어 줄 수 있는 여유만 갖고 있으면 좋은 수의사가 될 수 있을 거라고 생각했다. 지금 돌이켜 보면 창피하다. 수의사로서의 다양한 진로 중 임상을 택한 이유도 '장사'를 잘할 수 있을 것 같다는 믿음이 있었기 때문이다. 무슨 자신감에선지 모르겠지만 '시간이 지나면 치료는 자연스럽게 잘하게 되겠지'라는 철없는 생각도 했다. 동물병원도 결국은 보호자를 만족시켜야 하는 일종의 (의료) 서비스 업종이기에 아예 틀린 말은 아니지만, 너무 단편적인 부분에 치우쳐서 정말 중요한 점을 놓치고 있었다.

수의사라면 환자에 대해 끊임없이 고민해야 하고, 본인이 뒤처지지 않도록 새로운 내용을 항상 공부해야 하고, 사소한 것 하나도 놓치지 않는 꼼꼼함과 계속되는 수술·진료에 쓰러지지 않을 체력을 갖춰야 하고, 보호자 한 사람 한 사람의 성향도 파악할 줄 알아야 하고, 병원의 경영도 신경 써야 하는 등 갖가지 것에 능숙해야 자연스러운 미소와 친절이 나올 수 있다. 하지만 그때는 알지 못했다. 참 다행스럽게도 지금은 무엇이 중요한지 하나씩 배우면서 그렇게 조금씩 초보 원장의 티를 벗어 가고 있다.

같은 질병을 앓고 있는 환자를 다루더라도 이 환자만의 특이점은 없는지, 병원에서의 성격은 어떤지, 내가 어느 한곳에 정신이 팔려 다른 것을 놓치고 있지는 않은지 늘 신경 쓰려고 한다. 특히 수술 전에 항상 마음에 되뇌는 한마디가 있다.

'안 될 거라고 절대 생각하지 말고, 절대 포기하지 말자.'

또 수술 전마다 책을 펴고 수술 장면을 떠올리면서, 벌어질 수 있는 수많은 상황을 머릿속에 차분하게 그려 본다.

힘들고 무섭지만 다시 단단하게

"우리 개는 안 물어요."

- 큰 애들은 언제 공격성을 드러낼지 몰라요. 또 심하게 공격하지 않는다고 해도 상대는 크게 다치는 경우가 많고요.

"우리 고양이는 집에서 엄청 순둥이라서 그냥 치료하셔도 돼요."

- 고양이는 매우 예민한 동물이에요. 병원이라는 낯선 환경에 들어서는 순간 이미 긴장 상태에 빠지기 때문에 항상 조심, 또 조심하셔야 해요.

:: 초음파 영상 기기를 통해 심장 초음파를 진행 중이다.

"다른 데는 치료비가 ○○원인데 여기는 왜 ○○원이에요?"

– ······.

"수의사가 개한테 물릴 수도 있지 뭘 그렇게 겁을 내요?"

– 수의사도 사람이고 수의사도 물리면 피 나고 염증 생기고 아픕니다. 조금 더 이 녀석들의 언어를 잘 이해할 뿐이지 저희도 무서워요.

생명을 다루는 일이지만 아무래도 대화가 통하지 않는 동물을 상대하고, 또 아직은 동물에 대한 인식이 성숙하지 못한 부분도 있어서 동물병원 수의사로 일하다 보면 예상하지 못한 경험들을 하게 된다.

이런 경우도 있었다. 한창 진료 준비로 분주하던 어느 아침, 전화한 통이 걸려 왔다.

"우리 개가 다른 병원에서 '자궁축농증'이라고 진단을 받았는데 거기 안락사도 해 줘요?"

사실 저장되어 있지 않은 번호로 걸려 오는 전화 중 대다수가 이런 문의다.

"상태가 많이 안 좋은가요? 충분히 치료 가능한 질병인데 왜 안락사를 먼저 문의하시는데요?"

이런 문의를 받으면 좋은 감정이 생기지 않는다. 그래서 이번에도 조금은 격앙된 어조로 응대했다.

"아니 뭐…… 지금은 밥도 먹고 돌아다니기도 하고 그렇게 썩 나쁘지는 않은 것 같은데 수술 안 하면 죽을 수도 있다고 하니……. 사실 옛날에는 이런 거 걸리면 그냥 모르고 죽는 거였잖아요. 그래서 그냥 몰랐다 생각하고 보내 주려고요. 10년 정도 살았으면 오래 산 거잖아요? 요즘엔 개들 몇 년이나 살아요?"

키우던 개를 '10년 정도 썼는데 고장 나서 수리하라고 하니 차라리 새것 사는 게 낫겠지 싶은 가전제품'쯤으로 생각하는 걸까? 내 머리로는 전혀 이해되지 않았다. 얼굴을 마주하고도 그런 말을 스스럼없이 할 수 있을까 싶어서 상담하러 오라고 했다. 결과는? 당연히 오지 않았다. 다른 경로로 10년 쓴 고장 난 가전제품을 폐기해 줄 공장을 찾고 있겠지.

개인적으로 수의사는 유기 동물에 대한 사회적 책임을 어느 정도 지니고 있어야 한다고 생각한다. 그래서 길고양이나 유기견의 진료비는 할인을 적용하는 편이고 많은 동료 수의사도 비슷한 생각을 하고 있는 것으로 안다. 다만 이를 드러낼 수 없는 이유는 책임에 대한 해석과 해결은 각자가 짊어져야 할 사항이며, 동물병원은 결국 개인 사업체이기 때문이다. 그리고 가장 큰 문제 중 하나, 이를 악용하려는 보호자들이 꼭 나타나기 때문이다.

언뜻 보아도 두 살은 되어 보이는 고양이를 '안고' 병원에 들어오는 보호자.

"수술 안 하고 그냥 지내 보려고 했는데 너무 울어서 안 되겠어요. 작년에는 안 그러더니 올해는 유독 발정이 오면 심하게 우네요. 얘 완전 애기 때부터 제가 주워다 키웠거든요. 엄청 조그마한 녀석 데려다가 젖병 사서 우유 먹이고 잠도 못 자고 많이 고생했는데…… 아 참, 수술비가 어떻게 되죠?"

뭔가 조금 께름칙한 느낌이 든다.

"검사비와 마취비, 수술 후 내복약과 후 처치 비용 등 포함해서 ○○○원입니다."

"어? 얘 길냥이 출신인데 여긴 할인 같은 거 안 해 줘요? 다른 데는 다 해 주던데?"

새끼를 데려와 우유를 먹여 살렸고 1년 반을 집에서 길렀다고 의기양양하게 이야기를 꺼내고는 '길냥이'와 '할인'이라니……. 언젠가 영화에서 나왔던 유명한 대사가 생각난다.

"호의가 계속되면 그게 권리인 줄 알아요."

오늘도 한 아주머니가 찾아왔다. 예쁘게 털을 깎은 열두 살 된 요크셔테리어를 안고 와서 말한다.

"얘가 요즘 늙어서 그런지 며칠 전부터 설사를 조금씩 하네요. 어차피 아파트로 이사 가야 하는데 키우기도 좀 힘들 것 같고, 그냥 안락사 시켜 주세요."

이러니 마음을 단단히 다질 수밖에 없다.

이별을 경험하고 난 후

성인이 된 후 운이 좋게도 죽음으로 인한 이별의 슬픔을 느낄 기회가 없었다. 아니 불과 몇 년 전까지만 해도 그랬다.

새로운 병원에서 수의사 생활을 시작하고 얼마 지나지 않았을 즈음 '유기묘'라는 형태로 '아톰이'가 내게로 왔다. 어느 아주머니가 길에서 발견한 고양이인데 사람을 무척 잘 따르고 깨끗한 걸로 봐서는 집을 나온 것 같다며 병원으로 데려왔다. 본인은 바쁘니 빨리 가 봐야 한다며 말을 더 나눌 겨를도 없이 거의 떠넘기다시피 했던 아이였다. 병원에 있다 보면 많이 겪는 일 중 하나인데, 그나마 보호자로 자청하는 사람이 있으면 어찌나 다행인지……. 아직도 많은 사람이 '동물병원이면 아프고 불쌍한 동물들을 그냥 치료해 줘야 하지 않나?'라고 생각한다. 그래서 조금은 안타깝고 서운하다.

아톰이는 중성화 수술을 하지 않은 한 살 반 정도의 수컷이었다. 사람을 곧잘 따르긴 했지만 기운이 조금 떨어져 보여 검사를 해 보니 아뿔싸, 전염성 질병이 확인됐다. 다행히도 증상이 심해지기 전에 치료를 시작했고 잘 회복됐다. 그렇게 2주 정도를 병원에서 보냈을까? 고양이를 찾고 있던 보호자가 나타났다. 그간의 사정을 이야기하고 발생된 비용의 일부(입원한 걸 반려동물 호텔에 묵은 셈 치고 그 비용의 일부)를 지불해 주십사 말을 하니 그럴 바에야 그냥 없었던 셈 치고 안 데리고 가겠단다. 그렇게 유기묘가 됐다가 보호자를 찾았는데 한순간에 다시 유기묘가 된 녀석. 힘든 질병을 이겨 내고 씩씩하게 건강을 되찾은 녀석이 너무 안쓰러워 내가 이 녀석을 보듬어 주고 싶다는 생각이 문득 들었다. 그렇게 남자 수의사 둘이 사는 집에 귀염둥이 막내로 들어온 '아톰이'.

참 성격 밝고 활발하고 대답도 잘하고 넉살도 좋은 녀석과 반 년가량 함께했다. 그런데 언제부턴가 평소보다 밥을 덜 먹고 새벽에 뛰어다니는 일도 조금 줄어들기 시작했다. 그래도 간식은 씩씩하게 잘 먹고 퇴근하면 "냥냥" 인사도 잘하니 큰 걱정을 하지 않았지만 불안한 마음에 함께 살던 친구의 병원에서 검진을 받아 봤다. 고양이 진료를 집중적으로 보는 병원이었다.

복막염.

사망 판정과 다름없었다. 바로 입원을 시키고 수액을 맞히고 처치를 진행하고……. 무슨 생각을 했었는지 기억조차 나지 않는다. 머리는 멍해지고 수의사로서의 나는 어디에도 없었다. 3주의 입원 기간 동안 아톰이는 점점 수척해졌고 기운을 잃어 갔으며 결국에는 일어설 기운조차 내지 못하고 별이 됐다. 난 그 모습을 볼 용기가 나지 않아 너무 미안하게도 마지막 순간을 함께해 줄 수 없었다. 문득 친구가 했던 말이 떠오른다.

"내 고양이가 아프니까 수의사도 보호자가 되더라."

그날 이후 반려동물로 인해 아픔을 겪는 보호자들을 조금 더 이해할 수 있게 됐다. 조금 더 감정을 공유하며 진솔하게 슬픔을 나눌 수 있게 됐다. 수의사로서 한 살을 더 먹은 기분이 들었다.

병원이라는 곳의 특성상 죽음, 이별이라는 것과 항상 함께할 수밖에 없다. 사람은 감정의 동물이라 모든 상황에 본인의 감정을 이입하기 마련인데, 5분 전까지 보호자의 손을 잡고 함께 눈물을 삼키다가도 바로 돌아서서는 다른 보호자에게 웃는 얼굴로 새로운 이야기를 꺼내야 하는 일상의 연기자가 우리 수의사인 것 같다.

그렇지만 참 행복하긴 하네

그래도 난 이 직업이 참 좋다.

사람 좋은 웃음을 지으며 보호자들과 이야기하는 게 좋고, 처치실 구석에 쪼그리고 앉아 복슬복슬한 강아지를 만져 주는 일도 정말 좋다. 진료실 의자에 적당히 걸터앉아 책상 위에서 게슴츠레한 얼굴로 엎드려 있는 '오빠'(병원에서 기르는 고양이)를 간식으로 놀려 먹는 일도 일상의 소소한 즐거움이다.

가끔 죄라도 지은 듯한 표정으로 병원에 들어와서 양해를 구하는 사람들이 있다.

"저희 애가 동물을 너무 좋아하는데, 죄송하지만 강아지들을 좀 보여 주실 수 있을까요?"

이 말을 들으면 병원에서 기르는 동물 중 사람을 잘 따르는 일명 접대용(?) 동물들을 보여 주는데, 병원에 들어온 꼬맹이들은 이 강아지와 고양이들을 졸졸 따라다니면서 세상을 다 가진 듯한 웃음을 짓는다. 그 순진무구한 미소는 내 삶의 또 다른 활력소가 되었다. 물론 동물을 좋아하는 우리 집 꼬맹이들도 언제든 병원에 들러서 여러 동물 친구들을 볼 수 있는 점 역시 내 직업의 매우 큰 장점이지 싶다.

지인 중 누군가 "수의사로서 가장 성취감을 느낄 때가 언제야?"라고 물었던 적이 있다. 내 대답은 "밥 안 먹던 환자가 입원하고 나서 밥 먹기 시작했을 때"였다.

개인적인 차이는 있을 수 있겠지만 나는 그렇다. 사람도 몸이 아프면 예민하고 입맛이 떨어지기 마련이다. 하물며 의사소통도 되지 않는데 낯선 입원실에 들어와 낯선 사람들 틈에서 바늘에 찔리는 아픔을 감수하고 이리저리 몸을 만져 대는 불편함을 당하는 녀석들이 경계심을 품고 식사를 거부하는 일은 당연하다고 생각한다. 이랬던 녀석들이 내 손길을 이해하고 내 눈빛을 받아들이며 조금씩 감정의 벽을 허물고 밥을 먹기 시작할 때, 그때야말로 동물들이 나를 온전하게 받아들이고 있음이 느껴지는 순간이다. '이 아픔을 함께 치료해 나갈 수 있겠구나' 하고 의기투합할 수 있는 시간인 것이다. 물론 충분히 건강을 회복해 가고 있음에도 몇 날 며칠이 지나도록 고집을 피우며 밥을 먹지 않는 녀석들도 있다. 이럴 땐 솔직히 조금 얄밉다.

동물병원에서 느낄 수 있는 또 다른 작은 행복과 감사함이 있다. 동료 수의사가 우리 병원에 놀러 오면 "역시 잘되는 병원이라 먹을 게 많아"라는 우스갯소리를 던지곤 한다.

맞는 말이다. 너무나 감사하게도 병원에 빵, 음료, 과자, 커피 등 양손 가득 성의를 담아 전달해 주는 보호자들이 있다. 오늘처럼 외롭게 밤을 지새워야 하는 날이면 그렇게 전해 받은 선물들을 보면서 큰 힘을 얻고 기운을 차리게 된다. 물론, 솔직히 그런 분들께는 감사한 마음에서 진료비를 약간이라도 할인해 드리는 편이다. 오고가는 마음 아니겠는가.

어느덧 새벽을 지나 동이 터 오는 것이 느껴진다. 밤새 고개를 들고 숨을 몰아쉬던 해피가 그래도 많이 편해졌는지 이제는 엎드려 있기도 하고 옆으로 누워 잠도 청해 본다. 상태를 살핀답시고 부산스럽게 이리저리 둘러보는 손길이 느껴졌는지 슬그머니 눈을 떠서 나를 바라본다. 시원한 물을 한 그릇 받아다 앞에 대 주니 할짝할짝 잘도 먹는다. 호흡도 많이 안정되고 제법 기지개도 켜더니, 내가 고생하고 있다는 걸 알아주는지 잠깐이지만 꼬리까지 흔들어 준다.

"그래. 너도 많이 힘들겠지만 조금만 더 참고 건강하게 집으로 가
자. 응?"

낮에는 조금 더 밝은 목소리로 보호자에게 전화를 걸 수 있을 것
같다. 또 나도 조금 더 편안한 아침을 맞이할 수 있을 것 같다. 그리고
잘하면 내일 저녁쯤엔 맘 편히 시원한 맥주도 한잔할 수 있을 것 같다.

고양이를 부탁해

| 박자실 |

경북대학교에서 2004년에 학사, 2013년에 석사 졸업을 했다. 학사 졸업 후 임상 수의사로 일하다가 2013년 5월부터 다솜고양이메디컬센터에서 고양이 진료를 보고 있다. 2017년 한국고양이수의사회 정회원이자 편집위원장으로 학술지 《cat inside》를 발행 중이고, 미국고양이수의사회 정회원이다. 열네 살 몰티즈 몽키를 하늘나라로 보내고 현재는 진도견과 시바견의 중간쯤에 있는 귀여운 몽실이와 통통, 묵직하고 귀여운 고양이 키키, 재키, 마루와 여자 수의사의 삶을 이해해 주는 과학자 남편과 살고 있다.

2004년 2월에 졸업했으니까 나는 15년 차 수의사다. 학부 때 실습을 나갔던 동물병원에서 인턴을 마치고 2년 동안 세 군데 병원을 옮겨 다니며 근무하던 중(2년 동안 3개의 병원을 옮긴 건, 새내기 수의사에게는 그다지 유쾌한 경험이 아니었다. '나는 언제 선배들처럼 내병원을 오픈하거나 대형 동물병원의 부원장으로 멋지게 진료를 볼 수 있을까?' 하는 생각에 불안했고 선배들이 마냥 부럽기만 했다), 친구가 다른 지역으로 병원을 옮기면서 본인이 일하던 병원의 원장님을 소개해 주었다. 크지 않았지만 교과서적으로 접근하고 체계가 잘 잡혀 있는 병원이었다. 처음에는 겁도 나고 잘할 수 있을까 하는 생각으로 하루하루 근무했는데 어느새 그곳에서 근무한 지 7년이 되었다. 실습부터 인턴, 진료 수의사로 근무 경험이 이어져야 한 병원의 시스템을 몸에 익힐 수 있는데, 여러 곳을 전전했던 내가 잘 적응할 수 있을까 하는 게 그 당시 제일 큰 두려움이자 과제였다.

한 병원에서 7년 동안 근무하면서 여러 가지 교훈을 얻었다. 그전에는 그저 나에게 주어진 일만 하거나 원장님들이나 진료 수의사 선생님들을 돕는 일을 했는데, 한 병원에서 계속 근무하면서 연차가 높아질수록 환자나 보호자에 대한 책임이 늘었다. 그 책임감이 밤새 환자 곁을 지키게도 하고, 하루 일과가 끝난 후에 이미 알고 있는 내용이지만 혹시 놓친 것이 없나 다시 한 번 형광펜을 들고 교과서를 보게 만들었다.

며칠간 의식 없이 누워 있으면서 보호자의 마음을 아프게 하고, 수의사에게는 안타까움과 함께 도전 의식을 주던 환자가 고개를 가눈 채 걷거나 꼬리를 흔들며 집으로 돌아가면 큰 감격을 맛보게 된다. 때로는 예기치 않은 죽음 앞에 오열하는 보호자에게 그저 고개 숙인 죄인이 되어야 했다. 옆에서 지켜보는 수의사일 때는 그저 조금 슬픈 일, 기쁜 일이었다. 하지만 이제는 내가 하는 진료와 진단이 보호자와 환자에게 위로와 안심이 되기도 하고, 큰 슬픔이 되기도 했다. 돌아보니 참 많은 고양이와 개, 그리고 보호자를 만났다. 누군가 그 어떤 경험도 버릴 건 없다고 했다. 9년 동안 스친 병원에서의 관계들, 그리고 경험들이 모두 소중했다.

그러던 어느 날 고양이 진료에 조금 더 집중하고 싶다는 생각이 들었다. 내가 근무하던 병원은 진료 보는 수의사가 적어도 3명 이상, 인턴까지 포함하면 5명 이상이었고, 병원 규모가 커짐에 따라 자연스럽게 외과, 내과, 영상 진단과 등 분과로 진료를 보고 있었다. 이제는 어느 정도 개의 품종과 나이, 중성화 수술 유무, 주증(병원을 내원하게 한 주된 증세)을 보면 무슨 병으로 왔겠구나 하고 추측이 됐다. 그런데 어느 순간 '개와 고양이는 다르구나' 하는 생각이 들었다. 수의사들 사이에 "고양이는 작은 개가 아니다"라는 말이 있다. 고양이는 단순히 체중이 덜 나가는 개가 아니라서, 혈액 검사 결과의 참고 범위도 다르고 자주 보이는 질환도 다르다. 성향도 달라서 개들은 산책도 좋아하고 병원에 오면 잘 뛰어다니고 짖기도 하고 간식을 주면 잘 받아먹기도 하는데, 고양이는 외출을 무서워하고 캐리어에 넣어져 병원으로 이동하는 과정에서 큰 스트레스를 받는다. 보호자와 산책을 하는 경우가 드물고, 흥미를 가질 만한 풍부한 환경 자극이 없는 경우 가만히 앉아 지루해한다. 아픈 것을 잘 드러내지 않는 작은 육식동물이라는 특징 때문에 고양이 보호자는 개 보호자에 비해 아프다는 걸 늦게 눈치채게 되는 경우가 많다. 그래서 병원에 도착했을 때 증상이 모호하거나 너무 늦게 와서 해 줄 수 있는 게 없는 경우가 있다. 어떻게 하면 고양이들이 병원을 편하게 생각하고, 자주 병원에 내원해서 진료를 볼 수 있게 할까 고민하던 중에 2013년, 봉직의(월급을 받고 근무하는 수의사)인 나와는 달리 졸업 후 인턴 과정을 거친 후 바로 개원한 동기로부터 같이 일하자는 제의를 받았다. 안정적인 생활을 하던 나에게는 일종의 도전이자 흥분되는 제안이었다. 고양이만 진료하는 병원을 개원하려 하니 같이 일하자는 것이었다. 그렇게 나는 고양이 병원에서 고양이를 주로 진료하는 수의사가 되었다.

고양이 친화적인 동물병원, 그리고 그 안에서 만난 고양이들

"우리 고양이가 턱드름이 있는데, 거기에 쓰는 연고 주세요."

1년 차 때의 일이다. 영업 시간이 끝나갈 무렵 눈이 동그랗고 마른 어떤 여자 손님이 말했다. 내가 처음 고양이 보호자들의 용어를 접한 순간이었다. '턱드름이 뭐지? 턱에 난 여드름 같은데, 그냥 개 몸에 생기는 모낭염 같은 건가? 아니면 지금 내 이마며 볼에 난 이 여드름이 고양이 턱에 난 건가? 염증이니 연고를 드려야겠다'라고 생각했다. "네, 잠시만요. 여기 있습니다" 하고 응대를 했지만, 실은 고양이 턱드름의 특징이 뭔지 어떻게 관리해야 하는지 전혀 개념이 없었다. 그날 이후 인터넷으로 고양이 보호자들의 은어 공부를 시작했다. '식빵 자세, 맛동산, 감자, 땅콩', 그리고 고양이를 키우는 사람들을 '집사'라고 한다는 것부터 꼬리와 귀, 수염이나 몸짓으로 하는 고양이의 의사 표현 방법, 고양이 품종과 성격에 대한 것까지 인터넷 검색과 고양이 백과사전을 통해 천천히 익혀 갔다.

고양이 친화적인 동물병원이란 고양이가 느끼는 불안과 공포를 이해하고, 고양이가 내원하기 좋은 환경을 만듦으로써 조금 더 자주 오게 하여 질병을 조기에 발견하고 예방하고 치료하자는 취지에서 유럽, 북미의 수의사들이 제안한 일종의 캠페인이다. 세계고양이수의사회(ISFM)에서 여러 조건과 기준을 제안하고 만족시키는 병원을 고양이 친화 병원으로 인증하고, 계속 유지하고 발전시키도록 격려하고 여러 자극을 준다.

'고양이 친화 병원'이라고 하면 고양이가 보호자들의 무릎에 앉아서 편안하게 진료 순서를 기다리는 모습, 진료실에서 이따금 꼬리를 살랑살랑 흔들고 수의사의 손에 얼굴과 몸을 비비면서 "선생님, 나 왔어요. 반가워요" 하며 인사하는 모습, 수의사의 손길에 갸르릉 갸르릉 소리를 내면서 진료대 위에 등을 비벼 대고 보호자가 한껏 쓰다듬

:: 세계고양이수의사회에서 제시하는 조건들을 만족시키면 고양이 친화 병원 인증을 받을 수 있다.

어 준 뒤 주사를 한 대 맞고 집으로 돌아가는 그런 모습을 상상할 것이다.

하지만 현실은 전혀 그렇지 않다. 고양이 친화 병원으로 인증받은 우리 병원도 마찬가지다. 드라마 〈꽃보다 남자〉에서만 보았던 'F4'가 동물병원을 방문하는 고양이에게도 존재한다. 병원에서 느끼는 불안과 공포에 대한 반응을 F4라고 명명할 수 있다.

먼저 'Freeze' 형이 있다. 이 유형은 캐리어에서 나오자마자 몸을 납작 엎드린 채 진료대와 하나가 되어 왼쪽도, 오른쪽도 돌아보지 않고 한 군데에 시선을 고정한다. 그리고 오들오들 떨거나 또는 미동도 없이 얼어 있다.

두 번째 유형은 캐리어에서 나오자마자 도망 다니는 아이들이다. 진료실 컴퓨터 뒤나 책장 위, 때로는 허공으로 뛰어오르는 'Flight' 형이다. 진료실 책상에서 허공으로 날아올라 3초 정도 떠 있는 고양이를 보호자와 같이 넋을 놓고 보고 있노라면 '이건 현실이 아니야, 영화야. 〈캣츠 앤 독스〉? 〈매트릭스〉?'라고 현실을 부정하고 싶어진다. 하지만 '녀석이 떨어지자마자 커다란 담요로 얼른 감싸거나 녀석이 편안하고 안전하게 느끼는 캐리어로 들어가게 도와야 해'라는 생각이 퍼뜩 들면 녀석보다 몸이 더 재빨라지곤 한다.

세 번째 유형은 손써 볼 틈을 주지 않는 'Fight' 형이다. 이 아이들은 캐리어 안에서 풍기는 아우라부터가 남다르다. 들썩거리거나 뭔가 요동치는 느낌이 든다. 심상치 않은 소리가 들리는 듯도 하다. 문고리를 잡으려는 찰나, 뭔가 손을 스친다. 언뜻 피가 나지는 않은 것 같은데 시큰하고 아려 온다. 캐리어 밖으로 날카로운 발톱 5개가 훅 튀어나온다. "피아오~" 하는 기합과 함께. 이 친구들이 상하로 분리되는 캐리어에 들어가 있다면 그래도 스킨십을 시도해 볼 수 있다. 두꺼운 담요로 캐리어 뚜껑을 덮은 후 조용히 뚜껑을 제거한 뒤 담요 아래로 손을 집어넣어 녀석의 근육과 눈, 코, 귀 그리고 용기를 내어 입 주변, 치아를 확인할 수 있다.

마지막으로 진료실에서는 자주 볼 수 없지만, 초기 입원 환자나 장기 입원 환자들에게서 종종 볼 수 있는 'Fiddle' 형이 있다. 이 친구들은 끊임없이 몸을 핥고 뜯는다. 처음에는 일반적인 그루밍인가 싶은데 어느 순간 앞다리에 털이 없어진다. 허벅다리 바깥에 털이 없거나 배 쪽에 털이 없어진 경우도 있다. 정확히 표현하자면 털이 끊겨 있다.

F4(Freeze, Flight, Fight, Fiddle)를 잘 이해하고, 내가 만난 고양이 환자가 어떤 유형인지 파악하는 것은 아주 중요하다. 얼어 있는 아이들은 덜덜 떠는 모습이 안쓰럽기는 하지만 그래도 내가 만질 수 있고 진찰할 수도 있게 해 주기에 늘 반갑다. 다만 녀석들이 덜 불안해하도록 좋아하는 간식, 만지면 좋아하는 부위, 좋아하는 장난감 등을 파악해서 메모해 둔다. 날아다니는 아이들은 최대한 캐리어에서 꺼내지 않는 게 좋고 덤벼드는 호기로운 아이들과 비슷하게 다루는 편이다. 도

주 위험이 있는지, 공격하는 아이들의 경우 손을 쓰는지 발을 쓰는지 물어뜯는지, 개처럼 위협적으로 달려드는지 꼼꼼하게 기록해서 도망가거나 공격당하는 일이 반복되지 않도록 조심한다. 진료를 보기 전에 차트를 읽으면서 마음을 다진다. "후! 쌤들 갑시다." 때론 환자의 성격을 적어 둔 차트를 보고 보호자와 웃기도 한다. "대체로 공격적이지만 일단 미간 사이를 만지면서 참치캔을 주면 금방 순해짐. 그런 후 녀석 몰래 접종하기" 등의 메모대로 하다 보면, 보호자도 나도 고양이도 긴장이 풀린다. 나는 고양이 친화 병원이란 아이들의 불안과 보호자의 불안을 이해하고 해소시켜 주는 곳이라고 생각한다.

기억 나는 '아픈' 순간들

진료받던 환자가 내 팔을 물고 매달려 있다가 그 반동으로 진료실 책장 위로 날아올랐다. 녀석의 무게는 무려 8킬로그램. 고양이의 평균 체중이 3.5~5.5킬로그램인 걸 감안하면 헤비급이다. '아, 내 팔뚝이 내 몸에 그대로 붙어 있기는 한 건가?'라고 생각하기도 전에 녀석은 내 머리를 발판 삼아 책장 위로 올라가 버렸다. 비명을 지르던 간호사와 내 팔뚝에는 피가 뚝뚝, 구멍 2개가 뚫려 있다. 급하게 정형외과에 가서 파상풍 주사를 맞은 뒤 1~2주간 반깁스를 하게 되었다. 처음 고양이한테 물린 날이었다.

이후에도 환자가 날 아프게 하는 경우가 종종 있었다. 한번은 내 무릎에 앉혀서 검사하고 예방 주사를 놓은 뒤 보호자분께 건네려고 했다. 그 순간, 도톰한 삼겹살을 한입 씹었을 때의 느낌이 떠올랐다.

'아, 내가 삼겹살이 된 건가?' 녀석을 보니 내 손등을 살포시 아니, 깊게 물고 있었다. 반대편에서 지켜보던 무뚝뚝한 경상도 아저씨 보호자는 "만다꼬 아는 무릎에 안차가 위험하구로. 퍼뜩 주사하고 가방에 여치!(뭐 하느라고 빨리 주사 안 놓고 고양이한테 스트레스를 줘서 물리냐?)"라고 핀잔을 주며 나를 더 서럽게 만들었다.

원래 병원에 오면 건드리지도 못하게 하는 '소말리'(아비시니안 장모종)가 무슨 일인지 소변을 찔끔거리고 혈뇨까지 본다고 병원에 왔다. 웬만하면 아프지 말자고 보호자와 얘기하던 아이인데 이번에는 심각하다. 그래도 녀석이 좋아하는 담요를 이용해 민첩하게 녀석을 돌돌 말아 본다. 성공! 물지 못하게 재빨리 넥칼라를 해 준 다음, "이거 멋진 고양이들만 하는 거야" 하고 위로하면서 방사선실로 얼른 이동한 뒤 간호사와 눈빛을 교환했다. 비장하게, 절대 녀석의 손을 놓쳐서는 안 된다고. 방사선 사진을 촬영하려는 찰나, "아악!" 녀석의 목이 가늘었나 보다. 긴 목을 쑤욱 빼서 넥칼라 너머로 내 팔뚝을 물었다. 아파하거나 상처가 어떤지 살펴볼 틈도 없다. 얼른 사진 파일을 정리하고, 초음파실로 이동한 뒤 조금 더 멋지고 큰 넥칼라를 씌웠다. 언제 그랬냐는 듯 착해진 소말리. 다행히 결석 없이 방광벽만 두꺼워져 있다. '입원은 안 해도 되겠다. 다음에 두 번 정도만 더 초음파 하자'라고 생각하며 한숨 돌렸다. 다음 날 잠시 물어볼 게 있어 들렀다는 보호자가 종이가방을 건넨다. "당 떨어질 때 드세요." 소말리한테 한 방 물리고 수제 초콜릿을 무려 3통이나 받았다. 다행히 다음 두 번의 방문에는 소말리도 우리도 점점 익숙해져서 무사히 치료를 마칠 수 있었다.

진료실에서 차트 정리를 하던 어느 한산한 오전, 처치실에서 요란

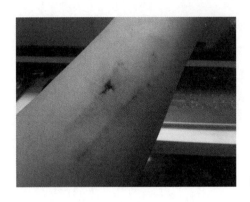

:: 고양이 병원에서 일하다 보면 환자들에게 할퀴고 물리는 일이 종종 있다.

한 비명이 들렸다. 뭔가 일이 생긴 것이다. 간호사가 자신의 팔뚝을 꼬옥 잡고 눈에는 눈물이 그렁그렁했다. 물린 자국을 확인하려는데 뚜렷한 이빨 자국에서 피가 뚝뚝 떨어졌다. 제 아무리 수의사지만, 처치실 바닥에 떨어진 피를 보니 몹시 겁이 났다. 피가 정말이지 뚝뚝 떨어졌다. 안 그래도 작고 마르고 하얀 얼굴의 어린 간호사인데 곧 과다 출혈로 죽을 것 같았다. 나도 모르게 "119 불러!" 하는데, 간호사가 "원장님, 저 걸어갈 수 있어요"라고 대답했다. 응급실에서 진료를 기다리는 30분 동안 지혈됐다고 들었다. 4개월 이상의 병원 생활로 이제는 병원 가족이 되다시피 한 고양이 '나비'는 질투가 많았다. 입원장 밖으로 나오고 싶어 하는 녀석의 눈빛을 읽은 간호사가 잠시 산책을 하도록 해 준 뒤 다른 아이들에게 밥을 주고 쓰다듬어 주려는 순간 질투쟁이 나비가 덥썩 손목을 물어 버린 것이다. '무려 전과 2범! 한 번 더 그러면 그때는 너를 어쩌냐?' 우리는 질투심을 유발하는 환경을 만들지 않으려 조심했고 녀석도 몇 개월을 조신하게 지냈다. 그러던 어느 가을날 녀석은 자유롭게 놀 수 있는 잔디가 있는 시골집으로 가게 되었다. 그렇게 보호자와 함께 행복한 뒤태를 보이며 사라졌다.

어느 날은 나름 사납다고 소문난 녀석이 밥을 못 먹는다고 찾아왔다. 뭔가 입이 불편해 보인다는 것이었다. '아, 조심하자' 하고 생각하며 입을 열어 볼 여유도 없이 방사선 사진을 찍는데 머리 쪽에서 날카로운 금속 물질이 발견되었다. 바늘이었다. 녀석은 아픈 입으로 우리를 물지는 못하고, 그나마 자유로운 앞발로 의사 표현을 한다. '나 아프고 사진 찍기 싫어'라며 훅 내 팔 어딘가를 스쳤다. 정말 시렸다. 촬영을 계속하는 게 힘들고 무서웠지만, 그래도 끝까지 촬영했다. 바늘을 빼내는 수술을 돕던 직원이 환자 발톱의 피를 보고 깜짝 놀랐다고 했다. '고양이의 발톱은 멀쩡한데 이 피는 누구 거지? 박 원장님 또 피 보셨구나' 하고. "그래요. 그 발톱의 피는 제 거예요."

고양이 병원에서 일하다 보면 아무리 고양이 친화적이라고 해도 크고 작게 할퀴고, 긁히고, 물리고, 펀치를 맞기도 한다. 어느 날 샤워하다가 등이 시큰하기도 하고 배 쪽에서 삼지창이 지나간 흔적을 발견하기도 한다. 그래도 녀석들이 아프지 않으면, 다 나아서 캐리어에 담겨 집으로 돌아가면 그걸로 충분하다. 난 괜찮다. 같이 일하는 우리 선생님들도 괜찮다.

언젠가 한번은 '새싹'이라는 고양이가 이틀 정도 집을 나갔다가 전단지를 본 이웃의 연락 덕분에 돌아온 적이 있다. 아파트 지하 주차장 2층에서 발견된 새싹이는 몸도 차고 기운도 없었다고 들었다. 새싹이는 병원에 오면 아주 예민해지는 아직 10개월이 채 되지 않은 고양이였다. 아무래도 집에 여섯 살 남자아이와 여덟 살 여자아이가 있다 보니, 새싹이가 사람 손길에 좀 더 예민한 거라고 생각했다. 집을 나갔다가 돌아온 이후로 컨디션이 좋지 않다며 내원했다. 배 쪽에 멍도 있고 심상치 않다는 생각이 들었다. 보통 때의 새싹이 같으면 가방에서 나오자마자 경계하는데 그날은 어쩐 일인지 얌전했다. 떨어진 체온도, 배 쪽 멍도, 새싹이의 컨디션도 심상치 않았다. 방사선 검사와 초음파 검사를 통해 새싹이의 복벽과 방광이 찢어졌음을 알 수 있었다. 아무래도 사람 발에 차인 모양이었다. 방광 파열로 이미 요독증이 와 있는 상태였지만, 두 번의 수술 끝에 새싹이는 건강을 되찾았다. 문득 그런 생각이 들었다. '사람에 비해 10분의 1도 되지 않는 고양이들이 우리를 공격해 봐야 얼마나 하겠나? 사람이 마음을 먹고 고양이를 해치려고 했다면 오히려 이 정도로 끝난 게 다행이다' 싶었다.

우리는 아픈 고양이를 도우려는 사람들이다. 하지만 말이 통하지 않는 고양이는 수의사나 병원의 약품 냄새가 그저 무섭고 두려울 것이다. 이건 네 살짜리 꼬마가 병원에서 주사를 보자마자 우는 것과 같다. 그때는 그저 사람인 우리가 그들을 이해하고 가급적 안전하게 돕기 위한 모든 수단을 동원해야 한다. 매 진료 순간마다 지금 나와 마주한 고양이가 어떤 성격인지 빠르게 판단해야 한다. 때로는 잽싸게 고양이 발톱을 피하고 나서 안도의 한숨을 쉬기도 하고, 물려서 핑글 도는 눈물을 참아 내고 진료를 마저 보기도 한다. 아이들이 병원에서 조금 난리 치고 소란을 피워도 좋으니, 밖에서 맞거나 학대당하지 않았으면 좋겠다. 고양이는 사람의 10분의 1도 안 되는 작은 체구에 우리와 같이 아픔과 배고픔을 느낄 수 있는 존재들이다.

가장 힘들게 보낸 휴가

오랜 친구가 있는 오사카로 동생과 3박 4일 여행을 가기로 했다. 나

흘간 병원과 집을 비우려면 준비해야 할 게 많았다. 먼저 병원 환자들이다. 대부분의 환자는 다른 원장님들께 부탁해서 자리를 비우는 동안 진찰해야 할 환자나 입원한 환자와 관련된 사항을 전자 차트와 입원 차트에 일목요연하게 정리하고 이후의 치료 계획까지 정리해 두었다. 그런데도 마음이 무거운 건 3년 넘게 폐에 있는 종괴로 기침 관리를 하고, 2년 전 발생한 당뇨로 인슐린 주사를 맞고 있는, 이젠 내 새끼 같은 환자 때문이었다. 1개월 전쯤 병원 호텔에 와 있을 때 한 번씩 게우거나 먹는 걸 좀 불편해하는 것 같아서 걱정하던 중이었는데, 아니나 다를까 최근 들어 밥을 잘 안 먹는다며 입원을 했다. 하지만 나는 단순히 환자가 까탈을 부리는 것으로 생각했다. 왜냐하면 평소에 보호자가 좋은 간식과 생식으로 잘 관리해 주었고, 아로마 치료에 관심이 많은 원장님께 물어 좋은 허브와 영양제도 많이 제공해 주었기 때문이다. 그래서 큰 병이 아니길 바랐지만 먹자마자 바로 게우고 체중은 입원 이후로 계속 감소하고 있었다. 초음파상으로는 별다른 문제가 없었다. 열세 살로 나이가 많았기 때문에 마취 후 뭔가 조치를 취하는 것을 보호자가 많이 조심스러워했다. 하지만 이번엔 상태가 심각했고, 나를 신뢰해 준 덕분에 마취 후 내시경과 CT 촬영을 할 수 있었다. 식도에서 위로 넘어가는 쪽에서 식도가 협착되어 내시경 진입이 어려웠다. CT 촬영에서는 위 입구 쪽인 분문부 주변 종괴 덩어리로 의심되는 소견이 있었고 식도 열공이라는 작은 구멍으로 위의 탈장이 의심된다는 소견을 받았다. 이후로 개복을 통해 위 분문부가 단단해진 종양성 변화를 의심하고, 영양 보조 치료를 위해 위 튜브를 삽입한 뒤 계속 관리 중이었다. 마음이 너무 무거웠다. 내가 돌아올 때까지 그저 잘 버티고 잘 치료되길 바랐다.

나와 같이 사는 아이들도 내가 없는 동안 잘 지낼 수 있도록 준비를 해야 했다. 8.5킬로그램의 듬직한 암컷 잡종견 '몽실이'와 2.5킬로그램의 우리 집 터줏대감 '몽키'는 병원 호텔로 보내고, 우리 집 둘째이자 탁월한 먹성과 적응력을 자랑하는 '키키'와 막내로 들어온 턱시도 '재키'는 처음으로 3박 4일 치 사료와 물, 넉넉한 모래와 화장실을 준비하고 집에 두기로 했다. 출국 전 호텔에 맡겨야 하는 몽키가 영 꼬질꼬질했다. 엄마와 헤어져 외박을 하기 위해 목욕을 시키는데 보통 때와 다르게 발버둥도 치지 않고 잘 따라 주었다. 목욕 후 상쾌한 마음으로 육포도 뜯게 해 주었다. 녀석, 맛있게 잘 먹는데 급하게 먹었는지 켁켁거린다. '사레들렸나? 천천히 먹지' 하고 생각했다. 잠시 병원에 들러 몽실이와 몽키를 맡기고, 다른 환자들의 상태도 살피고 병원 근처 은행에서 환전도 했다. 그런데 볼일을 마치고 돌아오는 길에 병원에서 전화가 왔다. "선생님, 몽키 원래 집에서도 이랬어? 발작을 하는데?"

　　'오늘 목욕할 때 얌전했던 게 뭔가 몸이 안 좋아서였나? 아, 왜지? 열네 살이면 종양도 있을 수 있고, 품종이 몰티즈니 육아종성뇌수막염(GME), 괴사성뇌수막염(NME)도 있을 수 있는데, 뭐지? 비행기표를 취소해야 하나?' 오만 가지 생각이 들었다. 비행기 출발 3시간 전, 공항까지는 택시로 30분 거리. 같이 가기로 한 여동생한테는 못 간다고 말하고 혼자 가라고 해야 하나 여러 가지 생각이 들었다. 일단 항경련제를 주사하고 그래도 나아지지 않아 항경련제 연속 점적 주사를 놓기 시작했다. 곧 몽키는 조금 진정되어 잠들었다. 그제서야 마음이 좀 편해졌다. 어차피 내가 할 수 있는 일은 발작의 원인을 진단하는 것과 이후의 치료다. 나는 "원장님, 항경련제 줄여 가면서 상태 괜찮아지면 바로 MRI 촬영하러 가 주세요" 하고 부탁했다. 그렇게 휴가가 시작됐다. 여

:: 아프고 난 후의 몽키. 예전의 활발했던 모습을 많이 잃어버렸지만 그래도 잘 견뎌 주었다.

행 이틀째 MRI 촬영을 마쳤고, 뇌에 제법 큰 종괴 2개를 발견했다. 크기와 생긴 형태, 위치 등으로 보아 신경교종(glioma)으로 진단됐다. 그래도 다행이다, 처음 접하는 질병이 아니어서. 2년 전 우리 몽키보다 더 급작스럽고 더 심각하게 발작했던 '꼭지'가 앓은 병이었는데 꼭지는 지금까지도 무척 잘 지내고 있다. 그렇게 마음을 다잡으면서 다음 치료 계획을 세웠다.

앞으로 1년 동안 더 생기 넘치고 섬세한 진료를 보기 위해서는 잠깐 숨을 고르는 충전의 시간이 필요했다. 그런 마음을 먹고 떠난 휴가였다. 하지만 조금도 쉴 여유가 없었다. 평소보다 여유롭지 못한, 이상한 휴가가 되어 버렸다. 휴가 기간 동안 열세 살 환자가 떠났다. 환자는 물론 보호자와도 인사를 나누지 못해 아쉽고 미안했다. 그리고 아픈 자식을 두고 휴가를 가 버린 동료에게, 그래도 잘 쉬고 오라며 안심시키고 치료해 준 선생님들이 너무 고마웠다. 그렇게 긴장되고 슬프고 혼란스러웠던 여름휴가가 끝나 버렸다.

퇴원 후 우리 몽키는 12년 동안 잘 가리던 화장실을 한 달 동안 못 가린 것 외에는 발작도 없고 밥도 잘 먹었다. 지금은 비록 하늘나라로 떠났지만 그곳에서 예전처럼 활발하게 잘 지냈으면 좋겠다.

여러 나라 고양이 수의사들과의 만남, 미국고양이수의사회 콘퍼런스

고양이를 공부하기 위해 각 주에서 모인 미국 고양이 임상 수의사들이 3박 4일간 호텔에서 세미나를 듣고, 새로운 제품이 전시된 부스도 구경하고, 매일 저녁 다양한 사교 모임을 갖는 미국고양이수의사회(AAFP) 콘퍼런스가 매년 가을에 열린다. 2012년 시애틀에서 열렸던 콘퍼런스에 처음 참석한 이후로, 그 분위기에 매료되어 2013년 댈러스, 2014년 인디애나폴리스, 2015년 샌디에이고, 2016년 워싱턴 D.C.까지 매년 여러 선생님과 함께 참가했다. 《The cat》의 저자 수전 리틀부터, 내분비학으로 유명한 마크 피터슨, 그리고 나는 잘 알지 못하지만 강의 내용을 보면 대단한 분이다 싶은 여러 학자와 임상가들의 강의를 직접 들을 수 있는(물론 들은 내용을 전부 다 모국어처럼 이해할 순 없지만) 것만으로도 뿌듯해진다. 대부분의 참가자는 여자 수의사다. 강의실 여기저기 배치된 스탠드형 마이크에 줄을 서서 강연자에게 질문하고, 자신의 임상 경험을 얘기하기도 하면서 상호 작용하는 강의실 모습은 낯설기도 하고, 수동적으로 듣고만 있던 나에게 자극을 주기도 했다.

새로운 제품들이 전시된 부스들은 쇼핑의 재미를 더해 준다. 고양이가 그려진 각종 액세서리와 아직 국내에 들어오지 않은 약품들, 고양이 진료에 도움이 될 만한 여러 기구를 구경하다 보면 다음 강의를 놓칠 수도 있다. 곧 강의가 시작된다는 걸 알리는 실로폰 소리가 야속하

:: 세계적인 고양이 학자 토니 버핑턴 교수님과의 만남.

게 느껴졌다. 미국고양이수의사회에 가입된 병원 중 적지 않은 수가 고양이만 진료하는 고양이 전문 병원이고(물론 절반 이상은 개와 고양이를 같이 진료하는 소동물 진료 병원이다), 이들 병원의 많은 수가 고양이 친화 병원으로 인증받았다. 점심시간에는 런천 세미나로 강의를 들으면서 식사하는 학구파도 많았다. 먹을 것이 풍성했던 댈러스 학회에서는 쉬는 시간에 무심코 받은 아이스크림이 비싼 하겐다즈여서 배가 부른데도 꾸역꾸역 먹었던 기억이 난다.

5킬로미터 정도의 코스를 달리거나 걷는 프로그램 펀런(fun run)에서는 수의사들이 거의 프로 마라톤 선수 같은 복장으로 나와 내달리는데 그 모습에 나도 이제 운동을 해야겠다고 반성하게 됐다. 워싱턴 학회에서는 펀런 대신 새벽 6시 반에 줌바 댄스 시간이 있었는데, 열심히 소리 지르고 움직이면서 하루의 활력을 얻기도 했다. 저녁에는 후원

업체에서 준비해 준 디너파티가 있었다. 냉방이 빵빵하다 못 해 다소 추운 강의실에서 두꺼운 외투를 입고 안경을 쓰고 열심히 공부하던 모습과 달리 드레스코드에 맞춰 차려입은 나와 일행의 모습은 조금 멋있기도 했다. 〈섹스 앤 더 시티〉의 주인공들처럼 칵테일 한 잔으로 건배를 외치면서 '여기가 미국이구나' 생각했다. 미국의 여러 주, 캐나다, 브라질, 일본, 홍콩 등에서 온 수의사들을 만난 뒤 고양이에 대한 그들의 애정과 열정에 큰 자극을 받았다. 또 내가 있는 환경에서 최선을 다해 진료를 봐야겠다고 마음을 다잡을 수 있었다.

북미와 유럽을 통틀어 고양이 전문의는 100여 명이 있다. 고양이 전문가가 되기 위해서는 7년의 임상 경험, 사례 보고 2건 이상 등의 기본 자격 요건이 필요하며 그 뒤에 시험을 통과해야 한다. 조금 더 부지런해져서 시험에 도전하는 게 지금 나의 꿈이다. 사실 평소보다 더 많이 부지런해야 하고 진료 틈틈이 새로운 지식도 공부하고, 영어 공부는 더 열심히 해야 한다. 이미 수의사가 되었음에도 매일매일 더 성숙한 수의사가 되기 위해 도전하는 것이 때로는 고단하지만, 그래도 즐겁고 보람 있다.

마음이 원하는
일을 해야 행복하다

| 박천식 |

1968년생. 1991년 건국대학교 수의학과를 졸업하고 같은 해에 개원했다. 이후 1998년 아크리스동물의료센터
를 개원해서 지금까지 일하고 있다. 현재 한국동물병원협회 실행이사, 한국고양이수의사회 부회장, 건국대학
교 수의과대학 겸임교수로 활동하고 있다.

나는 지금도 수의사로 사는 게 너무 행복하다. 여러 사람들
이 내게 "당신은 왜 수의사가 됐나요?"라고 물어보는 경우가 많다. 그
때마다 서슴없이 이렇게 답한다. "내가 하고 싶어서 했다"고.

국민학교(지금의 초등학교) 시절부터 부모님과 떨어져 서울에서 유
학하던 나는 주말이나 방학 때 집으로 내려가곤 했다. 그때 공무원으
로 일하던 아버지는 소를 키우셨는데, 부모님을 도와 소똥을 치우고
먹이를 주면서 자연스럽게 수의사라는 직업을 생각하게 됐다. 수의사
도 부족하고 동물 관련 전문 지식도 지금보다 뒤떨어졌던 그 시절, 소
가 아프면 왕진 온 수의사가 치료한 적도 있지만 가끔은 부모님이 동
물약국에서 약을 사다가 주사를 놓았다. 치료가 잘 안 되어 소가 죽어
갈 때면 그 모습을 보고 마음이 매우 아팠다.

내가 고등학교를 졸업할 무렵 수의사란 번듯한 전문직이 아니라 단순히 동물을 치료하는 직업으로 여겨졌기 때문에 부모님은 내가 의사나 약사가 되길 원했다. 그렇지만 당돌하게도 부모의 반대를 무릅쓰고 수의학과에 입학 원서를 내서 지금은 동물병원을 운영하고 있다.

물론 수의사의 삶은 편하지 않다. 환자('환축'이라고도 하지만 요즘 나는 '아가'라는 표현을 쓴다)가 시간을 정해 내원하는 것도 아니고 입원하면 24시간 병원이 아니더라도 치료를 위해 옆에서 같이 밤을 새는 경우가 많기 때문이다. 또한 응급한 상황이 아니면 대부분의 경우 보호자들이 퇴근 후나 쉬는 날 찾아오기 때문에 수의사들은 남들이 쉴 때 더 바쁘다.

하지만 이렇게 말하고 싶다. 진료를 하면 즐거운 일도, 슬픈 일도, 화가 나는 일도 생기지만 임상 수의사는 '멋진 직업'이라고. 이 길을 선택해 보라고.

나는 왜 이 아이들을 치료할 수 없을까?

지금도 반려동물이라고 하면 개와 고양이만 떠올리는 사람들이 있을지 모른다. 수의사로서 진료하면서 가장 어려운 경우가 유치원생이나 초등학생들이 햄스터, 병아리, 토끼 등을 데리고 병원에 올 때다. 이런 반려동물을 '외래동물 또는 특수동물(exotic animal)'이라고 하는데 정말 많이 내원한다.

대학생 시절 학교에서는 주로 개와 산업동물(소, 돼지, 닭 등)에 대해서만 배웠기 때문에 이런 동물들이 오면 응급 처치와 간단한 약물 처치만 겨우 할 수 있었다. 정확히 어떤 질병이 있는지, 어떤 검사를 해야 하는지, 어떤 약을 써야 하는지 알지 못하는 내가 수의사로서 자격이 있는지 자괴감까지 들었다. 2000년 이후 우리나라 수의학이 급속도로 발전해서 많은 검사 장비를 갖추게 되었지만 당시만 해도 병원의 장비가 매우 빈약했다. 1990년대 초반의 PC통신은 흑백 화면에 글자만 입력할 수 있는 정도의 수준이었기 때문에, 지금처럼 인터넷으로 자료를 검색할 수도 없고 외국 사이트에 접속해서 자료 교환을 할 수도 없었다. 우리나라에서 특수동물 관련 책을 구하기도 너무나 어려웠다.

나는 고민 끝에 두 가지 방법을 시도해 보기로 했다. 외국에 가는 지인이 있으면 특수동물 관련 책을 사다 달라고 부탁했고, 번식과 분양을 목적으로 하는 토끼 농장, 햄스터 농장, 새 농장을 찾아다니며 사육자들과 교류하고 어떻게 키우는지, 어떤 질병이 생기는지 물어보고 그 문제들을 같이 고민하며 해결해 나갔다.

영어가 능숙하지 못해서 외국어 책 옆에 사전을 두고 햄스터, 토끼, 조류, 파충류 등 관련 내용을 한 쪽씩 번역하며 공부했고, 전혀 할 줄 모르는 일본어는 주변 사람들에게 번역을 부탁해서 공부했다.

특수동물에 대한 검증되지 않은 막연한 내용들이 지금도 인터넷에 많이 떠돌지만 그때는 더 심했다. 관련 내용을 전혀 모르는 수의사나 보호자들이 많았다. 그래서 토끼와 햄스터에 관한 올바른 먹이 주기 방법, 관리법, 간단한 해부 생리, 질병 등을 책자로 만들어 많은 동물병원에 나눠 주었다. 인터넷 환경이 좋아진 1990년대 말쯤에는 홈페이지를 만들어 공부한 내용들을 공유했다. 올바른 지식이 전해지면 특수동물들이 더 행복하게 살 수 있게 된다는 생각에 기뻤다. 그 노력의 결과, 지금은 가끔 보호자들이 병원에 전화를 걸어 이렇게 문의한다. "병원에

:: 고환염 수술을 받은 골든햄스터.

서 강아지 진료도 하나요?" 이런 말을 들으면 다소 어이가 없고 웃기기도 하다. 물론 "네, 당연히 합니다"라고 답한다.

거북이 거식증에 걸렸어요

거북은 크게 물에 사는 거북(turtle)과 육지에 사는 거북(tortoise)으로 나뉘며, 그 종류는 매우 다양하다. 어느 날 한 거북이 진료실을 찾았는데 흔히 볼 수 있는 거북과 달랐다. 요즘은 다양한 종류의 거북을 반려동물로 돌보지만 당시에는 무척 낯설었다. 그때 본 거북은 목이 매우 긴 뱀목거북이었다. 보호자는 거북이 계속 구토를 하고 먹지 못한다며 찾아왔다. 사람과 달리 반려동물 보호자들은 대개 동물이 1~2주 이상 먹지 못하면 거식증으로 생각한다. 개, 고양이가 아픈 경우는 일단 손으로 신체를 만져서 피부와 임파절과 복부 장기 상태, 골절 유무 등을 파악하는 촉진과 간단한 검사를 한 후 더 구체적인 검사를 하지만 거북은 등딱지와 배딱지가 매우 두꺼워서 촉진을 할 수가 없다. 일단 보호자에게 거북의 상태를 물어보았다. 보통 문진이라고 하는데 동물의 식욕, 먹이, 사육장 환경, 예전의 질병 상황 등을 보호자에게 물어보는 진료다.

문진 결과 뱀목거북이 사는 어항의 물을 깨끗하게 해 주려고 여과기를 넣었는데 어느 날 보니 물어뜯은 흔적이 보였다고 했다. 수의사들이 일반적으로 진단하는 '이물 섭취(이물질이 체내에 들어온 경우)'였다. 이물질이 어디까지 내려갔는지 알아야 하기 때문에 방사선 검사를 했는데, 다행히 많이 내려가지 않고 위에 머물러 있었다.

이제는 보호자와의 상담이 남았다. 이물질을 꺼내는 데는 두 가지 방법이 있다. 첫 번째는 배딱지를 수술 도구로 절개하고 위의 이물을 꺼낸 뒤 다시 배딱지를 닫아 주는 방법이다. 이 경우는 수술 시간이 오래 걸리고 배딱지가 복구되는 데 6개월 정도 걸린다. 두 번째는 흡입마취 후에 위내시경으로 이물을 제거하는 방법이다. 제거 후 바로 퇴원하고 위의 상태에 따라 바로 또는 며칠 후부터 먹이를 먹을 수 있다. 보호자에게 두 가지 방법을 모두 설명했고 보호자는 당연히 두 번째 방법을 택했다. 나는 보호자가 최선의 선택을 할 수 있도록 여러 가지 수술 방법을 꼼꼼하게 설명해 주는 것이 수의사의 역할이라고 생각한다. 어쨌든 수술 방법이 정해졌고 이때부터 스태프들이 바쁘게 움직이기 시작했다.

우선 보호자에게 마취 동의서를 받은 다음, 진통제나 심정지 방지약 등의 전마취제, 수액, 산소를 공급하고 일정 시간이 지난 뒤 수술실로 이동했다. 거북의 마취는 흡입 마취를 할 때 개, 고양이와 달라 더 얇은 영양보급관을 준비해 기관 내에 삽관을 했다. 흡입 마취가 안정되

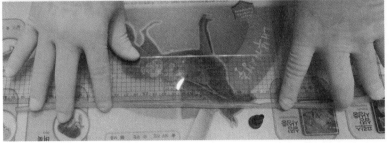

:: 수술 전 흡입 마취를 하는 모습(위)과 위내시경으로 꺼낸 40센티미터 정도의 호스(아래).

자 내시경으로 거북이 삼킨 호스를 제거하고 나서, 위내시경으로 다시 재검진하는데 굉장히 큰 플라스틱 형태의 무언가를 발견했다. 다시 내시경에 이물을 잡고 꺼낼 수 있는 겸자를 넣어 플라스틱 덩어리를 제거했다.

"이제 위에서 이물이 다 제거되어 먹이를 먹는 데는 문제가 없습니다. 다만 이물 때문에 위염 증상이 있으니 약을 좀 먹여야 할 것 같습니다."

수술 후 설명을 듣자 보호자가 매우 기뻐했고 꺼낸 이물질을 보고는 놀라워했다. 거북이 이제 잘 먹고 잘 지낼 일을 생각하니 수의사로서 보람이 느껴지는 하루였다.

수의사도 이럴 때는 진료를 거부하고 싶다

사람들은 자신이 아프면 적절한 병원을 스스로 찾아간다. 반려동물은 아프다고 말도 못 하고 스스로 병원에 갈 수도 없다. 그렇지만 동물이 말은 못 해도 아프면 행동이 달라지고 무엇인가 평소와 다른 모습을 보인다. 그런데도 질병이 만성질환이 되도록 모르거나 내원해서도 동물의 고통은 고려하지 않고 치료도 해 주지 않는 보호자를 만나면 수의사로서 그 보호자에게 화가 나고 나 자신에게도 화가 난다. 아무리 좋은 실력과 장비를 갖췄다고 해도 반려동물 보호자가 허락하지 않으면 진료를 해 줄 수가 없기 때문이다. 수의사는 병원에 내원한 환자를 두고 정당한 이유 없이 진료를 거부할 수 없다. 수의사법에 의해 정말 피하고 싶은 진료를 해야 할 때도 있다.

'희토'라는 토끼의 경우가 그랬다. 토끼는 반려동물로서 평균 수명이 5~10년으로 알려져 있지만 병원에 내원한 토끼 중 열세 살이 넘는 경우도 있었다. 세 살이 조금 넘은 희토는 2015년 3월 우측 안구가 돌출되어 병원을 찾아왔다. 안구 돌출이 되면 눈에 통증이 생겨 목이 돌아가거나 식욕 부진 등을 보인다. 원인은 다양한데, 안압 검사(녹내장이 있는지 확인), 안구 초음파(안구 내 종양, 안구 후방부 종양 등 감별), 방사선 검사(치아 질환으로 인한 안구 후방부 종양 감별) 등을 해 봐야 정확히 알 수 있다.

다른 반려동물과 달리 토끼는 치아 28개가 모두 평생 동안 자라기 때문에 치아 질환이 많은 편이다. 희토는 치아 질환 때문에 우측 안구 후방에 농양이 생겨 안구 돌출이 진행된 경우였다. 진단 후 두 달가량 약을 먹다가 눈과 코 사이의 위턱에 큰 농양이 생겨 위턱의 치아 발치와 개방창(뼈에 염증이 생겨 피부 및 수술 부위를 열어 두고 치료하는 방법)을 하게 되었다. 이런 경우 몇 달 동안 치료해야 하고 위턱 골까지 염증이 생긴 상태라 또 다른 곳으로도 염증이 번질 수 있었다. 다행히 예민한 희토가 이 어려운 치료 과정을 잘 견뎌 냈는데 오른쪽이 호전될 때쯤 왼쪽 안구가 돌출되어 다시 병원에 오게 됐다. 우측 안구와 같은 증상이었다. 보호자는 희토가 너무 자주 마취를 하게 되어 안타까워했다.

"대사성 질환이라 전체 치아 상태가 매우 나빠서 왼쪽도 발생하게 됐네요. 안타깝습니다. 수술을 해 주지 않으면 너무 고통스러울 테니 보호자가 허락하시면 최선을 다해 수술하도록 하겠습니다"라고 말했다. 보호자는 힘없이 "네"라고 답할 뿐이었다.

몇 시간의 수술 시간 동안 개방창과 발치를 끝내고 다시 반복되는 치료 기간을 겪은 희토는 정말 꿋꿋하게 잘 지내 줬다. 그런데 수술 후 8개월이 지나 다른 치아와 상악골의 염증 때문에 입안에 염증이 번지게 되어 호흡을 힘들어하는 상태가 됐다. 결국 마지막 방법으로 호흡을 위한 치료와 염증이 덜 생기게 하는 치료를 해 줄 것인지, 희토가 너무 힘들어하니 편히 하늘나라로 보내 줄 것인지를 보호자와 상담하게 됐다.

이런 상담은 정말 수의사도 곤란하다. 그렇지만 희토는 먹이를 주면 숨을 헐떡이면서도 곧잘 먹었다. 결국 보호자는 "희토가 먹지도 못하면 힘들까 봐 보내 주겠지만 저렇게 먹고 기운 내려고 하니까 보내 줄 수가 없어요"라며 집으로 희토를 데려갔다. 반려동물은 자신이 너무나 아프고 힘들면 잘 먹지 않는다.

나는 희토가 집에서 편히 지내다가 하늘나라로 갈 것이라고 생각했다. 그런데 그 후 2개월이 지나서 희토 보호자가 병원에 혼자 방문했다. 이런 때는 대부분 반려동물이 떠난 후, 그동안 잘 돌봐 주셔서 감사하다는 인사를 하러 오는 것이고, 수의사인 나는 보호자가 아가를 잘 돌봐 준 거라며 위로를 한다. 하지만 내 생각이 틀렸다. 희토가 아직도 잘 먹으며 지내고 있는데 호흡을 너무 힘들어하니 문제가 되는 치아를 발치하고 염증을 제거해 줄 수 있느냐는 것이었다. 직업이 간호사인 보호자와 나는 한 가지 사실을 잘 알고 있었다. 치료를 하려면 또 마취를 해야 하는데 그러면 도중에 희토가 하늘나라로 갈 위험이 커진다는 사실이었다…….

결국 상담 후 2주가 지나고 보호자가 희토를 데리고 병원에 왔다. 난 수술을 하기가 싫었다. 정말 너무 하고 싶지 않았다. 보호자에게 솔직히 수술을 하기 싫다고 털어놓았고 보호자는 울면서 마취 동의서에 서명했다. 희토가 고통스럽지 않도록, 마지막으로 부탁한다고…… 하늘나라로 갈 수 있다는 사실도 안다고…….

순서대로 혈액 검사, 방사선 검사, 산소 처치, 전마취 등을 끝냈다. 보호자에게 인사한 뒤 수술실로 가는 내 어깨가 너무 무거웠다. 수술실에 들어가는 스태프들도 긴장 상태였다. 빠른 시간 안에 안전하게 마쳐야 한다는 압박감이 우리를 짓눌렀다.

다행히 한 시간 이상 걸린 수술을 잘 마치고 내려왔다. 희토가 수술 중 하늘나라로 가는 일은 생기지 않았다. 스태프 모두 안도감에 긴장이 풀렸다. 나는 보호자에게 "수술은 잘 끝났지만 마취가 잘 깨는지 봐야 합니다"라고 말했고, 보호자는 대기실에서 계속 울고 있었는지 눈가가 젖은 얼굴로 "감사합니다" 하고는 병원 밖으로 나갔다. 몇 시간이 지나 희토는 마취에서 정상적으로 회복했고 보호자와 함께 집으로 돌아갔다. 일반적으로 흡입 마취는 수술 후 30분도 안 되어 깨어나는데 희토는 좀 더 오래 걸렸다.

그들이 돌아가는 모습을 보며 나는 마음속으로 "희토야, 잘 견디렴"이라고 말했고, 보호자에게는 "당신은 정말 희토를 위해 최선을 다했습니다"라고 말해 주었다.

긴장감을 늦출 수 없는 특수동물 진료

특수동물 진료는 너무나 다양해서 가끔 두뇌의 한계를 시험받는다. 햄스터, 고슴도치, 이구아나, 뱀, 거북이, 토끼, 기니피그, 카멜레온, 원숭이, 다람쥐, 여러 종류의 새들, 악어를 포함한 여러 종류의 파충류, 페럿, 친칠라, 슈가 글라이더, 프레리도그, 너구리, 사막여우 등이 내원을 하는데 각각의 해부 생리학적 특성이 다르고, 치료 방법과 치료 후 처치 방법, 약의 용량 등도 다 다르다. 가끔은 내가 인공지능 컴퓨터가 됐으면 좋겠다는 생각까지 한다. 감성이 없어서 싫겠지만 말이다.

이런 지식뿐만 아니라, 반려동물이기는 하지만 아직은 야생성이 남아 있기 때문에 진료를 받으러 온 환자가 스트레스를 받지 않게 해야 하며 치료 중 환자나 병원 직원이 다치지 않도록 세심히 주의를 기울여야 한다.

어느 날 길이 3미터가 훨씬 넘는 보아뱀이 병원을 찾았다. 보호자는 "같이 지내는 다른 보아뱀에게 심하게 물렸어요"라고 말하며 어두운 표정을 지었다. 보호자의 말처럼 보아뱀이 입은 상처는 매우 깊어서 다섯 군데 이상 근육이 드러났고 복막까지 손상을 입었다. 뱀은 치아가 총

6열인데 입 안쪽으로 휘어져 있어서 한번 물면 빠져나갈 수가 없다. 서로 물게 되면 입을 벌려서 빼는 것이 아니라 뒤로 당겨서 빼기 때문에 상처가 크게 생길 수밖에 없다.

이렇게 베인 듯한 창상은 감염을 막기 위한 세척도 필요하고 오염된 조직을 제거해야 하기 때문에 전체 수술 시간이 무척 오래 걸린다. 수술대에 오른 보아뱀. 너무 길어서 수술대에 전신을 다 눕힐 수가 없었다. 일단 소독약과 생리 식염수로 상처를 세척한 후 수술대 2개를 이어서 겨우 수술 준비를 완료했다. 긴 수술을 마치고 나니 온몸이 땀으로 흠뻑 젖었고 숨을 몰아쉴 수밖에 없었다.

병원에 있다 보면 보호자가 마구 울면서 뛰어 들어오는 응급 상황이 종종 있다. 대부분 환자가 의식을 잃고 움직이지 않거나 다양한 이유로 출혈이 생겨서 어떻게 하지 못할 때다. 한번은 보호자가 마구 울면서 "아기 눈에서 피가 나요" 하고 말하며 고슴도치를 데려온 적이 있다. 아무 절차 없이 황급히 진료실로 들어왔지만 눈에서 피가 나는 상황을 그냥 보고만 있을 수는 없었다. 고슴도치는 긴장하거나 무서우

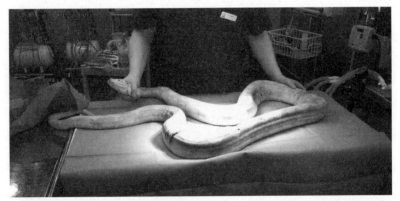

:: 창상 부위를 소독한 후 마취 준비 중인 보아뱀.

:: 수술 후 입원실로 가기 직전의 모습.

면 몸을 말기 때문에 다른 동물들처럼 바로 안구 검사를 할 수가 없다. 흡입 마취 후 검진을 해 보니 안구가 돌출되어 파열되었다. 안구 적출 수술이 필요했다.

수술을 하려면 마취를 해야 하기 때문에 나는 마취가 안전할지 알아보기 위해 혈액 검사를 했다. 검사 결과 특이 사항이 없어 수술이 가능한 상태로 판정했다. 곧바로 보호자와 상담했다.

"안타까우시겠지만 안구를 적출할 수밖에 없습니다. 좀 불편하겠지만 후각이 좋아서 눈 없이도 잘 지낼 수 있답니다." 보호자 동의 후 수술을 마친 고슴도치는 지금도 잘 지내고 있다.

반려동물의 종류는 무척 많다. 개, 고양이, 조류, 설치류, 파충류, 어류, 유인원 등……. 수의사는 올바르고 정확한 치료를 하기 위해 점점 더 많은 지식을 필요로 한다. 그렇기 때문에 늘 시간을 많이 투자해야 한다. 나의 경우는 최신의 수의학 자료를 알아보기 위해, 논문이나 책을 찾기도 하고, 수의사들을 위해 열리는 국내 또는 해외의 세미나에 참석해서 새로운 지식을 얻기도 한다. 치료만으로도 바쁘고 힘들지만 진정한 수의사가 되는 길이기에, 오늘도 하루를 마치는 자신에게 이렇게 말한다. "오늘도 수고했다. 파이팅!"

남들이 다 "예"라고 할 때
나의 대답은 "아니요"

| 최종영 |

1970년생. 강원대학교 수의학과를 졸업하고 도드람양돈협동조합에서 근무했다. 현재 양돈 전문 동물병원인
도담동물병원을 운영하고 있다.

지금도 어쩌다 양돈 수의사라고 하면 스스로도 어색할 때
가 있다. 특히 양돈장이 있는 지방을 떠나 집으로 돌아오다 보면 논밭
사이로 보이는 전원주택이 어느새 아스팔트와 잘 정비된 아파트들로
바뀌기 때문이다. 도시 하숙생이라고 할까? 누가 먼저 이런 표현을 쓰
기 시작했는지 모르겠지만 후배 수의사의 이런 표현은 서울 사는 양돈
수의사로서 참 공감이 간다.

　　나는 지금도 고등학교 다닐 때 살던 동네와 멀지 않은 곳에 산다.
양돈 수의사가 서울에 살면서 지방으로 출퇴근하는 것이 드문 일이라
고는 해도, 고속도로가 발달하다 보니 교통체증으로 고생하면서 서울
에서 출퇴근하는 회사원들의 출퇴근 시간이나 내가 진료를 위해 농장
을 오가는 시간은 거의 비슷하다. 운영 중인 동물병원도 서울에 있다

보니 주변 사람들은 당연히 소동물을 진료하는 동물병원이라고 생각하지만, 문에는 항상 '출장 중'이라는 문표를 달고 '산업동물 출장 전문 동물병원'이라는 것을 적극적으로 티 내고 있다.

고등학교를 졸업하고 대학에 입학한 1989년, 서울을 떠나 춘천으로 향하던 기차 안에서 '이제는 혼자 살아가는 것인가?'라는 두려움과 기대 속에 대학 생활을 맞이했다. 그리고 수의학과 2기라는 동지애로 동기들과 몇 년간 동고동락했다. 돌아보니 얼마 전 인기리에 방영됐던 드라마 〈응답하라 1988〉의 주인공들 못지않게 참 행복한 시절을 살았구나 하는 생각이 들었다. 반주와 가사가 나오는 스크린 없이도 많은 노래를 부르던 시절이었고, 연락할 방법이 집 전화밖에 없어서 구두로 정한 만날 장소와 시간을 그렇게도 중요하게 여겼던 시절이었다. 기약 없는 애달픈 기다림이 있던 그 시절의 일들이 아직도 생생하게 기억난다. 학업과 취업에 대한 고민만 하는 현 세대와 비교해 보면 내 대학 생활은 사회와 수의학과에서 당면한 문제들로 철학적인 고민을 하고 치열하게 토론하는 낭만이 있었다는 생각이 든다.

대학을 졸업하고 대부분의 동기는 반려동물 임상과 공무원을 선택했지만 왠지 나에게 그런 진로는 맞지 않는 것 같았다. 어울리지 않게도 남들이 진출하지 않은 분야에 대한 도전이 나의 목표가 되었다. 그러기 위해서 제일 먼저 실행한 목표가 대학원에 진학하는 것이었다. 대학원은 나에게 크나큰 도전이었다. 가장 큰 부담은 전공을 정하는 것이었고 그다음은 사회인도 학생도 아닌 모호한 신분으로 경제적인 문제를 해결하면서 학업을 지속하는 것이었다. 한마디로 수의사 면허만 있을 뿐 미숙한 모습으로 불안정한 생활을 이어 가야 했다. 그때 나는 명확하게 진로를 정하기보다는 미지의 영역을 향한 도전 정신으로 가득 차 있었고, 취직과 결혼 등 미래에 대한 고민은 크지 않았다.

대학원에 진학하자마자 양돈 분야를 전공해야겠다는 마음을 가졌던 것은 아니다. 당시에는 양돈보다 훨씬 생소한 분야였던 '어류 수의학' 쪽에 관심이 많았다. 방학 동안 통영에 있는 양식장에서 실습 겸 아르바이트를 하면서 양식 현장을 경험했고, 현장에서 실험을 병행하여 어류 질병과 관련하여 졸업 논문을 작성했을 정도였다. 그러나 수산 질병에 대한 접근이 쉽지 않았다. '수의사 처방 제도'가 시행되기 전이어서 약품 대리점의 약사에게 약품을 구입하여 자가 진료를 시행하고 있었기 때문에 수의사의 역할이 거의 없었다. 적어도 20대의 수의사 초년생인 내 안목으로는 시장 논리에 의한 갈등 구조, 정부 정책의 불합리함 등에 둘러싸인 수산 분야에서 안정적인 수의사의 자리를 찾을 수가 없었다.

그러나 이 시절에 낯선 분야를 찾아다니며 내디뎠던 한 발이 양돈 수의사로서의 첫 단추가 되었다. 그리고 젊었기에 누구도 시도하지 않았던 길을 가게 한 원동력이 되었다. 이제 와 반추하니 참 행복했고 성취감이 컸던 과정이었으며 외로운 가운데에서도 대학 동기들의 위로와 지지가 큰 힘이 되었다.

낯설기만 한 양돈의 길

국내뿐 아니라 전 세계적으로 수의과대학을 졸업한 수의사들 대부분은 소동물 임상을 한다. 학부 시절 배우는 과목들도 대부분 소동물 임상 진단과 치료에 초점이 맞추어져 있었기에 나도 자연스럽게 소

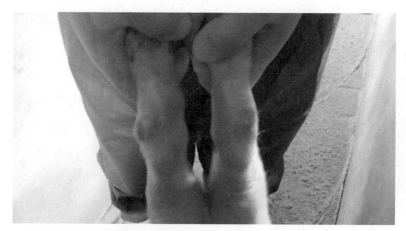

:: 이유자돈(젖을 뗀 새끼 돼지) 다리의 염증을 검사하는 모습.

동물 임상 수의사로서의 진로를 고민했다. 그러나 시간이 흘러 선택의 기로에 섰을 때 나에게는 어느새 소동물 임상 분야가 '그들만의 세상'이 되어 버렸다. 그즈음 유행했던 TV 광고 카피가 생각난다. 남들이 다 "예"라고 할 때 "아니요"라고 할 수 있는 소신에 대한 내용이었는데 매우 공감이 되었다. 내 성향을 살펴보면 주류에 편승하지 않는 편이었고 '도전 정신'이 남달랐던 것 같다. 그래서 대학 졸업 후 취업보다는 대학원 진학을 결정했고 지금까지 양돈 수의사의 길을 걷고 있다.

대학원 졸업 후 양돈장에 면접을 보게 되었는데, 보기 좋게 떨어졌다. 그때는 농장에서 수의사를 상주 형태로 채용할 필요를 못 느꼈기 때문이었다. 지금도 농장 수의사의 채용 비율은 높지 않은 편이다. 1998년은 IMF 구제 금융 요청으로 우리나라가 무척 어려웠던 시절이다. 이대로 취직이 되지 않으면 어쩌나 걱정을 했는데, 그때 나를 반겨 준 조직은 '도드람양돈협동조합'이었다. 지금의 '도드람포크'를 생산하는 생산자 집단인데 이천에 회사를 두고 있었다. 입사해서 도드람동물병원을 세우고 거기서 자체적으로 병성감정을 진단하는 첫 임무를 맡았다.

요즘에는 양돈업계에 전공자들이나 축산과 인연이 있는 사람들이 많은 편이다. 내가 이 분야 일을 시작하던 시기에는 지금과 달리 돼지라는 동물과 인연이 있는 사람들만 모인 분야는 아니었던 것 같다. 실제로 첫 직장에서 같이 일했던 동료들만 보아도 축산이나 양돈 산업에 경험이 없던 사람이 많았던 것으로 기억한다. 이런 배경 덕에 양돈을 경험해 본 적이 없는 서울 촌놈인 나에게도 기회가 생겼지만 적응하기에 만만치 않은 환경이었다.

양돈 수의사에서 영업 사원으로

도드람양돈협동조합은 제주도와 경상도 일부를 제외한 전국에 조합원을 가지고 있다. 도드람동물병원은 그런 조합원들이 진료를 요청해 오면 거기에 응하는 일을 한다. 특히 나는 질병 사례에서 생길 수 있는 가검물 중 빠른 처치를 요하는 건은 직접 자체 진단을 시행하고, 가능한 자체 검사를 수립하는 일을 맡았다.

양돈 수의사들은 일단 운전을 많이 한다. 임상 수의사든 아니든 농장을 대상으로 하는 일은 지방에 있는 농장을 방문해야 하니 거주지인 도시에서 한참을 운전해야 하는 것이다. 그래서 거의 전국을 다녔다. 1박2일 동안 몇 농장을 거쳐 1000킬로미터 이상 되는 거리를 돌아다니는 경우가 다반사였다. 그때 다져진 운전 실력이 지금도 녹슬지 않았다. 쉽지는 않았지만 동료들이 있었기에 재밌었다. 동료들은 거의 비숫한 나이대였다. 서로 한두 살 정도 차이라 직장 상사나 후임의 개념 보다는 형, 동생으로 지냈다. 그래서 더 많은 얘기를 나눌 수 있었고 회사의 배려로 총각들만 회사 근처에서 자취를 할 수 있었다.

첫 양돈 수의사로서의 이 임무는 오래가지 못했다. 회사에 위기가 찾아왔다. 그동안 계약 관계에 있던 사료 회사와 갈라서면서 조합원들에게 공급하는 사료를 만들어야 하는 상황이 발생했다. 공장을 가지고 있지 않은 회사 입장에서는 주문자 상표 부착 생산(OEM) 사료를 만들어야 했는데, 조합원들도 나뉘었기에 회사의 생존을 위하여 사료 생산량이 늘어야 했다. 그때는 동물병원이 수익 사업을 하는 주체가 아니었기에 정리 대상의 1순위였다고 생각한다. 동물병원이 해체되면서 나는 경기 북부 쪽의 영업을 맡겠다고 신청했다. 그때는 경기 북부 시장 점유율이 0퍼센트였다. 결혼을 한 뒤 동물병원에서 근무할 때에는 서울에 거주하였지만 영업을 하게 되면서 일산으로 이사를 했다. 이때 했던 사료 관련 일들은 훗날 나에게 큰 도움이 되었다. 돼지는 개체로서 평가되어야 하겠지만 양돈은 산업으로 이해해야 한다는 큰 시야를 가지게 해 주었다. 결과적으로 좋은 경험이었으나 수의사로서는 쉽지 않았다. '이런 일까지 해야 하나?' 싶을 정도의 일이 많았다. 농장주가 진료 요청을 해서 수의사로서 방문하는 것과 사료를 팔기 위해서, 사료를 쓰는 농장의 지속적인 거래를 위해서 방문하는 것은 대우부터가 달랐다. 나에게는 색다른 경험이었고 쉽지 않은 5년의 세월이었다. 어느 정도 회사의 수익 사업이 안정되자 다시 본사로 복귀 명령이 떨어졌지만 경기 북부 담당들이 퇴사와 입사를 반복하자 다시 그 지역에서 영업을 담당하게 됐다.

다시 하게 된 경기 북부 지역 담당은 처음과는 많이 달랐다. 나부터 예전과 차이가 있었다. 처음에는 우리 회사를 살려 보자는 마음으로 닥치는 대로 농장에 방문하고 홍보하면서 사료 영업 본연의 임무를 완성하기 위해 최선을 다했다. 하지만 이제는 그때와는 마음가짐부터 달랐다. 어느덧 나는 30대 중반의 가장으로 아내와 아들을 두었다. 대학 시절이 많이 생각났고 처음 입사해서 동물병원 수의사들과 동고동락했던 시간들이 그리웠다. '언제까지 이 일을 할 수 있을까?'라는 생각은 계속해서 나를 괴롭혔고 담당 지역의 사료 사용량은 계속해서 하향곡선을 그리고 있었다. 할 만큼 했다고 생각했다. 이제 '나의 길을 가자'는 결심으로 사표를 냈다.

개업 양돈 임상 수의사로 살아남기

7년 6개월이라는 직장 생활을 마감하고 자영업을 시작한 나이는 서른여섯이었다. 젊은 나이에 퇴직한 셈이다. 개인 동물병원을 차린 뒤 나의 첫 고객이 되어 준 사람들은 경기 북부 지역의 조합원들이었다. 아내도 일을 했고 아이도 하나여서 벌이에는 큰 걱정이 없었다. 우리나라에서 개업 임상 수의사가 되어서 홀로 선다는 것은 여간 어려운 일이 아니다. 전 직장에서는 양돈 수의사의 입장이었지만 지금은 개업 임상 수의사다. 진료비를 직접 농장주가 부담해야 하는 것이다. 지금도 대부분의 양돈장은 사료 회사나 약품 회사가 진료비를 부담하는 방식으로 수의 서비스를 받고 있다. 회사 소속 수의사들은 당연한 서비스로 농장에 방문하고, 그 대가로 월급을 받는다. 회사 대표의 입장에서는 수의사를 고용하는 것이 효율적이어서 수의사 채용을 선호

:: 농장에서의 작업은 언제나 힘들지만 그래도 직원들과 함께여서 즐겁다.

한다.

　이런 관습은 개업한 임상 수의사들을 더욱 어렵게 만든다. 어딘가에 소속되지 않으면 진료권을 보장받기가 쉽지 않기 때문이다. 약품 사용에 대한 처방권 제도는 나라마다 약간씩 차이가 있으나 대부분은 수의사로부터 처방받아야 하는 약품을 지정해서 운용하고 있다. 수의사의 직접 진료가 선행되지 않고는 처방 대상 약품을 구입할 수가 없는 것이다. 이런 시스템에서는 약품을 취급해야 농장주와 긴밀한 관계, 상시적인 접점을 유지할 수 있다. 약품을 취급하지 않는 병원의 경우에는 고객을 발굴하고 유지하기 위해 많은 장애물을 넘어야 하는데 그 장애물은 다른 수의사인 경우가 많다.

　농장에서는 처방을 해 주지 않아도 약품을 사용할 수 있다. 약품 대리점에서 고용한 약사가 있기 때문이다. 약사는 수의사가 직접 진료한 후 처방한 약품을 판매하기도 하고 처방전이 필요 없는 약품을 판매하기도 한다(주사용 항생제와 생물학적 제제를 제외하고는 처방전 없이 판매할 수 있다). 수의사 역시 처방만 하는 것이 아니라 진료 후에 약품을 판매할 수 있다. 진료한 수의사가 약품을 판매하는 행위도 진료 행위로 보기 때문이다.

돼지는 종의 특성상 조제한 약품보다는 완제품을 많이 쓴다. 그래서 똑같은 약품에 대하여 '가격 차이에 따른 경쟁 우위를 갖는 것'이 곧 '진료를 많이 할 수 있는 것'이라는 등식이 성립하게 된다. 대리점은 약사를 두고 도·소매를 병행하며 약품을 대량 구입하여 판매가를 낮춤으로써 가격 경쟁에서 우위를 확보할 수 있다. 동물병원은 약품 가격을 대리점처럼 낮추기는 힘들지만 진료 부분에서 차별화를 할 수 있다. 진료를 원하는 농장에 진료라는 영업 무기를 사용할 수 있지만 약품 가격에 진료비를 더하여 청구하기는 어려워진다. 이런 시스템적 특성 때문에 동물병원에서 약품을 취급하면서 진료를 하는 것은 힘들 수밖에 없다.

우리 병원에서는 약품을 판매하지 않는다. 이렇게 약품 판매는 많은 자본을 필요로 하고 더 치열한 시장에 뛰어드는 것이기에 나는 개업할 때부터 수요가 많지 않았던 외로운 임상 진료만을 선택했는지도 모른다. 그 선택 또한 지금의 나를 만든 선택 중 하나였기에 후회하지 않는다(어떻게 평가받든 나의 몫이다. 돌아갈 수는 없다. 다만 후회한다면 여기가 시작점이 되어야 한다고 생각한다).

이 책을 읽는 예비 대학생이나 비전공자들은 개업 임상 수의사와 양돈 수의사의 개념과 하는 일의 차이, 그리고 나와 같은 개업 임상 수의사들의 애로 사항이 와 닿지 않을 수도 있다. 하지만 각자의 차이점을 안다면 진로를 고민할 때 도움이 될 것이다.

1차 진료와 2차 진료

돼지는 산업동물로서 다양한 측면을 가진다. 좀 더 전문적인 진단과 치료를 위하여 고차원적인 진료, 즉 소동물처럼 2차 진료가 필요하다고 생각한다. 이를 실천할 수 있는 방안은 전문적인 검사 기관의 활용이다. 일차적으로 개인 동물병원 같은 기관에서 농장에서의 진료를 담당하고 전문적인 검사가 필요한 경우에는 수의과대학 내 실험실이나 전문병성 감정 기관에 진단을 의뢰하면 된다. 사람과 같이 대학병원과 개인 병원이 구분되어 있긴 하지만 양돈 분야에서의 1차나 2차 진료는 전문적인 검사 영역에 국한된다고 평가할 수 있다.

국내에 사기업인 양돈 전문 검사 기관은 많지 않으나 수의과대학을 포함한다면 꽤 많은 곳에서 양돈 수의학을 연구하고 있다. 나는 수의과대학이 전문적인 2차 진료 기관이라고 본다. 이 기관들에 임상 수의사가 배치되고 경험 있는 수의사들로 교수진이 채워질 때 현장과 연계된 연구와 임상 수의사 간의 네트워크 형성을 통한 2차 진료가 가능해질 것이다.

나는 학부 시절에 양돈 임상 수의사 출신의 교수들로부터 배우지 못했다. 대부분 다른 전공 교수들이 부수적으로 돼지에 대해 가르치곤 했다. 현장과 임상에 대하여 깊이 있게 배우지 못하니 학생들도 양돈 수의사를 보는 시각이 한정될 수밖에 없었던 것 같다. 어려서부터 개나 고양이와 가깝게 생활하는 경우가 많으니 소동물 임상 수의사가 늘어가는 추세는 당연하지만, 대학은 예비 수의사인 학생들이 넓은 시야를 가질 수 있는 교육을 제공할 의무가 있다.

요즘 다시 학교에 다니고 있다. 1998년에 석사를 졸업한 뒤 2016년

:: 동료들과 함께 즐거운 시간을 보낼 수 있었던 한국양돈수의사회 골프 대회.

에 박사 학위 과정에 입학했다. 상당한 시간이 지났지만 낯설지 않다. 내가 항상 대하고 고민하는 것들을 연구하는 일이기 때문이다. 좀 더 연구해서 이제까지의 진료보다 의미 있는 성과를 내고 싶다. 수익으로 연결되지 않을 수도 있다. 다만 지금까지의 경험으로 현장에만 머무르는 이론에 그치기보다 학문적인 바탕을 탄탄히 한 뒤 경험을 더 쌓아서 임상 수의사들의 위상을 높이고 좀 더 재미있게 공부하고 싶다. 재미있어야 오래할 수 있다고 하지 않던가?

산업동물과 공중 보건, 생명 공학

최근 조류인플루엔자(AI)와 구제역으로 혼란하다. 유례없던 고병원성 조류인플루엔자로 많은 수의 닭이 살처분되었고, 구제역 재발로 많은 농장이 불편을 감수해야 했다. 우리나라에서는 산업동물의 질병을 가축법정전염병이라는 이름으로 구분하고 대응 방안 등의 절차를 법으로 정해 놓고 있다. 농장에 법정전염병이 들어오면 막상 임상 수의사들은 할 일이 없다. 친구들은 TV 뉴스를 보고 무척이나 바쁘겠다는 말을 하지만 말이다. 농장을 방문하고 진료를 해야 진료비로 생활할 수 있는 개업 임상 수의사들에게는 참 답답한 시간이다. 이번에도 구제역이 몇 차례 지나갔다. 이제는 만성화되어서 마음을 비우기가 한결 수월하다. 내려놓기가 쉽지 않은 다른 일에 대해서도 잘 내려놓게 된 것 역시 이런 식으로 훈련되어서 그런가 보다.

산업동물이 공중 보건과 밀접한 관련이 있다는 생각은 보편적으로 받아들여진다. 그런데 여기에 수의사의 역할이 필요하다는 생각은 일반인들에게는 쉽지 않나 보다. 병든 돼지는 병을 고쳐 주어야 하고, 그러기 위해 약을 써야 한다. 그리고 약품 잔류를 방지해야 하고 건강도를 높여야 한다. 또 사람에게 옮길 수 있는 질병을 차단해야 하고 약품 과다 사용으로 인한 내성균 출현으로 사람의 진료까지 어렵게 만들지 말아야 한다. "아프고 병든 돼지는 맛있을 수 없다. 잘 자란 돼지가 맛있고, 그것을 먹는 사람도 건강하게 만든다." 이러한 철학이 있어야 한다. 현재 내가 일할 수 있는 힘의 원천이기도 하다. '내가 진료한 돼지가 일반인들에게 건강한 단백질과 지방의 공급원이 될 수 있다'라는 생각 아래 최선의 진료를 하는 것이다.

최근에는 실험동물로서 돼지의 가치가 올라가고 있다. 사람과 면역 시스템 체계가 유사하고 체중이 비슷하기 때문이다. 생명 공학 분야에서 질병 모델과 약품 개발 실험, 이종 장기 이식 등의 실험에 돼지를 이용하고 있다. 여기에 임상 수의사들이 직접적으로 관여하지는 않지만 돼지를 가지고 현장에서의 실험이 행해진다면 임상 수의사들의 역할도 비중이 커지리라고 본다.

'삼겹살'은 오랫동안 우리나라 사람들에게 사랑받고 있는 메뉴다. 그만큼 우리 식생활에서 빼놓을 수 없는 존재가 돼지인 것이다. 돼지가 건강하게 잘 자라서 우리 식탁에 전해지는 데 꼭 필요한 존재가 양돈 수의사다. 하지만 양돈 수의사의 길을 걷는 것은 쉽지 않다. 개업 임상 수의사의 길은 몇 배 더 힘들 것이다. 내가 양돈 수의사로서 또 개업 임상 수의사로서 고민했던 흔적들을 적어 보았다. 더 나은 정책과 시스템을 만들기 위해 양돈 수의학이 고민해야 할 부분이기도 하다. 이런 고민들을 통해 후배들이 앞으로 걸어갈 길이 내가 걸어왔던 길보다 나아지길 바라고, 또 그럴 것이라고 생각한다.

언제나 푸른 상록수처럼
농촌 발전의 기수가 되고 싶다

| 권순균 |

1966년생. 1992년 건국대학교 수의학과를 졸업한 후 1995년에 홍익동물병원을 개원하여 지금까지 경기 지역
농가의 젖소와 한우들을 진료하고 있다. 2013년부터 2017년까지 한국소임상수의사회의 총무이사를 겸임하
였다.

나는 대(大)동물 수의사다. 대동물 중에서도 젖소와 한우, 즉 소를 돌보는 수의사다. 대동물 진료의 특성상 지역에 있는 목장들을 순회해야 한다. 새벽 6시부터 저녁 7시까지 진료가 진행된다. "병원으로 돌아갈까요?" 하고 내게 의중을 묻는 녀석은 열세 번째 수련의로 들어온 정 수의사다. 우리 병원에 온 지 1년이 넘어가는데 아직 일이 서툴다. 얼른 제대로 배워서 제 몫을 하는 수의사가 되었으면 한다. 진료를 마친 우리가 돌아갈 곳은 내가 운영하는 동물병원이다. 어쩌면 피로가 누적된 우리가 쉬어야 할 요양 병원일지도…….

소 임상 수의사는 주로 개와 고양이를 돌보는 소동물 임상 수의사와는 다르게 경제동물을 다룬다. 경제동물에는 소, 돼지, 닭, 오리가 있다. 나는 그중에서 소를 다루는데, 소는 크게 유우와 육우로 나눌 수

있다. 유우 진료의 경우 국민들의 필수 단백질 공급원인 우유의 원활한 생산을 위해 필요한 수의학적 지식과 경험을 총동원하여 의료 행위를 한다. 육우 진료의 경우 식탁에 올릴 질 좋은 육류 생산을 위해 한우의 번식부터 비교적 면역력이 약한 송아지의 치료, 내과, 외과적 처치, 목장의 사양 관리에 이르기까지 진료와 목장 전반에 대해 컨설팅을 한다.

소 수의사의 하루는 목장에서 벌어지는 크고 작은 일들과 함께 흘러간다. 이를테면 소들이 밥을 먹는 아침과 저녁에 응급 진료 요청이 오곤 한다. 낙하하는 노을, 아스라이 몰려오는 땅거미, 오늘도 보람찬 하루를 마친 평화로운 저녁이다. 집에 돌아가면 김이 모락모락 나는 저녁밥을 먹겠지, 당연하고 일상적인 수순이다.

하지만 전화가 울린다. "여보세요?" 난산이란다. 이런 갑작스런 호출은 일상이다. "정 수의사, ○○ 목장으로 가자."

"임신!"

모든 포유류와 같이 젖소도 임신을 하고 분만을 해야 우유가 나온다. 젖소의 경우 진료의 8할이 이와 관련된 일이다. 임신과 출산, 우유 생산을 위한 섭식에서 오는 장애가 그것이다.

번식 검진을 하는 중, 임신 감정 결과 "임신!"이라고 크게 외친 사람은 이 수의사다. 이 수의사는 도시에서 소동물 임상 동물병원 원장으로 17년 동안 활동했다. 훗날 소동물과 대동물을 함께 진료하는 낭만적인 전원생활을 꿈꾸며 우리 병원에서 함께 일하고 있다. 그런 가운데 나의 열두 번째 제자가 고함을 치고 있다. 그도 그럴 것이 우리는 더운 여름 고생하는 젖소들을 위해 잡음이 심한 선풍기가 틀어진 우사 안에 있고 검진 결과를 받아 적는 축주는 먹이통 쪽 통로에 있기 때문이다.

:: 정기적으로 목장을 방문해 젖소들의 번식 상태를 체크한다. 번식 검진 준비를 마치고 기다리는 모습(위)과 초음파 직장 검사를 통하여 번식 검진을 하는 모습(아래).

종합적 목장 컨설턴트, 대동물 수의사

국가의 발전에 기초가 되는 1차 산업, 그중 축산업에 종사하는 대동물 수의사는 약간 특수한 위치에 있다. 첫째, 수의사는 동물의 건강

증진에 힘써야 한다. 다시 말해 생명 존중의 정신으로 아픈 소를 돌볼 의무가 있다. 둘째, 축산업 발전과 공중위생 향상에 기여해야 한다.

경제동물은 생명임과 동시에 축산인의 재산이자 미래의 축산 식품이다. 이 세 가지는 대동물 수의사인 내가 진료를 하고 예후 판단 및 처치에 들어갈 때 항상 염두에 두고 고민하는 부분이다. 수의사로서 생명을 살려야 하는 책임과 이해관계에 있는 관계자들의 손실을 줄이고 이익을 창출하는 것, 둘 다 중요하기 때문이다.

일례로 심한 감염성 질환, 기립불능우(downer cow), 생산성이 현저히 떨어진 소를 대할 때면 이 병든 소를 치료하느냐 도축하느냐의 기로에 서게 된다. 수의사는 축주에게 병든 가축의 예후를 정확히 진단해 주어야 한다. 치료가 가능하며 소의 생산성에도 문제가 없을 때에는 적절한 치료를 통하여 살려 내야 하지만 가망이 없다고 생각될 때에는 도태 권고를 통해 농가의 손실을 최소화해야 한다.

대동물 임상 분야는 소동물 임상 분야와는 다른 방식으로 발전해 왔다. 경제동물의 특성상 축우의 질병 상태가 소모성이거나 거액의 진료비가 필요할 때 소의 값어치를 넘어서지 않는 선에서 치료를 한다. 생산성 향상을 위하여 사료의 배합비는 자투리 없이 더욱 정밀해졌다. 지속적으로 고능력 소를 배출하기 위하여 엄선된 종모우(씨를 받기 위하여 기르는 수소)의 정액은 전문 회사에서 관리하고 있다. 대동물 수의사는 소가 일생을 편안하게 살다 갈 수 있도록 질병 치료에 힘쓴다. 유우의 우유, 육우의 고기가 최상의 품질이 될 수 있게끔 경제동물을 관리해 준다. 또한 동물들의 생이 다하는 날까지 충분히 동물권을 보장받을 수 있도록 우사 환경, 사료, 위생적인 부분에도 도움을 준다. 그리고 목장이 수익을 내고 규모를 키울 수 있게끔 조언을 하는 등 총체적 관리를 해 준다.

과거에는 질병 치료가 대동물 수의사의 주된 일이었다면 지금은 종합적 목장 컨설팅이 주를 이룬다. 규모화된 목장에서 맞닥뜨리는 문제 상황을 해결하기 위하여 대동물 수의사는 올라운드 플레이어가 되어야 하는 것이다. 기본적으로 내과, 외과, 산과에 능통해야 한다. 목장에서 일어나는 대부분의 일에 관여하고 컨설팅하는 대동물 수의사는 사양 관리, 영양 관리, 환경 관리, 목장 경영에 대해서도 전문적인 지식을 갖추고 있어야 한다. 현재 내가 운영하는 병원도 매출의 70퍼센트는 목장 컨설팅이 차지하고 30퍼센트 정도만 일반 질병 진료로 충당된다.

목장 컨설팅은 다음으로 구성된다.

첫째, 전체 소들의 영양 설계.

둘째, 반복적인 질병 발생 또는 목장 생산성 저하 시 사료의 배합비를 검토하고 사양 관리를 점검.

셋째, 정기적인 방문으로 번식 검진.

넷째, 대사판정시험(MPT) 분석을 통한 목장 소들의 건강 검진.

다섯째, 정기적인 발굽 삭제 및 발굽 질병 관리.

여섯째, 구제역, 광견병, 탄저, 기종저, 유행열, 아까바네, 소 바이러스성 설사증(BVD) 등 전염성 질병에 대한 예방 백신 및 방역 업무.

아, 지금은 번식 진료 중이다. 집중하자.

"9월 6일 수정."

"임신!"

"8월 16일 분만."

"난소 정상!"

"건유 감정입니다."

:: 진료가 필요한 목장으로 이동하고 있다. 하루하루 소풍 길에 오른다.

"건유 OK!"

번식 검진 결과가 좋으면 내 기분도 덩달아 좋아진다. 축주들은 젖소들의 임신 여부에 따라 일희일비한다. 수태율(교배 혹은 수정에 대한 수태 비율)이 좋다는 것은 그만큼 목장의 젖소들이 건강하게 잘 살고 있다는 것이니 좋고, 다음 비유기(분만 후 젖 분비가 시작되어 우유를 짤 수 있는 시기)를 준비한 것이니 곡식 창고를 두둑이 채운 일개미처럼 행복할 것이다. 그렇다. 젖소들의 임신은 축주들의 땀과 노력의 대가다. 나는 그 기쁜 소식을 전해 줄 수 있어서 좋다. 행복에 왕도가 있을까? 그저 일상을 돌며 그네들의 미소에 뿌듯함을 느끼는 이기적 이타심. 번식 검진을 마치고 즐거운 마음으로 차를 돌려 다음 정기 검진이 있는 목장을 향하는 소풍 길에 오른다.

"정 수의사, ○○목장으로 가자!"

안전한 친환경 축산물을 위해

사회가 빠르게 발전하는 만큼 축산업 또한 규모화되고 전문적으로 분업화되고 있다. 축산업에 종사한 지 어언 21년, 많은 신출내기 수의사들이 우리 병원에서 수련의 과정을 거쳐 전국 방방곡곡에서 활동하고 있다. 현재 대동물 수의사는 전국에 400~500명이 활동하고 있다. 여기에 대동물과 반려동물을 함께 진료하는 혼합 동물병원이 500~600개 있으니 대동물을 진료하는 수의사는 전국에 1000명 가까이 있는 것이다. 우리나라에는 한우가 300만 두, 젖소가 40만 두 있으니 대동물 수의사 한 명당 3000~4000두의 소를 담당하고 있다고 보면 된다. 물론 적극적으로 활동하는 수의사가 600~700명 정도일 것으로 추정하면 수의사 한 명이 소 5000두씩을 관리하고 있는 것이다. 우리 병원은 현재 젖소 1만 6000두와 한우 4000두 정도를 관리하고 있다. 축주들은 주로 소가 밥을 먹는 시간에 소들의 상태를 관찰한다. 이때 발정을 관찰하고 아픈 소가 있는지, 사료를 덜 먹는 소가 있는지, 분만하는 소가 있는지를 본다. 따라서 오전과 오후, 소들의 식사 시간에 일반 진료가 몰리는 편이다.

무더운 여름이 지나고 선선한 가을도 어느덧 중반에 다다랐다. 더위에 약하고 추위에 강한 홀스타인 젖소(젖소의 대표 품종으로 젖소 중 가장 체형이 크다)들도 제 컨디션을 회복하고 있다. 꽤 많은 소가 여름 동안 받았던 더위 스트레스와 환절기의 심한 일교차, 식욕 상승으로 인한 섭취량 증가로 장애가 일어나기 때문에 진료가 늘어난다.

"문 원장, ○○목장에 새끼 난 지 2주 된 소가 식욕 부진이라고 하는데, 가서 진찰해 봐야 알겠지만 좌측 전위일 가능성이 커. 전위가 빈발하는 분만 직후 2주째에 섭식 장애가 있고, 사료를 먹다 안 먹다 한다는 걸로 봐서는 정상적으로 소의 복부 정중의 우측에 위치해야 할 제4위가 제1위를 넘어서 좌측 복벽으로 전위가 되어 오르락내리락 하는 것 같아. 한번 가 봐 주겠나?"

나의 대학 동기이자 낭만이 있는 베테랑 문 원장에게 하는 말이다. 그는 오토바이로 4년간 세계 일주를 한 이력이 있다. 수의사이자 여행가, 낭만이 가득한 친구다. 지금은 나와 함께 우리 병원을 이끌어 나가는 소동물, 대동물 수의사다. 늘어나는 인구에 맞춰 반려동물의 수도 증가한 만큼 우리 병원에서도 지역 사회에 이바지하기 위하여 소동물 병원을 함께 운영하고 있다.

우리 병원은 경기도 화성, 평택, 안성 그리고 충남 등지에서 활동하며 약 200여 곳의 농가를 관리하고 있다. 주된 활동 지역은 경기도 화성이다. 우리 병원에는 4명의 수의사와 2명의 비수의사 직원, 모두 6명이 근무하고 있다. 진료 영역이 응급 진료 활동에서 예방 의학 활동으로 변하고 있다. 그러다 보니 다양한 업무를 소화해 내기 위해 1인 동물병원이 아닌 수의사 여러 명이 함께 근무하는 중·대형 동물병원이 늘어나는 추세다. 우리 병원의 업무는 크게 여덟 분과로 나뉘는데 정기 검진, 발굽 진료, 내과 진료, 외과 진료, 난산, 응급, 방역 및 예찰, 소동물이 그것이다. 200곳 농가의 크고 작은 일들을 도맡아 처리하려면 직원이 많아질 수밖에 없다. 나를 필두로 우리 병원은 목장의 필요에 맞게 일사분란하게 움직인다.

나와 수련의인 정 수의사는 오전 시간 정기 검진을 주로 다닌다. 목장의 착유가 끝나고 소가 자동 목사리에 잡힐 아침 7시에 목장에 도착하여 번식 검진으로 하루 일과를 시작한다. 정기 검진을 마치고 진찰

:: 발굽 치료를 하고 있는 수의사들.

을 부탁하는 전화를 받거나 재진이 필요한 경우 일반 진료를 다닌다. 문 원장은 소동물에 주력하고 나와 이 수의사가 스케줄이 꽉 차서 시간이 나지 않을 때 일반 진료를 맡아 준다. 비장의 카드랄까. 이 수의사는 일반 진료와 발굽 진료 담당이며 몇 농가의 정기 검진을 맡고 있다. 그리고 내가 병원을 비울 일이 생기면 대동물 원장으로서 일을 봐 준다. 나는 우리 병원의 동료들과 함께 대동물 종합병원을 만드는 꿈을 가지고 있다. 50을 넘은 나이에 웬 꿈이냐마는 오랜 기간 축산업계에 몸담고 사람들과 부대끼며 그려 온 청사진이다.

목장의 수준은 점점 높아지고 있다. 우리나라의 축산물 시장은 우리가 생각하는 것보다 규모가 크다. 세계 10위권 안에 드는 거대한 축산물 생산, 소비 시장이 형성되어 있다. 농장이 전문화하고 규모화하는 만큼 축산업계를 함께 이끌어 나갈 전문가 집단인 수의사의 역할도 중요해지고 있다. 나는 10여 년 전부터 낙농 선진국인 미국, 일본, 이스라엘, 네덜란드, 뉴질랜드를 방문하며 그 나라의 축산 농가와 동물병원의 역할을 직접 탐방해 왔다. 그리고 그곳에서 접한 선진 문물을 우리나라 현실에 맞게 접목시켜 왔다. 우리나라의 낙농 산업도 낙농 선진국들 못지않게 많은 기술적 발전을 해 왔다. 거기에는 대동물 수의사의 기여가 매우 컸다. 많은 사람이 축산업을 사양 산업으로 알고 있지만 내가 보고 경험한 바로는 계속 발전해 왔고 앞으로도 발전해 나갈 것이다.

소비자들은 동물 복지 농장과 안전한 친환경 축산물을 요구하고 있다. 목장의 사양 관리, 방역은 물론이고 이제 식품 위생과 약물 오남용과 같이 국민들의 안전한 먹거리를 위해 신경 써야 하는 부분이 많아졌다. 수의사에 대한 양적·질적 수요가 커지고 있는 것이다. 이러한 상황에서 대동물 수의사의 역할이 더욱 중요하다. 경제동물 수의학의 발전과 함께 대한민국의 축산 발전도 이루어지기 때문이다. 대동물 수의사들이 어깨에 짊어진 책임의 무게가 막중한 만큼 우리는 계속해서 학문을 갈고닦고 현장에서 경험하며 축산업 종사자들과 함께 나아가야 한다.

지역 사회에 몸담은 햇수만큼 우리 병원을 찾는 목장이 늘어났고 자연스레 함께 일하는 수의사도 늘어났다. 큰 그릇에 많은 물을 담듯이 가용 인원이 많은 우리 병원은 더 많은 일을 더욱 효율적으로 처리할 수 있는 조직으로 변화하고 있다. 한 명, 한 명의 구성원이 움직이는 병원인 만큼 서로 의견을 조율하는 일이 쉽지는 않지만 시대의 흐름에 발맞추어 함께 나아가고 있다는 느낌은 확실하다.

선배 수의사들의 발자취를 따라 여기까지 왔다. 목장과 목장을 찾아다니며 소를 돌보는 일상과 축산업이 발달한 선진국으로 여행을 가는 일탈의 시간에서 보아 온 풍경들은 배울 점이 많았다. 낮과 낮 사이, 밤들을 가득 채우는 빛나는 별들을 보며 어제와 오늘에 보고 경험하고 생각한 것들을 되새김해 왔다. 동료들이 늘 곁에 있고 지켜야 할 가족이 있으며 관계자들과 나는 아직 건강하다. 선구자는 아니지만 인류의 흐름 속에서 구성원으로서 본분을 다하고 있다. 우리 병원의 이름 '홍익'처럼 널리 세상을 이롭게 하는 동물병원이 된다면 많은 이들에게 도움이 되고 또 표본이 될 수 있지 않을까.

앞으로도 계속될 도전

2017년에는 대한민국 정부 수립 이후 처음으로 정부 조직법에서 수의 조직이 농림축산식품부 내 동물방역정책국으로 승격되었다. 수의사 조직이 커진 것은 산업동물 분야에 종사하는 경제동물 수의사의 역할과 축산 방역, 위생 업무에 관련된 수의 공무원의 역할이 대두되고 있기 때문이다. 축산업이 규모화되고 체계화하면서 산업동물 수의사의 역할이 더욱더 요구되고 대동물 수의사 또한 유망 직종이 되어 가고 있다. 물론 우리나라 국민 1000만 명 이상이 반려동물을 키우고 있으니 반려동물 수의사들의 수도 계속 증가할 것이다.

현재 대동물 수의사의 연령 분포를 보면 50~60대가 가장 많다. 10년 안에 은퇴해야 하는 수의사가 전체의 20퍼센트를 차지하고 있다. 현장에서 요구되는 대동물 수의 분야가 매우 폭넓고 보다 전문화되고 있어서 대동물 수의사가 되기 위해서는 최소 3년에서 5년 정도의 수련의 기간이 필요하다. 대동물 분야는 이제 예전처럼 3D 업종이 아닌

:: 한국소임상수의사회 정기총회를 준비하고 있다. 공익을 위해 2013년부터 2017년까지 총무이사를 역임했다.

보다 효율적이고 매력적인 직업으로 변화하고 있지만 매년 신규로 진입하는 대동물 수의사는 전국에서 10명이 채 되지 않는다. 대동물 수의사가 줄어든다는 것은 세계 10대 축산 규모를 자랑하는 대한민국에 결국 큰 손실이지 않을까?

나는 25년 동안 매일매일 대동물 진료를 하고 축산 농가를 컨설팅하는 일이 한 번도 싫었던 적이 없다. 남들은 언제 쉬고 언제 노느냐고 묻지만 나에게는 인생 목표를 향해 걸어가는 여행길이다. 목장을 향해 차를 몰 때면 차를 타고 여행하는 기분이 든다. 대동물 수의사의 직업적 매력은 현장에서 직접 농가와 동고동락하는 동지애에 있다. 또한 대동물 수의사는 축산 농가에게 없어서는 안 될 꼭 필요한 존재고 축산 농가가 우리에게 보내오는 지지가 있기에 즐겁게 활동할 수 있다. 축주들과 이야기할 때면 같은 관심사를 가진 오랜 친구들과 대화하는 것처럼 편안하다. 내가 그들에게 도움이 될 수 있고 그들이 나로 인해 행복해 한다. 이럴 때면 수의사, 아니 대동물 수의사가 된 것이 참 옳은 선택이었다는 생각이 든다.

　나의 꿈은 지도자다. 농촌 지도자. 어려서부터 조숙했던 나는 이른 나이에 진로를 정했고 지금까지 한 치의 흔들림 없이 꿈을 위해 걸어왔고 또 걸어가고 있다. 심훈의 장편소설 《상록수》를 보고 큰 깨달음을 얻어 우리나라의 농촌을 위해 힘써 일해야겠다고 생각했다. 부모님의 반대에도 불구하고 나는 수의학과에 진학했으며 수의학 공부 외에도 대동물과 관련된 것이라면 축산, 영양학 등 서적이란 서적은 모두 찾아 섭렵했다. 또 좋은 축산 관련 강의가 있다면 전공 강의가 아니어도 철면피한 도강을 하며 공부했다. 건국대학교를 세운 유석창 박사의 설립 정신은 '농촌 혁명의 기수'를 양성하는 것이다. 그런 면에서 나는 학생 때부터 '지도자'라는 의미를 내 인생의 좌우명처럼 지니고 살았고 지금도 그렇다. 나로 인해 지역 축산이 발전하고 농가가 변화하는 모습을 꿈꾸면서 현재에 안주하지 않는 도전 의식을 갖고 성장하기 위해 부단히 노력해 왔다. 이러한 마음가짐은 진정한 지도자로 거듭나기 위한 나의 진심이다.

　동물병원을 운영하는 원장이자 축산업 종사자로서, 그리고 나의 꿈인 농촌 지도자로 살아가기 위해 내 삶의 중심이 되는 세 가지 목표가 있다. 첫째는 후배 수의사 20명을 양성하는 것, 둘째는 수의사가 목장 경영도 잘할 수 있다는 것을 증명하는 것, 셋째는 지역 사회와 우리보다 경제 여건이 좋지 못한 지구촌 이웃 나라에 기부와 봉사를 하는 것이다.

　지금까지 12명의 후배 수의사를 양성했고, 앞으로 20여 년 더 병원을 운영할 생각이니 첫 번째 목표는 충분히 달성할 수 있을 것 같다.

두 번째 목표 역시 달성 중이다. 나는 1997년에 목장을 창업해 20년째 낙농을 하고 있다. 현재 규모와 성적으로 전국에서 상위 0.5퍼센트 안에 드는, 성장 속도가 빠른 목장으로 키웠다. 현재 젖소 300두를 사육 중이며 서울우유에 하루 5.5톤의 우유를 납품하고 있다. 세 번째 목표에 대한 추진 사항으로 2017년도에 세계 최빈국 중 한 곳인 라오스에 고등학교 건축을 시작했다. 그리고 그다음 해인 2018년 3월에 준공되었다. 5년 안에 네팔에 한 곳, 캄보디아 씨엠립에 한 곳씩 학교를 지어, 총 3개의 학교를 짓고 싶다.

이 책을 읽고 있는 여러분을 위해 내가 대동물 수의사로서 어떠한 일을 하는지, 그리고 나의 직업에서 느끼는 보람과 비전, 업무에 대해 두서없이 써 보았다. 대동물 수의사는 많은 직업의 사람과 만날 수 있는 기회가 빈번하다. 그래서 앞서 이야기한 것처럼 개인 사업도 할 수 있고, 사회 활동에 관심이 있다면 더 다양한 일을 할 수 있다. 진로 고민이 한창일 고등학생, 수의과 학생들이 가진 대동물 수의사에 대한 궁금증이 이 글을 통해 조금이나마 풀렸기를 희망한다.

말은 수단이 아니다

| 유승호 |

1970년생. 1995년 서울대학교 수의학과를 졸업했다. 1996년 한국마사회에 입사해 서울경마장, 제주육성목장,
제주경마장 진료실 임상 수의사 및 수의위원으로 일하다가, 2002년부터 2012년까지 심판위원으로 일했다.
2013년부터 국제 경주를 담당, 2016년부터 국제경마부장으로 일하고 있다.

원래 수의과대학에 입학할 당시의 계획은 집 근처에 트
렌디하고 우아한 동물병원을 개업해서 자유로운 카페 주인 같은 삶을
사는 것이었다. 그런데 대학 생활 중 우연히 한국마사회 실습을 하면
서 목표를 바꾸었고 그렇게 입사한 한국마사회에서 생활한 지도 어느
덧 20년이 넘었다. 한국마사회 내에서도 나의 목표는 수의사에서 심판
위원, 심판위원에서 국제 경주 매니저로 변화를 거듭했다.

실력 있는 말 수의사를 꿈꾸며

1993년 여름 한국마사회 실습 첫날, 당시 마필보건소라고 불리던

서울경마장 내 말 동물병원을 향해 처음으로 걸어 올라가던 날이었다. 아침 훈련을 끝내고 마방으로 복귀하던 경주마의 엉덩이 근육을 보는 순간, 나는 그 아름다움에 매료되었다. 이후 각 분야별로 소개를 받으면서 학교에서 배우거나 경험해 보지 못한 생소한 분야에 매력을 느끼게 되었다. 특히 크레인으로 말을 수술대에 눕히는 장면, 소동물에 비하면 공사처럼 느껴지는 커다란 스케일의 수액 투입과 출혈 장면을 보면서 어느덧 나는 말 수의사를 꿈꾸게 되었다.

1996년 7월, 나는 한국마사회가 공기업인지 사기업인지, 어떤 부분이 좋고 나쁜지, 별다른 가치 판단이나 고민 없이 그저 말 수의사가 되겠다는 생각만으로 입사했다. 그리고 입사 후 약 3년 동안 말이 어느 다리를 저는지 시진(눈으로 외부에 나타난 변화를 살펴 상태를 진단하는 일)으로 판단할 수 있는 능력을 갖추기 위해 내가 학교를 다니는 건지 회사를 다니는 건지 구분이 안 될 정도로 노력해야 했다.

말은 반려동물이기도 하지만 개, 고양이와 달리 마주, 조교사 등의 경제적 수입과도 밀접한 관련이 있다. 그렇기 때문에 수의사가 치료만 잘한다고 다 해결되는 것이 아니다. 경제적·산업적 관점에서 진단을 통한 예후 판단을 해 주는 것이 매우 중요하다. 예를 들면 진단 결과가 나왔을 때 치료 약물을 투약하고 붕대를 감아 주는 것보다, 앞으로 어떤 결과가 나올지 예측하고 그에 기반하여 진료를 할지, 경주마를 은퇴시켜 승용마로 전환시키는 것이 합리적일지 말과 마주의 관점에서 균형 잡힌 조언을 해 주어야 한다. 이는 때때로 마주, 조교사의 기대 또는 입장과 다를 때가 있어서 갈등을 야기하기도 한다. 또한 예후 판단이 교과서로만 가능한 것도 아니다. 그렇기 때문에 어느 정도 사례 축적에 따른 경험이 없는 신입 말 수의사는 밥값하기 어려운 것이 사실이다.

입사해 3년여가 흐른 뒤 선배 수의사의 도움 없이도 어느 정도 진단이 가능해졌을 무렵, 관절 질환 진단서를 발행하게 되었다. 입사 3년 차는 어느 정도 진단은 가능할지 몰라도, 사실 경마 제도에 대한 이해는 부족한 시기다. 당시 마주의 손해를 줄이기 위해 경주 중이나 훈련 중에 운동기 질환이 발생하면 말 구매가의 일정 부분을 보전해 주는 제도가 있었다. 나의 보행 검사, 촉진 검사 및 방사선 검사 소견은 이단성 골연골염이었는데 갓 발병한 상태가 아닌 상당 시간 진행된 병변으로 판단되었다. 그래서 경주 중이나 훈련 중이 아닌 '관리 중' 발생 질환으로 진단서에 명시했다. 이단성 골연골염은 골 조각이 관절강 내 분리되어 관절면의 염증이 심한 상태를 말한다.

이때부터 사달이 났다. 마주(공교롭게도 직업이 의사였다)가 면허 번호 ○○○○번의 유승호라는 수의사에게 따지러 왔다며 마필보건소를 찾아왔다. 마침 경마일이라 나는 마체 검사를 담당하는 수의위원의 역할을 해야 해서 병원에 없었고 당시 선임 계장이 나 대신 마주를 면담하게 되었다. 면담 내내 분위기는 험악했고, 끝내 마주는 나를 재산권 침해로 고소하겠다고 으름장을 놓았다. 선임 계장은 진단에는 문제가 없으니 고소를 하든 뭘 하든 마음대로 하라고 했다. 으름장이 대단하던 마주는 내 이름을 곱씹으며 물러갔으나, 고소를 못 했는지 안 했는지 별다른 이야기가 없었다. 그런데 그의 소식을 들은 것은 몇 년이 흐른 뒤였다.

이 사건을 모르는 다른 선배 수의사가 마주들과 외국 경주마 검수 출장을 갔다. 보통은 마주들이 수의사들과 저녁 식사 때 술도 한잔하면서 이런저런 대화를 나누며 친해지기 마련인데, 선배 수의사가 느끼기에 한 마주가 이상할 정도로 출장 기간 내내 선배 수의사와 거리를 두고 말도 한 마디 나누지 않았다고 한다. 하지만 그 마주도 답답했는지 결국 사연을 털어놓았다. 예전에 유승호라는 수의사가 진단서를 발급할 때 자기 이해관계에 도움이 안 되게 "관리 중"으로 발급했기 때문에 그때부터 수의사랑은 상종을 않기로 마음을 먹었다는 것이다. 그런데 수의사들이 성실하게 말 검사를 해 주는 모습에 마음을 열게 되었다면서, 과거의 그 진단서 얘기를 꺼낸 것이다. 선배 수의사가 제3자로서 잘 설명해 주고 세월도 많이 흘러서 좀 풀리기는 했지만, 몇 년이 흘렀음에도 불구하고 꽤나 앙금이 남았다고 전해 들었다. 이 이야기를 읽고, '웬만하면 잘해 주지'라고 생각하는 독자들도 있을 수 있겠지만, 경마장은 좁고 세상에 비밀은 없다. 한번 봐주는 것은 미덕으로 인정되기보다, '그때는 봐주더니, 지금은 왜 안 봐주냐' 또는 '저 사람은 봐주더니, 나는 왜 안 봐주냐'라는 식으로 형평성과 공정성의 문제가 제기되기 쉽다. 어디에도 갈등을 즐기는 사람은 없겠지만, 말 수의사 업무의 특성상 갈등은 회피하는 것이 아니라 극복해야 할 과업이다.

공정하고 안정적인 경주 진행을 위한 수의위원과 심판위원

앞에서 수의위원의 역할을 하느라 병원의 자리를 비웠다고 했는데, 말 수의사는 진료만 하는 것이 아니라, 관련하여 경주가 공정하고 안정적으로 진행될 수 있도록 시료 채취, 마체 검사를 담당하기도 한다. 외국에서는 이와 같은 업무가 고도화되어 독립된 수의 전담 부서가 운영되고 있다. 이는 말이 주인공인 경주 진행 시 수의학을 바탕으로 경주의 공정성을 확보하기 위함이다. 말이 약물의 영향 아래 경주에 출전하지 않도록 하는 약물 제도(medication policy), 마체에 이상이 있는 채로 경주에 출전하지 않도록 점검하는 경주 전·후 마체 검사 제도(pre/post race veterinary inspection) 및 최근에는 더 나아가 경주마의 복지(animal welfare)와 관련된 영역까지 관장한다.

수의위원의 업무를 집행할 때 형평성과 공정성의 문제는 더욱 대두된다. 말 외과학 교과서에서는 말이 다리를 저는 정도를 1/5~5/5로 구분한다. 내가 입사 후 어느 정도 시진이 가능하여 마체 검사 담당 수의위원으로 배치되었을 때, 선임 수의위원과 함께 3/5(속보 시 다리 절음)은 경고 후 기록, 4/5(속보 시 현저한 다리 절음)는 경주에서 제외시키기로 방침을 정하고 전체 출전마에 대한 마체 검사를 철저하게 시행했다. 마주, 조교사의 반발은 상상을 초월했다. 수의위원실 문을 걷어차고 들어와서 거친 언어를 내뱉기도 했다. 대학 졸업 후 서른 살의 풋내기 수의사가 맞닥뜨린 '돈 앞에 사람이 달라지는' 현실이었다.

이후 그해 가을 국정감사 준비 기간에는 수의위원이 부당하게 업무를 처리했다는 투서가 있어 수감 자료를 만드느라 자정 넘어서까지 야근을 하기도 했다. 그때 나는 깨달았다. 말을 수단이 아닌 목적으로 여기는 내 관점과 말을 경제적 이익의 수단으로 여기는 사람들의 관점이 공유될 수 없음을. 그래서 내 목표는 바뀌었다. 경마 분야로 진출해 사람들의 이러한 인식을 변화시키고자 한 것이다.

2002년에 심판위원으로 직을 옮겼다. 심판위원은 경주의 진행과 경주 전 과정에서 일어나는 모든 사안에 대해 규정에 입각해 심의하고 심의 결과에 따라 관련자에게 제재 조치를 한다. 심판진은 법 전공자, 수의학 전공자, 일반 행정 및 전직 조교사 또는 기수로 구성되어 각자의 전문성을 바탕으로 경주를 감시하고 심의한다. 이때부터 수의학보다는 규정에 대한 이해와 법적 사고 함양 등 입체적인 사고가 필요했다. 그리고 말을 진료의 대상이 아니라 운동선수로서 이해해야 했다. 심판위원이 되기 전에는 도대체 행정 업무는 뭐가 그렇게 바쁠까라는 의구심이 있었는데, 행정 업무를 입체적인 사고에 입각해서 잘하기는 여간 어려운 것이 아니었고, 법적 사고에 입각해서 규정을 이해하고 적용하는 것은 더욱더 어려웠다. 그리고 경마장 심판위원은 수십만 명의 경마 관람객 앞에서 즉결 심판을 내려야 한다. 그러므로 다양한 사례 축적 등 엄청난 학습과 경험이 필요했다. 심판 현장에서는 심의 대상자가 대답할 수 있을 각종 시나리오에 대해서 '이런 것 아닐까'라는 정도로 두루뭉술하게 대응하면 안 된다. 'A니까 B다'라는 식의 명쾌한 해석과 확신 있는 판결이 필요하다.

2002년부터 2007년까지 약 5년간의 현장 경험을 통해 대략의 심판 업무 능력을 습득했지만 확신 있는 판결을 할 자신은 없었다. 이를 해결하기 위해 2007년에 세계적인 심판위원들이 근무하는 홍콩 자키클럽에 4개월간 연수를 갔다. 경마 선진국 사람들이 매일매일 벌어지는 사안들을 어떻게 해결하는지 직접 볼 수 있었고, 이런 산 경험 덕분에 연수 후에는 확신을 가지고 심판위원 업무를 할 수 있었다. 또한 이 연수 과정 중 홍콩에서 국제 경주 개최를 경험할 수 있었는데, 이때 앞서 얘기했던 '목적으로서의 말'의 의미를 깨닫게 되었다.

경마의 목적은 우수한 말을 검증하는 것

서러브레드는 더 빠른 말을 얻기 위해 3대 시조마로부터 근친교배

된 마종이다. 출생지주의에 의거해 출생국이 생산국이 되지만 수출입이 활발하여 국제 경주를 할 때에는 생산국보다 훈련국을 기준으로 삼는다. 사실 한국에 있는 씨수말, 씨암말들도 대부분 수입마다. 최근에 들어서야 한국 경주에서 은퇴한 말들이 번식 역할로 복귀하고 있으나 아직 은퇴 말들의 수준이 높지 않다. 나는 국제 경주 개최 경험을 통해 경주마가 단지 베팅의 수단이나 하나의 번호로 인식되어서는 안 된다는 것을 깨달았다. 또한 우수한 말을 검증하는 것이 경마의 목적이며 서러브레드의 존재 목적임을 이해할 수 있었다.

국제 경주는 올림픽처럼 각국에서 훈련된 말들이 국가를 대표하여 출전한다. 이를 위해 국가 간 대회 참가를 위한 위생 협정 체결, 위생 협정에 부합하는 수송 및 국제 검역 마사 운영, 공정성 확보를 위해 국가 간 제도의 차이를 좁히려는 약물 제도 운영 등이 필요하다. 홍콩에서 국제 경주를 경험하면서 우리나라의 경마 운영 제도도 국제 수준으로 고도화가 필요하다는 것을 알게 되었다. 심판위원 업무에 확신을 가지는 것이 연수의 최우선 목적이었으나, 국제 경주 경험 덕분에 내 목표는 한국의 국제 경주 개최와 한국마의 국제 경주 해외 원정을 지향하는 방향으로 바뀌었다. 그러나 당시 한국의 실정은 국제 경주를 하기에는 아직 충분히 성숙하지 못했다.

한국 국제 경주의 시작

홍콩 연수를 다녀온 뒤 심판위원으로 근무하던 중, 2013년에 국제 경주의 축소판인 경주마 교류 경주 계획이 마련되었다. 일본은 여러 나라와 대회 참가를 위한 위생 협정이 체결되어 있었으나, 한국은 전무한 상태였다. 국제 검역 마사도 없었고, 국가 간 제도 차이를 보완하기어려운 매우 보수적인 약물 제도가 운영되고 있었다. 검역 체결부터 말수송, 검역 마사 운영, 약물 제도 등의 현안을 해결하기 위해, 수의사및 심판위원 경력이 있는 내가 인사이동이 되어 2013년 경마 한일전을담당하게 되었다.

다른 업무는 한국마사회와 내가 열심히 하면 되는 일이었으나, 국제 대회 참가 및 복귀를 위한 일본과의 위생 협정 체결은 중앙 정부(농림부 검역정책과)와 검역본부가 직접 나서야 진행이 가능한 사안이었다. 그런데 대회일인 2013년 9월 1일에 맞춰 체결될 수 있을지 매우 난감했다.

일본과의 국제 대회 참가 및 복귀를 위한 위생 협정 체결을 위해 한국으로 말을 보내려는 일본 경마시행체 수의사를 통해 일본 정부가 한국 정부에 공식 요청 서신을 보내도록 준비시켰다. 한국 정부가 공식서신을 수령한 것을 확인한 후에 한국 정부에 협조 요청을 했으나 당시 정부 조직 개편법 처리가 지연되면서 위생 협정 체결 관련 정부 협조를 구하는 것도 늦어졌다. 일본 농림수산성에서는 일본 말 위생 상태 검증과 조건 협의를 위해 한국 정부 담당자의 출장을 요청하였다. 결국 출장 계획을 몇 번이나 세우고 취소하기를 반복하다가 정부 조직개편법이 처리된 이후인 5월 중순경이 되어서야 위생 협정 체결을 위한출장을 떠날 수 있었다.

한국 말이 일본 원정을 갈 경우 이용하게 될 일본 검역시행장 견학과 일본 농림수산성 회의실에서의 조건 협의를 통해 일본과의 위생 협정 체결 가능성이 보이기 시작했다. 의견 수렴을 위한 입법 고시를 거쳐 8월 초에 서울경마장 검역 마사와 주로를 검역시행장으로 지정받았고 훈련하면서 검역을 받을 수 있는 제도를 골자로 하는 고시가 발표되었다. 이후 위생 협정 체결을 전제로 가축전염병 예방법 검역시행장 기준에 맞춰 개비했던 서울경마장 내 검역 마사가 국가 검역시행장으로 지정되었다. 드디어 일본 말의 수송이 시작된 것이다. 사실 한국마사회 내부에서도 2013년 내에는 불가능할 것으로 예상했던 일이 이루어진 것이다.

국제 경주 개최를 위한 노력들

그간 한국에서 말 관련 국제 대회라고는 아시안게임과 올림픽의 승마 경기밖에 없었다. 그래서 국내에서는 말을 항공 수송할 때, 말이 타고 있는 항공 수송용 스톨(최대 3마리가 들어갈 수 있다)을 통째로 지게차로 옮겨 계류장으로 이동한 후 검역 봉인을 해제했다.

하지만 전 세계적으로 말을 수송할 때는 항공 수송 스톨의 검역 봉인을 열고, 말을 무진동 차량에 태워서 옮긴다. 이는 말의 복지와 안전을 위해서다. 지게차로 스톨을 통째로 옮기다가 스톨 안의 말이 요동이라도 치면 스톨이 떨어져 말이 다칠 수도 있기 때문이다.

말 착륙 전날까지 협조를 구했으나, 검역관은 관할 검역시행장이 아닌 곳에서 검역 봉인을 해제하는 것에 부정적인 입장을 보였다. 반면 일본 측은 말이 탄 항공 수송 스톨을 통째로 옮기는 방법에 강하게 반발했다. 나는 어느 편도 들지 않았고 말은 지게차가 아닌 말 수송차로 옮겨야겠다고 판단했다. 그래서 검역 당국에 부탁하고 또 부탁했다.

:: 항공 수송 스톨을 지게차로 옮기는 장면.

:: 보세 창고 문턱에서 항공 수송 스톨을 말 수송차와 연결하여 그 위를 비닐로 덮고(왼쪽) 내부에도 비닐을 쳤다
(오른쪽).

결국 보세 창고 문턱에서 항공 수송 스톨과 말 수송차를 연결시켜 말을 이동시킨 후 검역 봉인을 해제하기로 했다. 이때 스톨과 말 수송차 사이의 천장에 비닐을 덮어 일종의 보딩 브리지를 만들었다. 사실 일본 말들이 흥분하지 않아서 그렇지, 위에 덮은 비닐에 놀라서 요동을 쳤다면 큰 사고로 이어질 수 있는 상황이었다. 하여튼 우여곡절 끝에

:: 항공 운송 스톨(왼쪽), 브리지(가운데), 말 수송차(오른쪽)를 연결시킨 모습.

일본 말들은 서울경마장 검역 마사에 안착하고, 경주가 시작되었다. 한국 말이 큰 차이로 질 줄 알았으나, 예상과 달리 앞서다가 마지막 순간 간발의 차이로 2위를 하는 멋진 경주를 선보였다. 그해 11월 일본 원정에서는 서울에서 2위를 했던 한국 말이 우승을 하는 기대 이상의 성적을 냈다. 덕분에 경마장에서 재일 교포 할머니가 두 손 모아 기뻐하며 우는 감격적인 모습도 볼 수 있었다. 이렇게 국가 대항전으로서 한국 경마의 국제 경주 시대가 시작되었다.

스톨과 브리지를 이용한 항공 수송이 성공한 후 말의 육로 수송은 2014년 아시안게임 때 수차례 논의와 시연을 거쳐서 정식 승인이 났다. 이후 브리지를 통해 말 수송차로 옮겨 싣는 시간도 대폭 단축되고, 수송 과정의 안전성도 향상되었다.

일본과의 협정은 한국의 첫 번째 위생 협정 체결이었는데, 고시된 위생 협정명은 '한국-일본 국제 경주 참가 말 수입 위생 조건'이었다. 그런데 2014년에 싱가포르까지 초청하는 국제 경주로 확대·발전시키려

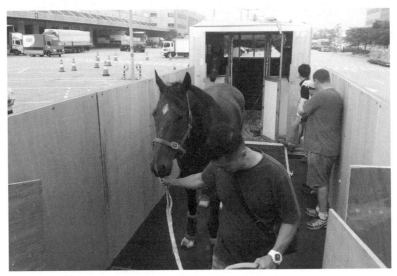

:: 항공 운송 스톨에서 브리지를 통해 말을 말 수송차로 안정적으로 이동시켰다.

고 하니, 특정 국가와의 위생 조건으로는 한계가 있었다. 그래서 궁극적으로 향후 다수 국가가 참가할 수 있는 조건으로 발전시키기 위해서라도 공통 조건을 근간으로 하고, 국가별 특이 사항만 부대 조건으로 하는 리스티드 방식으로 변경하는 것이 필요하다고 판단되었다. 또한 일본은 도착일, 출발일을 제외한 5일간의 수입 검역 기간(사실상 7일)이 필요하다는 조건이어서 한국도 같은 수입 검역 기간을 설정했었다. 그런데 다른 나라는 대회 참가를 위해 자국에 들어온 외국 말을 오랫동안 검역할 필요가 없다고 본다. 그래서 경주 7일 전까지 언제든 입국할 수 있고 입국 후에는 48시간이면 수입 검역이 완료된다. 즉 통관에 필요한 최소의 시간만을 검역 기간으로 설정한 것이다. 따라서 '한국-일본 국제 경주 참가 말 수입 위생 조건'을 다수 국가와 범용으로 적용할 수 있는 리스티드 방식의 '국제 대회 참가마 및 복귀마 수입 위생 조건'으로 개정하게 되었다.

이와 관련해 잊을 수 없는 일화가 있다. 싱가포르 말이 도착하기 약 9일 전, 수입 위생 조건을 조정하기 위해 싱가포르 정부 측에 확인하게 되었는데(한국 정부는 모든 준비가 된 상태였다), 싱가포르 정부 담당 공무원이 갑자기 출산 휴가를 간 것이다. 그렇지 않아도 그해 한국에 사스(SARS)가 발생하여 싱가포르 출전마 관계자들이 한국에 오길 꺼려하던 차였다. 그런데 싱가포르 말이 도착하기 일주일 전인데 위생 조건 조정이 마무리되지 않아서 국내에 입국할 수 없다면 이는 세계적으로 망신스런 뉴스가 될 수 있었다. 검역 체결 과정에서 싱가포르 정부는 한국 말 위생 상태에 대한 제3자 전문가의 위험 평가 보고서를 요구했다. 우리 자료는 대부분 한국어여서 내가 영어로 번역해야 했는데 여기에 검역 체결 여부를 두고 큰 스트레스까지 겹쳐서 원형 탈모가 생겼을 정도였다. 결국 싱가포르 후임 공무원의 신속한 협조로 '국제 대회 참가마 및 복귀마 수입 위생 조건'이 개정되었고, 싱가포르 말이 한국에 도착한 이후에 싱가포르로의 복귀 조건도 마무리되었다. 그 고생이 있었기 때문에 한국 국제 경주에 다수 국가가 참가할 수 있는 발판이 마련되었다.

국제 경주를 통한 한국 말 산업의 발전

농림부 검역정책과와 검역본부의 협조하에 '국제 대회 참가마 및 복귀마 수입 위생 조건'은 2015년 12월에 아랍에미리트연합, 2016년 4월에 홍콩, 2016년 6월에 영국, 프랑스, 아일랜드, 2017년 8월에 미국까지 총 8개국과 체결되었다. 2016년에는 7개국이 참여하는 코리아컵, 코리아 스프린트 경주가 시행되었고, 2017년에는 여기에 미국을 추가해 제2회 코리아컵, 코리아 스프린트 경주가 시행되었다. 이러한 국제 경주는 올림픽과 유사한 경주마들의 국가 대항전 성격 외에도 여러 가지 의미를 지니고 있다.

첫째, 경마에 대한 이미지를 개선시킨다. 아직까지 한국에서는 경마를 도박으로 보는 것이 부정할 수 없는 현실이다. 그러나 국제 경주를 하는 날이면 경마장에 평소보다 훨씬 많은 약 5만 명이 관전하러 온다. 이들 중 다수는 돈내기보다 한국산 또는 한국에서 훈련받은 말들이 선진국 경주마와 겨뤄서 얼마나 뛰어난 능력을 발휘하고 국제적으로 인정받을 수 있는지 확인하고자 한다. 이런 마음으로 경마를 관전하고 우리 말을 응원하는 것이다.

둘째, 한국 농촌에서 경주마를 생산하는 것이 FTA 시대를 맞은 농촌의 신수익 창출과 국가 말 산업 발전의 원동력이 될 것이다. 아직은 한국 말들이 선진국 경주마를 이기지 못하지만, 현재까지의 경주 결과를 볼 때 그리 머지 않아 국제적으로 한국 말의 수출 가치를 인정받을 것이다. 한국 말이 객관적인 국제 능력 평가를 통해 외국으로 수출될 때, 한국 말 산업이 농촌 신수익을 창출하는 국가 말 산업으로 발전하게 될 것이다.

셋째, 후원과 중계 수입으로 외화를 벌어들인다. 과거 국제 경주를 하기 전에는 한국 경주에 외국 회사가 후원을 한다든지, 한국 경주를 위성 중계한다는 것은 상상하기 어려웠다. 규모 있는 국제 경주가 시행되니, 외국에서 후원이 들어오고, 중계 요청이 들어온다. 아직은 한국 국제 경주 역사가 짧고 세계적인 수준이 아니라서 그 수익 규모가 억

대 단위에 그치지만, 꾸준히 수준을 높여 가면 후원과 중계 수입이 수십억 원대로 올라가게 될 것이다.

나는 오늘도 경마와 말을 통해 세계 속에서 한국의 브랜드 가치를 올리게 될 날을 위해, 한국 국제 경주를 위해 한발 한발 나아가고 있다.

네가 떠난다면
그곳이 바다였으면…

| 홍원희 |

서울대학교 수의과대학을 졸업하고 마린매멀센터(The Marine Mammal Center)와 밴쿠버아쿠아리움
(Vancouver aquarium)에서 학외연수(externship)를 했다. 이후 국내 최초로 수족관 내 소속 수의사로 근무한
지 7년 차, 현재 소속 수족관의 대표 수의사로 있다.

집에서 쉬고 있던 몇 년 전 주말, 하늘이 푸르스름하게 어두
워지기 시작할 저녁 무렵 전화벨이 울렸다. 회사 번호가 뜨는 걸 확인
하자마자 걱정 반 짜증 반의 심정이 되었다. 혹시 누가 아픈 건지, 도
대체 무슨 일인 건지 궁금해하며 전화를 받았다. 시계를 보니 저녁 7시
조금 전이었다. 우도 연평리 해안가에 고래가 쓸려 왔는데 미처 빠져나
가지 못하고 갯바위 틈에 갇혀 있다는 내용이었다. 너무 오래 갇혀 있
어서 구조가 시급하고 수의사가 필요한 상황이니 어서 와 달라는 요청
이었다.

막상 통화를 하고 나니 마음이 급해졌다. 부랴부랴 옷을 챙겨 입고
스쿠터로 성산항까지 달렸다. 수족관에 있던 아쿠아리스트(구조원)들
은 이미 준비를 마치고 성산항으로 향하고 있었다. 그들과 성산항에서

만나 7시 30분쯤 해경 구조선에 탑승해 우도항에 도착했다. 경찰차를 타고 연평리 현장에 도착하니 밤 8시가 다 되어 있었다. 불쌍한 부리고 래…… 듣자 하니 저녁 6시부터 갇혀 있었다고 했다.

이미 해가 져서 주위는 온통 칠흑 같은 어둠이 가득했지만 조명도 하나 없어 자동차 라이트 하이빔을 쏴서 겨우 빛을 만들어 냈다. 나는 쉬다가 출동하는 바람에 다이빙 슈트 없이 바지장화를 신었고, 나머지 팀원들은 슈트를 입은 채 바다로 뛰어들었다. 뭍으로 나온 아이의 몸은 이미 만신창이였다. 암초 지역 갯바위 틈에 끼여 복부가 많이 긁혔고 호흡도 몹시 힘들어했다. 온몸에 외상을 입어 살점이 군데군데 떨어져 나갔고 그 자리에는 고름이 가득 차 있었다.

이 아이는 정말 가망이 없겠구나……. 안타깝고도 불안한 마음이 들었지만 우리 구조원들은 모두 진심으로 최선을 다했다. 부리고래가 좀 더 편히 호흡할 수 있도록, 더 이상 암초에 다치지 않도록 모두들 온몸으로 아이를 끌어안았다. 구조원들이 물과 암초와 씨름하며 고래를 안고 있는 동안 나는 주사를 놓고 상처의 고름을 짜서 빼내고 소독하는 등 응급 처치를 진행했다. 그러던 중, 고래의 호흡이 멈췄다. 호흡수를 확인하고 있던 구조원이 울부짖으면서 나를 찾았다. 호흡을 도와주기 위해 즉시 주사를 놓았고, 잠시 후 가쁜 숨을 몰아쉬는 고래를 보면서 조금 안도했다. 하지만 이대로라면 고래는 가망이 없었다. 구조원들 모두 좋지 않은 상황에 마음이 무거웠다. 그러다 문득 '네가 이 세상을 떠난다면 그 장소는 아마 뭍이 아니라 바다여야겠지……' 하는 생각이 들었다. 나는 모든 응급 처치를 마쳤다는 신호를 했고, 구조원들은 고래가 혼자 유영해 나갈 수 있도록 고래를 안고 바다로 걸어 들어갔다.

200미터쯤 들어가니 발이 땅에 닿지 않고 조류가 거세져 몸이 밀리는 상황이 됐다. 자동차 불빛도 닿지 않아서 더 이상 가면 구조원들이 위험해질 것 같았다. 결국 그쯤에서 고래를 놓아주기로 결정을 내렸다. 구조원들에게 몸을 의지하고 있던 고래는 다행히 스스로 유영할 수 있었지만 힘없는 모습으로 품을 떠나 바다로 사라졌다. 그렇지만 안심할 수 없었다. 다시 해안가로 돌아오던 중 구조원들이 커다란 조류를 만났고, 한 명은 파도에 떠밀려 다른 구조원들로부터 멀어지고 있었다. 위급 상황이었다. 다행히 근처에 있던 다른 구조원이 재빨리 그 구조원을 도왔고 모두 무사히 뭍으로 올라올 수 있었다. 다들 수영에 능숙해서 위험한 상황이 없을 줄 알았는데 자연을 우습게 여기면 안 된다는 점을 새삼 깨달았다.

아직 5월이라 바람이 차가웠고, 젖은 다이빙 슈트 차림의 구조원들은 해경 선박을 타고 성산항으로 돌아오는 배 안에서 오들오들 떨었다. 이러다 사람도 병날까 걱정이 들었다. 우리는 저녁 9시가 훌쩍 지나서야 수족관에 도착했다. 정말 다들 고생이 많았다. 돈을 받고 하는 일도 아닌데 모두 한마음으로 늦은 시간에도 불평불만 없이 달려오다니…… 전화를 받기 전에 조금이라도 짜증을 냈던 내가 부끄러웠다. 우리 아쿠아리스트들이 새삼 대견하고 자랑스러웠다.

하지만 이런 일이 항상 보람으로 끝나지는 않는다. 구조원들이 위험을 무릅쓰고 최선을 다했지만 다음 날 아침 슬픈 소식을 전해 들었다. 힘겹게 바다로 돌아갔던 고래는 뭍에서 다시 발견됐다. 이미 호흡이 멈춘 고래의 몸을 마주했을 때, 전날의 가빴던 숨이 떠올랐다. 과연 더 해줄 수 있는 일은 없었을까? 자책감이 들어 가슴이 먹먹해졌다.

야생 해양동물을 구조하는 일…… 수의사의 길을 가고 싶다고 결

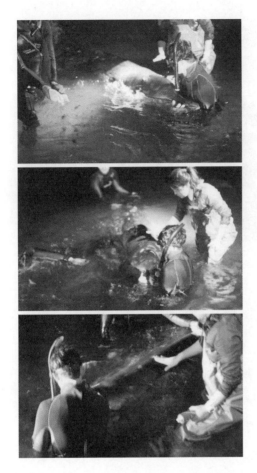

:: 2013년 5월 4일 저녁 8시경 야생 해양 동물인 부리고래 응급 처치 상황.

심했을 때부터 하고 싶었던 일이다. 우리나라에 야생동물구조센터는 있지만 해양동물을 위한 구조센터는 없다. 그래서 내가 속한 회사는 기본적으로 이윤을 추구함에도 불구하고 해양수산부의 지정을 받아 이윤과 상관없는 일을 하는 해양동물 구조 치료 기관 역할도 겸한다. 그런데 오래전부터 그렇게 하고 싶었던 일임에도 막상 내 개인 시간을 쓰려고 하면 마음이 흔쾌히 움직이지 않았다. 아마 다른 구조원들도

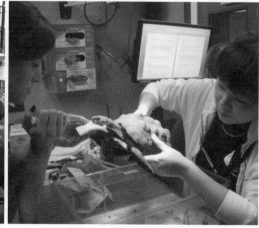

:: 미국 샌프란시스코에 있는 마린매멀센터에서 학외연수 중 바다사자 마취를 돕는 모습(왼쪽)과 밴쿠버아쿠아리움 학외연수 중 거북이 치료를 돕는 모습(오른쪽).

처음에는 비슷한 마음을 가진 채 현장으로 향했을지 모르겠다. 하지만 고통받는 고래를 보고는 언제 그랬냐는 듯 최선을 다한 것이다. 막상 구조해야 할 동물을 마주치면 쉬는 시간이 없어졌다는 불평불만이 어느새 사라짐을 느꼈다. 다른 구조 팀원들도 마찬가지일 것이다. 동물을 정말 좋아해서, 동물과 함께 살고자 구조 현장으로 망설임 없이 달려가는 모두가 아쿠아리스트, 사육사, 수의사이면서 바로 해양동물 구조 대원들이기 때문이다.

적극적으로 뛰어들기

앞으로 구조 활동을 하다 보면 또 위험에 처할 수도 있고 이렇게 가슴이 먹먹해지는 일도 겪을 것이다. 우리 회사는 해양동물 구조 치료

기관으로 지정을 받은 후 현재까지 25건 이상의 구조 활동을 펼쳤다. 그중 4건을 제외하고는, 모두 치료와 보호 후 안전하게 해양 야생동물을 방류했다. 이렇게 단 한 건이라도 생명을 구할 수 있는 가능성이 있다면 언제든 전화를 받고 달려갈 것이다. 가끔씩 가슴 먹먹한 일을 겪기도 하지만, 계속해서 최선을 다하면서 충분히 보람을 느낄 만한 일을 하고 있다고 생각한다.

어렸을 때부터 동물을 좋아했지만 수의사라는 직업을 장래 희망으로 생각하지는 못했다. 수의학과가 있는 줄도 몰랐다. 별 고민 없이 고등학교 성적에 맞춰 대학에 들어가 졸업을 했고, 졸업 후 회사를 다닐 때부터야 동물과 함께하는 직업을 갖고 싶다는 생각이 들었다. 그때쯤 수의학과와 수의사라는 직업을 알게 됐다. 하고 싶은 일을 못 해 보고 눈을 감으면 살아온 세월에 후회가 클 것 같았다. 그래서 다니던 회사를 그만두고, 머리털 나고 처음으로 열심히 공부에 매달렸다. 그렇게 서울대 수의학과에 들어가게 되었다.

학교를 입학할 때부터 야생 해양동물 수의사가 되고 싶었다. 물속에서 편안하고 자연스럽게 움직일 수 있는 나라면 물에서 사는 동물들을 다루는 일이 어렵지 않겠다 싶었다. 그래서 입학을 하고 나서 해양동물에 대해 배울 곳을 찾아봤지만 우리나라에는 배울 곳이 없다는 사실을 알고 크게 실망했다. 물론 야생동물구조센터가 있지만 그중 해양동물을 구조하는 곳은 없었고, 현재까지도 없다.

결국 국내가 아닌 해외까지 영역을 넓혀서 인터넷으로 자료를 뒤졌고, 1학년 때부터 적극적으로 아쿠아리움이나 구조센터 등에서 실시하는 연수에 지원했다. 그리고 학부생 시절 틈틈이 라이프가드 자격증과 스킨스쿠버 자격증도 따 놓았다. 해양동물 관련 봉사나 인턴 활동에도 많이 지원했는데 어째서인지 아예 답장이 오지 않거나 부정적 답변만 받았다. 그러다 어느 날 메일 하나를 받았다. 미국 오리건대학교에서 고래 유전학을 연구하는 스콧 베이커(Scott Baker) 교수님이 보낸 메일이었다. 국내의 사정을 설명하며, 해양동물에 관한 수의사로서 전문적인 지식을 배우고 싶다고 적어서 보낸 메일에 답을 준 것이다. 이후 교수님의 격려와 안내를 받아 미국에서 진행되는 해양동물 수의 학외연수 프로그램에 지원할 수 있었다.

해양동물 수의 학외연수 프로그램은 미국 안에서도 경쟁이 치열하다. 그럼에도 내가 연수에 참여할 수 있었던 데에는 나를 응원해 준 교수님들의 추천 외에도 또 다른 이유가 있다고 생각한다. 수많은 지원자 중에서 거의 유일한 동양 사람이었던 나를 미국의 마린매멀센터 인사팀에서 신기하게 여겼기 때문이다. 나는 영어를 모국어처럼 할 줄 모르니 미국인보다 특별히 나은 점이 없었을 것이다. 그런데 '잘 모르는 나라인 한국에서 온 학생이라 특이하니 뽑아 보자고 했다'는 TMMC의 총책임 수의사 프랜시스 걸런드(Frances Gulland) 박사의 말이 기억난다. 연수에 지원한 최초의 아시아인이었기 때문에 운이 좋았던 것이다. 나중에 모집 당시 접수된 지원서 양을 보고 깜짝 놀랐던 기억이 있다.

나에게 연락해 오는 학생들은 해양동물에 관심이 있는데 길도 안 보이고 어떻게 시작해야 할지 모르겠다고 한다. 그런 말을 들으면 안타깝다. 정말 관심이 있고 하고 싶다면 열정을 갖고 조금만 둘러봐도 길을 찾을 수 있다. 세계는 넓고, 길은 매우 많으니까. 일본, 미국 등 연수며 학회며 내가 가는 곳마다 마주치는 한 학생이 있다. 그는 스스로 많이 알아보고 준비해서 길을 찾았다. 그러니까 무슨 일이든 잠깐 두

드려 보고는 열리지 않는다며 포기하지 말았으면 좋겠다.

그런 식으로 나는 방학 때마다 캐나다의 밴쿠버아쿠아리움, 미국의 기각류(식육목 해양 포유류) 보호 국가 기관인 TMMC, 오리건대학교 등에서 하는 봉사나 연수에 참여했다. 이런 경험을 쌓으며 해양동물 분야에 대해 정말 많은 것을 배웠고 지금도 여전히 그때 만난 인연을 통해 여러 도움을 받고 있다.

해양동물 수의 연수 과정을 찾던 중 그곳의 수의사이자 '닥터 마티'라는 애칭으로 불리는 마틴 홀리나(Martin Haulena) 박사가 쓴 글을 읽은 적이 있다. "해양동물 수의사가 되고 싶다면 봉사를 먼저 해 봐라. 그래서 그들과 지내는 진짜 시간들, 이를테면 똥을 치우고 씻겨 주고 먹이를 조리하는 일까지 다 해 보고 수생동물의 생리도 전부 이해했을 때, 그러고 나서도 그들과 있는 일이 좋으면 그때 그 길로 가라"는 말이 인상 깊었다.

나 역시 비슷하게 생각한다. 호기심에 그치지 않았으면 좋겠다. 호기심으로 첫발을 내디딜 수는 있지만, 그다음 단계로 가려면 닥터 마티의 말처럼 실제로 해양동물을 돌보는 봉사부터 경험해 보면 결정에 많은 도움이 된다. 구조 치료 기관에서 봉사할 경우 청소나 사료 조리 일 등 다양한 경험을 해 볼 수 있는데, 이런 일은 온몸에서 비린내가 나게 만든다. 특히 상어 부검을 하면 냄새가 진짜 심하다. 상어가 몸에 닿지도 않았는데 밖에 나가면 사람들이 쳐다보고 피할 정도다. 그렇게 온몸에서 냄새가 나고, 일을 하다 상처투성이가 되어도 동물들과 있는 게 좋다면 이 일을 해도 좋다. 나 역시 그랬고 지금까지 후회는 없다.

닥터 마티는 현재 밴쿠버아쿠아리움의 대표 수의사로 근무하고 있는데 그 자리에 오르기까지의 시간(해양동물 구조센터에서의 수의 인턴 기간)이 매우 길었다. 북미에서도 그런 위치에 자리 잡기 위해서는 경쟁이 치열하고 쉽지 않기 때문이다.

이렇게 험난한 여정을 감안하고도 해양동물이 좋고 해양동물과 함께하는 수의사의 길이 매력적이어서 닥터 마티도, 나도 적극적으로 이 길에 뛰어들었다.

싸울 것인가, 도망갈 것인가(Fight or Flight response)!

대기업의 수족관 수의사로 입사한 후의 일이다. 아쿠아리스트만 있는 수족관에 수의사가 처음 생겼기 때문에 수의사가 정확히 어떤 업무를 수행해야 하는지에 대한 문제가 발생했다. 내게 수의사 본연의 업무와는 다른 사육이나 생태 설명(각 동물사에서 일반인을 대상으로 그 동물에 대해 설명하고 먹이를 주는 행위)을 맡기려고 하였다. 또 행정 업무들이 많아지다 보니 진료를 보지 못했다. 제일 힘들었던 점은 수의사로서의 능력을 신뢰받지 못해 제대로 된 진료 업무를 맡지 못했던 것이다. 지금만큼 자리를 잡게 되기까지 많은 노력이 필요했다.

처음에는 치료해야 할 동물이 있으면 '이 아이가 아픈데 어떻게 할까?'라고 묻지 않고, '이 아이가 아픈데 이렇게 해라'라는 말을 하는 경우가 더 많았다. 하지만 이렇게 나를 믿지 않았던 사람들과도 지속적으로 대화하고 관계를 형성하자 그들이 점차 나를 신뢰해 주기 시작했다. 이제는 충분한 믿음이 생겼고 그래서 진료는 전적으로 나에게 맡

:: 해양동물 메디컬센터에 소속된 수의사지만 때로는 견학 온 학생들의 교육을 담당할 때도 있다.

기게 되었다.

하지만 그 과정은 말처럼 쉽지 않았다. 수족관에 수의사가 고용됐다는 소식을 듣고 격려해 주는 여러 교수, 선배들의 말도 부담이었다. 격려 자체도 그렇고, 생명을 다루는 일이 내 책임 아래 있다고 생각하니 부담이 너무 컸다. 그 부담감 때문에 입사 후 6개월간은 꿈을 놓아 버릴까 하는 생각도 많이 했다. 내가 하고 싶었던 일은 야생 해양동물 진료였는데 수족관에서는 인공적으로 사육하는 해양동물을 돌보는 일을 하고 있으니까. 그리고 제대로 진료를 볼 수 있는 병원 시설도 없는데, 내가 대체 여기서 무얼 하고 있나 하는 생각도 들었다.

그런데 어느 순간 수족관 사람들의 생각이 바뀌기 시작했다. 수족관에도 수의사가 필요하다는 인식이 생겼고 수족관 안에 제대로 된 진료 시설을 갖춘 병원도 생겼으며 내가 하고 싶었던 야생 해양동물 구조 활동도 하게 된 것이다.

생명을 다루는 일은 부담이 크고 언제나 어려운 일이라고 생각한다. 그래도 해양동물 수의사가 관심을 받고 있는 이 시점에 지금까지 쌓아 왔던 신뢰며 기대를 저버리고 도망갈 수는 없다. 그래야 나를 보며 공부하고 있는 후배들에게도 이 자리에 올 수 있는 기회가 생기지 않겠는가? 그들에게 부족하지 않도록 노력을 게을리하지 말아야겠다고 매번 다짐한다.

함께 걷기

내가 수족관에 입사한 2012년은 우리나라 수족관 사업이 갑자기 성장하면서 곳곳에 수족관이 생겨나고 그 규모가 커지던 때였다. 졸업은 했지만 해양동물 구조 쪽으로는 우리나라에서 자리 잡을 길이 없겠구나 싶어서 해외로 고개를 돌리던 차였는데, 우리나라에서 제일 큰 수족관이 제주에 생긴다는 소식을 들었다. 그런 곳이라면 수의사가 필요할지도 모르겠다는 생각이 들었다. 그래서 수의사 채용 공고는 뜨지도 않았는데 아쿠아리스트 모집 공고를 보고는 그 기업의 본사 인사팀에 전화를 해서 혹시 수의사는 필요 없는지 물어봤다. 그 뒤 다른 아쿠아리스트와 똑같이 면접과 잠수 실기를 보고 합격했다.

그런데 막상 수의사로 들어가긴 했어도 수족관에서 수의사가 무엇을 해야 하는지, 무엇을 할 수 있는지에 대한 개념이 회사도 나도 전혀 없었다. 게다가 수의사와 비슷한 일을 하는 어류 질병 관리사라는 이름의 아쿠아리스트가 이미 수족관에 있다 보니 예상하지 못한 견제를 당하기도 했다.

처음에는 '수의사가 어류를 어떻게 알아?'라는 시선이 느껴지기도 했다. 그런데 함께 일하다 보니 그들이 아는 것과 내가 아는 것이 달랐다. 하지만 그 누구도 틀린 것은 아니었다. 그렇다 보니 이런 생각이 들었다. '둘이 아는 걸 합치자. 서로가 아는 것들이 다르다. 동물들을 잘 돌보는 일이 우선이지, 자기 일이라고 서로 욕심부릴 여유가 어디 있나?' 이렇게 생각하며 서로 협력하게 되었다. 이곳에 오는 아쿠아리스트들은 모두 동물을 사랑해서 오는 사람들이기 때문에 이런 일이 가능했다고 본다. 생명을 살리는 일이 우선이니, 아픈 동물을 앞에 두고 '나는 이거 할 테니까 너는 건들지 마라'라고 영역 싸움을 할 여유도 이유도 절대 없었다.

수족관에는 10~20년 이상 아쿠아리스트 일을 한 사람도 많다. 어류의 생리나 수질 등을 잘 알 뿐만 아니라 워낙 자신의 분야에서 뛰어난 경우가 많아 배울 점이 많다. 난 수의사니까 수의학적인 부분을

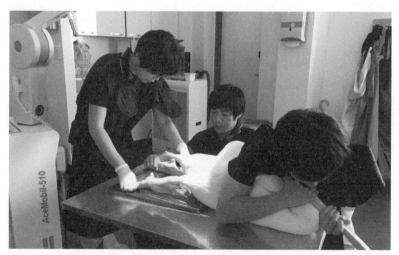

:: 펠리컨의 엑스레이를 찍기 위해 펠리컨 담당자들이 보정해 주고 있다.

안다고 해서 잘난 척 고개를 쳐들고 있으면 아무 도움도 받지 못한다. 어디서든 혼자서 할 수 있는 일은 없다. 치료 역시 옆에서 담당 아쿠아리스트가 도와주지 않으면 절대 불가능하다.

기각류 보호 기관과 밴쿠버아쿠아리움 등에서 여러 해양동물에 대해서 배워 왔지만 여전히 새로운 동물들이 수족관에 들어오고 그런 동물을 치료할 때는 아직까지 모르는 것투성이라 야생동물구조센터에 전화해서 물어보고 논문도 찾아본다. 여전히 해양동물 전문가는 국내에 부족한 상황이라 해외 여기저기 연락해서 도움을 받고 있다.

그물에 걸려 사지가 찢기고 부력 이상이 있어 잠수를 못 하는 거북을 구조한 적이 있다. 우리나라에는 바다거북 전문 수의사가 없다 보니 미국 플로리다에 있는 바다거북 구조센터 전문가에게 도움을 요청했다. 메일을 주고받으며 부력 이상의 원인 규명을 위한 검사와 치료 방법에 관한 조언을 얻었다. 또 일산수족관에서 태어난 참물범의 경우

:: 2016년 국제수족관협회는 밴쿠버아쿠아리움에서 열렸는데 자비를 들여 참석했다. 함께한 멤버들과의 모습.

어미가 모유 수유가 안 돼 분유를 만들어 먹였으나 계속 설사를 하는 바람에 애를 먹었다. 결국 미국 기각류 구조센터의 테크니션에게 한밤중에 유선으로 도움을 요청하여 인공 모유 조리법을 배워 아기 참물범의 기력을 회복시킬 수 있었다.

고맙게도, 내가 그렇게 귀찮게 굴며 도움을 요청해도 많은 수의사, 테크니션, 봉사자가 발벗고 나서서 밤낮을 가리지 않고 적극적으로 도와주었다. 아마 생명이 우선이라는 생각이 앞서기 때문일 것이다. 이런 사람들을 만날 수 있고 도움을 받을 수 있는 가장 좋은 기회는 국제 학회다. 지식을 나누고 사람들과 교류하면서 서로 도움을 주고받는다. 내가 아는 지식을 남에게 전하고 공유하면 더 많은 생명이 살아날 가능성이 높아진다. 그렇기 때문에 교류를 유지하고 지식을 공유할 기회들을 더 많이 만들기 위해 자비를 들여 국제 학회에 참가하는 경우도 많다.

아쿠아리스트들이나 전문가들의 도움 없이 혼자서는 아무것도 할 수 없는 것이 현실이다 보니 그런 돈을 쓰는 일이 결코 아깝지 않다. 협력하고 경험과 지식을 공유해서 나누는 일이야말로 더 큰 발전을 위한 가장 기본적인 자세라고 생각한다. 차곡차곡 내 지식과 경험도 쌓다 보면 언젠가는 반대로 내가 그들에게 다시 도움을 줄 수 있는 날이 올 것이라고 기대한다.

여전히 달리는 중

아침에 회사에 출근하면 해야 하는 일이 있다. 어류팀과 포유류팀

회의에 참석해 상태가 안 좋은 동물들이 있는지 문진하고 치료와 검사 시간을 아쿠아리스트들과 결정한다. 그리고 나면 회진을 돌 듯이 수족관을 쭉 돌아 현재 진료 및 관찰 대상인 해양동물들의 상태를 점검한다. 만약 상태가 좋지 않은 동물이 더 있다면 그들을 자세히 살펴본다.

동물들의 진료가 매일 있다는 것은 그만큼 관리가 제대로 안 됐다는 뜻이다. 이렇게 말하면 아쿠아리스트를 탓하는 것 같지만 정말 신경을 많이 쓰고 잘 돌보는 아쿠아리스트의 동물들은 확실히 건강하고 치료할 일이 많지 않다. 그리고 이런 아쿠아리스트들은 나와 자주 교류한다. 신경을 많이 쓰는 담당자일수록 수의사를 많이 찾는다는 뜻이다. 치료와 상관없이 동물이 조금만 이상해 보여도 바로 나를 찾는다. 솔직히 휴무일이나 퇴근 후, 연락이 오면 스트레스를 받기도 한다. 쉬고 싶다는 생각이 간절하기도 하다. 그렇지만 나는 이 넓은 수족관에서 근무하는 유일한 수의사다. 수족관에서 아픈 동물이 생기면 대체 누구한테 가겠는가. 그러니 나는 '상시 대기 중'일 수밖에 없다. 결국 내가 돌볼 아이들이라고 여기다 보니 이제는 "왜 이 지경이 될 때까지 연락을 안 하냐!"고 윽박지르게 된다. 너무 늦으면 치료가 불가능하기 때문이다.

현재 내가 근무하는 수족관에 있는 해양동물 수는 약 600종 5만 마리가 넘는다. 이 많은 동물을 일일이 치료하는 일은 사실 불가능하다. 이 수는 체중이 500킬로그램에 육박하는 바다코끼리부터 새끼손가락보다 작은 물고기, 산호, 소라게까지 다 포함한다. 수족관에서는 하나의 생태계가 형성되어 작은 물고기들은 큰 물고기의 공격을 받아 잡아먹히기도 한다. 그리고 작은 어종은 수산 질병 관리사의 군집 치료에 맡기기도 한다. 하지만 여전히 많은 생물이 내 손을 거쳐서 수조에 들어가고 나간다.

대부분의 동물원이나 수족관 수의사들은 치료해야 할 동물의 종이 너무 많아서 공부 양이 방대하다. 어떤 동물이 아파서 검사하고 공부하다 보면, 또 다른 동물이 다른 원인으로 아파서 전혀 다른 공부를 해야 할 경우도 생긴다. 매번 새로운 케이스, 새로운 일들이 일어나니 흥미진진하기도 하지만 너무 새로워 답답하고 어려운 상황에 부딪힐 때가 더욱 많다. 게다가 수의사 혼자서는 해결하지 못하는 일도 너무 많다.

내가 소속된 팀에는 나 이외에 수의사가 셋이나 있다(비록 서로 다른 지역에서 근무하지만). 그리고 내가 근무하는 곳에는 도움을 주고받을 수 있는 테크니션도 함께 일하고 있다. 특히 일산에 있는 후배 수의사와는 진료 방향에 대해 논의하고 서로 효과적인 진료 방법을 공유하곤 한다. 이렇게 하다 보니 내 지식은 점점 불어나는 것이 눈에 보일 정도다. 잘 맞는 사람들과 함께할 때의 시너지 효과는 정말 크다. 물론 이런 식으로 지식이 축적되고 있지만, 스스로의 실력에 너무 자만하고 노력을 게을리하면 견제를 받거나 뒤처지게 되는 것도 어쩌면 당연하다고 생각한다. 항상 내 부족한 지식 수준을 정확하게 인지하고 발전할 수 있도록 노력하고 있는데, 아마 이 노력을 멈출 일은 없을 것이다.

국내 수족관에서의 수의사 입지가 확립되어 있지 않은 만큼 현재 수족관에서 일하는 수의사들의 역할이 매우 중요하다. 나를 비롯한 현역 수의사들의 노력을 통해 수족관 수의사들의 입지가 점차 굳건해지기를 기대한다. 우리의 노력이나 성과에 따라 이 길을 걷고 싶어 하는 수의사들에게 더 많은 기회가 열릴 것이기 때문이다.

잠수를 하고 수영을 하고, 검사를 하고 치료를 하고, 온몸에 바닷물이 튀고 손에 상처가 생기고, 사무실에 앉아서 행정 업무를 하고, 진료를 기록하고, 야생 해양동물을 구조하는 이런 일상이 내게는 매우 소중하다.

오래전 수의학과 입학식 날 인문학 강의를 들었다. 그 강의에서 '10년 후의 자기 모습'을 아주 구체적으로 써 보는 시간이 있었다. 그때 나는 '바닷가에 살면서 해양동물을 구조하는 일을 하고, 사랑하는 가족과 강아지와 바다를 거니는……' 같은 내용의 글을 썼다.

나는 지금 해양동물을 구조하면서 사랑하는 동물들과 바닷가에서 살고 있다. 입학식 이후 아직 10년이 채 안 됐으니 나중에는 가족도 이루게 되지 않을까 생각한다. 그런 마음으로 수의대에 지원했고 그런 삶을 꿈꿔 왔기 때문에 지금 이런 모습으로 살게 되지 않았을까. 10년 후에도 내가 현재 바라보는 미래의 모습으로 살게 되리라고 믿어 의심치 않는다.

나는 여전히 물이 좋고, 동물이 좋으니까 말이다.

새롭게 꾸는 꿈

| 손영호 |

건국대학교에서 수의학 학사, 수의미생물학 및 전염병학 석사, 전북대학교에서 조류 질병학 수의학 박사(조류 질병) 과정을 공부했다. 건국대학교 수의과대학 겸임교수, 서울대학교 수의과대학 겸임 부교수를 역임했다. 현재 반석가금진료연구소 연구소장이자, (주)반석엘티씨 대표이사로 있다.

1972년 2월 6일, 46년이나 지났지만 나는 그날을 생생하게 기억하고 있다. 그날은 아버지의 사업이 실패해 경제적으로 어려워진 우리 가족이 대전에서 경기도 하남시의 작은 산란계 농장으로 이사를 한 날이다. 그 농장은 외할머니가 운영하셨는데 당시 나는 초등학교 4학년이었다. 전기도 들어오지 않던 하남의 작은 농장, 외할머니는 약 2000여 마리의 산란계를 그곳에서 사육하고 계셨고, 우리 여섯 식구는 외할머니 농장에서 단칸방 생활을 시작했다.

외할머니께서는 누나와 내가 아카시아 잎을 따서 사료 포대에 담아 오면 용돈을 주셨다. 누나와 나는 계사 안의 계란도 수집했다. 저녁이면 기름등의 유리 등피를 작은 손으로 닦아 점등 준비를 돕기도 했다. 생산이 다한 닭을 출하하면 조립식 케이지를 개울에 담가(지금은 환경 오염 문제로 결코 생각도 못 할 일이다) 솔질을 하며 세척을 하기도 했다. 돌이켜 보면 너무너무 어렵고 힘든 시간이었고, 부모님은 슬하의 사 남매를 어떻게든 굶기지 않으려고 하루하루 고민하셨던 그런 날들이었다.

이듬해인 1973년 부모님은 육계 사육을 시작하셨다. 사육 규모는 500수……, 수십 수백만 이상의 닭을 사육하는 농가가 즐비한 현재 상황을 생각하면 아주 작은 규모였지만 우리 가족에게는 미래를 건 전 재산(?)이었다. 얼마나 귀하고 소중히 여겼는지 아버지는 계사에 야전 침대를 놓고 주무시며 자식들보다 닭을 더 애지중지 관리하셨다. 이를 시작으로 부모님은 약 25년간 육계 농장을 운영하셨고 젖소와 돼지 등 다른 가축도 사육하셨다. 학교에 다녀오면 당연히 농장 일을 거들어야 했던 나는 그 덕에 자연스럽게 닭 사육을 경험할 수 있었다. 되돌아보면 이것은 닭과의 운명적인 만남이었고, 현재 내가 가금 전문 동물병원과 가금 진료 연구소를 운영하게 된 결정적인 동기가 되었다. 좀 더 거창하게 말하면 대한민국 가금 수의사 중 한 사람이 탄생하는 계기가 되었던 것이다.

다양한 경험을 한 젊은 시절

만약 누구나 모든 미래를 치밀하게 준비할 수 있고, 그 계획의 결과들이 세상을 놀라게 하며 세계 최고로 인정받아 성공의 반열에 들 수 있으면 얼마나 좋을까? 그런 일은 거의 불가능하지만 세상을 살다 보면 나의 의지와 상관없이, 혹은 어쩔 수 없이 감당했던 일들이 삶을 성공으로 이끈 결과들을 접하게 된다. 어떤 형태라도 경험은 중요하다.

'경험해 보았다'는 것은 적어도 그렇지 않은 사람들보다 여러 면에서 앞서갈 수 있다는 것을 의미한다.

대학교 2학년 때 실험실 선배의 강압적인 권유에 못 이겨 나는 실험실 생활을 시작하게 되었고, 졸업할 때까지 그곳에서 끊임없이 무엇인가를 해야 했다. 나의 의지로 분명한 목적을 가지고 시작한 실험실 생활은 아니었지만 지나고 보니 그 경험이 엄청난 삶의 자산이 되었다. 실험실 생활 때문에 다른 친구들보다는 조금 더 빡빡하게 학창 시절을 보냈지만 실험과 검사 분야에서 남다른 능력을 갖출 수 있었고 지금까지도 그 경험의 소중함을 느끼며 살고 있다.

수의과대학 졸업과 동시에 선택한 동물 약품 제조 회사에서는 실험실에서 닦은 경험과 어려서부터 농장에서 성장한 기반 덕분에 많은 일을 할 수 있었다. 가장 기억에 남는 일은 이동 검사실 순회 서비스다. 차량에 검사 장비들을 싣고 전국을 순회하면서 낮에는 농장에서 가검물을 채취하고 저녁에는 검사 장비들을 이용하여 진단 검사를 실시했다. 한마디로 농장 현장에서 질병 진단 및 솔루션을 동시에 제공해주는 논스톱 진단 서비스였다. 이동 검사실 서비스는 농장들과 회사가 거래하는 약품 대리점들로부터 상당한 호응을 얻었다. 이 경험 또한 현재의 나를 만드는 중요한 바탕이 되었다.

잊을 수 없는 또 한 가지 일은 회사 생활을 마치고 시작한 4년간의 농장 생활이다. 세상에서 가장 가까운 사이가 부모와 자식 관계라고 하는데, 부모님과 함께 농장을 운영하는 것은 생각보다 훨씬 힘들고 어려웠다. 그러나 이 경험이 내가 농장을 컨설팅하는 데 있어 가장 귀한 자산이 되었다는 것을 후에 깨닫게 되었다. 농장을 컨설팅하면서 농장주 1세대와 2세대 간의 갈등이 내가 생각하는 것보다 훨씬 심각한 수준에 직면해 있음을 알 수 있었다. 그때마다 나의 경험을 바탕으로 농장 진료 및 컨설팅의 범주를 뛰어넘는 또 다른 해결 방안을 제공할 수 있었다. 이는 누구도 할 수 없는 나만의 독창적인 컨설팅 능력이다.

간혹 수의과대학에서 후배들을 위한 특강을 요청받고 강의를 하곤 한다. 내가 수의학을 공부할 때는 가금 분야를 거의 배우지 못했지만 최근엔 전국의 수의과대학에 훌륭한 가금 질병 전문 교수님들이 있어 학생들이 체계적으로 배울 기회가 많아졌다. 하지만 산업동물 분야에서 가금 진료만을 전문으로 하는 수의사는 많지 않아 종종 내게 가금 분야 특강 요청이 오는 것이다. 나는 특강을 통해 현재 연구소에서 하고 있는 가금 진료 및 연구 활동, 가금 농장 상황, 질병 상황 등을 설명하고 '경험'의 소중함을 강조한다. 수의사는 정확한 진단과 그로 인한 치료 결과 등을 반복적으로 경험할 때 '명의'가 될 수 있다는 설명도 빼놓지 않는다. 그리고 방학 때는 관심 있는 분야의 선배를 찾아가서 그들의 경험을 듣고 견문을 넓힐 것과 실험실 생활을 해 보라고 권유한다. 젊은 시절의 경험은 그것이 무엇이든지 미래를 위한 밑거름이 된다는 것을 누구보다 깊이 체감하고 있기 때문이다.

경험하지 못한 문제들은 언제나 낯설고 해결 방안을 제공하기도 어렵다. 하지만 이미 경험했거나 그로 인해 얻은 해결 방안은 정말 값지다.

어려운 상황에 시작한 가금 전문 동물병원

30대 후반에 농장 생활을 정리하고 동물병원을 개원할 준비를 하였다. 1998년 당시는 개인적으로 말로 다할 수 없는 어려움에 처해 있던 시기였고, 또 국가적으로는 금융 위기가 국내 경제를 강타하고 있었다. 하지만 나는 경기도 이천시 3번 국도 옆에 작은 점포를 임대해 실험실을 꾸미고 가금 전문 동물병원을 개원했다. 가금 전문 동물병원을 개원한다는 소식을 듣고 많은 사람이 걱정해 주었다. "가금 전문 동물병원을 오픈하는 게 이해가 안 된다. 시장 규모가 다른 가축에 비해 너무 작아서 운영이 안 될 텐데, 다시 생각해 보는 게 어때?" "이 와중에 무슨 동물병원을 신규로 오픈해? 요즘 문 닫는 동물병원을 인수하면 더 좋을 텐데?" 이러한 걱정에 대해 나는 "내 생각은 당신들과 다르니 그냥 지켜봐 주시죠?"라고 대답했고, 가금 전문 동물병원에 생사를 걸 수밖에 없었다. 사실 회사 생활과 농장 운영 경험을 바탕으로 양돈 분야로 진출할 수도 있었다. 그러나 회사와 양돈 농장에서 4년간 직접 생활하면서 얻은 결론은 양돈 분야보다는 가금 분야가 수의사로서 농장에 해 줄 수 있는 일이 더 많다는 것이었다. 그리고 양돈과 가금, 다른 가축 종류까지 모두 진료하면 전문성을 인정받기 어려울 것이라고 판단했다.

개원 당시엔 새벽 6시면 어김없이 농장을 방문해 당시 많이 발생하던 질병의 가검물을 채취하고 실험실에서 진단 검사를 실시했다. 그리고 늦어도 2일 이내에는 실험실 검사 결과를 농장에 알려 주었다. 이 검사 결과는 농장의 질병 문제를 해결하는 데 큰 도움이 되었다. 조금이라도 빨리 검사 결과를 얻기 위해 자는 시간까지 쪼개어 일했다. 이러한 진료를 경험한 농장들의 반응이 무척 좋았다. 역시 실험실을 기반으로 한 진료를 선택한 것이 절대적으로 옳았다고 생각했다. 그리고 좀 더 크고 더 많은 일을 할 수 있는 실험실을 꿈꾸게 되었다. 그 결과 현재 충북 음성군 대소면에 자리한 연구소를 운영하게 되었다. 약 20년 전 개인적으로 매우 어려운 상황과 주위 사람들의 우려 속에서 가금 전문 진료 연구소를 개원했지만 지금은 "그래도 손영호가 산업동물의 미래를 보는 판단과 방향성이 옳았다"라는 소리를 들을 정도로 발전하고 있다.

아직은 부족하지만 세계 최고를 향하여

몇몇 교수님들의 도움으로 2002년에 미국 조지아대학교의 가금질병연구센터(PDRC)를 견학할 수 있었다. 이는 가금 진료 분야에서 무엇을 어떻게 해야 하고, 어떤 목표를 세워야 하는지 생각하는 계기가 되었다. 그 당시 경기도 이천에서 약 18평 크기의 가금 전문 동물병원을 운영하고 있었는데, 그곳은 실험실과 약품 창고를 겸해서 쓸 수 있는 정도의 작은 공간이었다. 그러나 조지아대학교의 PDRC를 경험한 이후 가금 분야에서 실험실 진단의 중요성을 더 확신하게 되어 곧바로 확장 이전했고, 총 100평의 공간에 50평의 실험실을 갖추었다. 이러한 목표와 소망은 그로부터 약 6년 후 2600여 평의 부지에 연건평 400여 평의 연구소를 운영하는 결과로 이어졌다.

나는 반려동물이나 소, 말, 돼지 등과는 달리 집단으로 사육되는 가금의 질병을 진단하고 개선시켜 궁극적으로는 질병을 예방하는 예방수의학을 적용하기 위해 체계적인 실험 환경이 꼭 필요하다고 생각했다. 군집을 개체로 인식할 수 있는 개념의 진료, 일부를 전체로 반영할 수 있는 샘플 사이즈의 설정, 일령 혹은 주령별 검사 간격, 정밀하고 신속

:: 반석가금진료연구소 전경. 가금 농장 진료, 질병 컨설팅, 약품 사업 등을 수행하고 있다.

한 검사(모니터링), 이를 뒷받침해 주는 검사 인력과 실험 장비, 그리고 충분한 공간이 절대적으로 필요했던 것이다. 그러나 개인이 운영하는 연구소가 그 정도의 기능을 하기 위해서는 실험실 건물뿐 아니라 연구 인력, 운영 경비 등 해결해야 할 어려움이 많았다.

가금 농장 진료, 질병 컨설팅, 식품안전관리인증기준(HACCP) 컨설팅, 약품 사업, 정부의 R&D 과제 수행 등이 현재 연구소의 주요 업무다. 지속적으로 투자해야 하고 경비도 많이 들어 연구소를 운영하는 데 아직도 고충이 있지만, 이런 상황 속에서도 최고를 지향하는 꿈을 버리지 않고 있다. 아직은 욕심일지 모르지만 불가능하다는 생각은 들지 않는다. 농장과 실험실 생활, 이동 검사실 운영 등의 경험을 바탕으로 한 지금의 가금 진료 방식에는 그야말로 독창적인 기법이 축적되어 있다고 자부한다. 머지않은 미래에 대한민국을 대표하는 민간 가금 연구소를 넘어 전 세계가 알아주는 최고가 되는 것을 꿈꾸고

:: 연구소를 방문한 아세안 8개국 16명의 축산 전문가들.

있다.

몇 년 전 아세안 8개국에서 16명의 축산 전문가가 우리 연구소를 방문한 적이 있다. 그들에게 가금 진료 시스템을 소개하고 실험실을 견학시키는 등 대한민국 최고 수준인 가금 전문 진료 연구소의 구석구석을 설명했다. 반대로 내가 최근 진행하고 있는 연구 과제 때문에 일본 미야자키 수의과대학을 방문하기도 했다. 대한민국 민간 가금 진료 연구소의 활동을 소개받은 그들은 매우 깊은 관심을 보였고 향후 협력 방안 모색을 위한 구체적인 협의를 진행하고 있다. 미야자키 수의과대학의 산업동물방역연구센터(CADIC)와의 교류는 서로의 발전에 도움이 될 것으로 기대하고 있다. 이러한 일련의 국제적인 교류는 대한민국의 민간 가금 진료 연구소를 다른 나라들에 알리고, 정보 교류를 통해 발전해 나가는 좋은 기회가 될 것이다.

:: 2015년에 천안·아산 지역의 농가를 대상으로 진행한 조류인플루엔자 예방 교육.

아주 특별한 경험: 조류인플루엔자(AI) 발생 현장에서

농림축산식품부의 가축방역심의회 위원으로 활동하던 나는 2014년
도에 다섯 번째로 국내에서 발생한 고병원성 AI와 연관된 아주 특별한
경험을 할 수 있었다. 고병원성 AI는 인수공통감염병이기 때문에 정부
의 관리 시스템도 일반 질병과는 매우 다르다. 백신을 접종해서 질병을
관리하는 것이 아니라 AI 감염이 확인된 농가의 가금에 대해서 살처분
을 실시하여 확산을 방지한다. 2년이 넘는 기간 동안 고병원성 AI가 발
생한 현장의 방역 활동에 참여하기도 했고, 중요한 사안들에 대해 민간
전문가로서의 의견과 지식을 전달하기도 했다. 고병원성 AI를 직접 겪
고 있는 농장주들도 만나고, 농가를 대상으로 발생 원인과 예방 대책
등에 대한 교육을 할 기회도 많이 가졌다. 질병 방역은 수의사의 고유
업무이지만 국가 재난성 질병인 고병원성 AI가 발생한 현장에서는 산

업적인 측면, 질병적인 측면, 방역적인 측면과 농장의 정서 등 다양한 상황을 감안한 해결책들이 제시되어야 한다. 결과적으로 2년여 동안 약 50차례의 AI 발생 현장 방문으로 얻은 경험과 지식은 나에게 또 한 분야의 전문성을 갖추게 해 주었다. 그야말로 나에겐 아주 특별한 경험이었다. 그리고 이 경험은 '진정한' 전문가를 '해당 분야의 전문성을 갖추고 유사시에 국가와 민족을 위해서 기꺼이 희생할 수 있는 마음과 자세를 갖춘 자'로 정의하게 된 귀한 바탕이 되었다.

경험은 미래를 위한 귀한 양분이다

시작할 때는 불모지처럼 여겨졌던 가금 전문 진료를 해 온 지도 벌써 20년이 넘었다. 되돌아보면 결코 순탄한 길은 아니었다. 하지만 대한민국의 산업동물, 특히 가금 분야에서 일할 수의사들이 더 나은 미래와 연결될 수 있는 통로를 마련하기 위해 노력하고 나름의 역할을 했다고 생각한다.

반려동물 분야에 종사하는 수의사들의 노력이 국민의 정신과 생활에 긍정적인 영향을 미치도록 기여한다면, 산업동물 분야에 종사하는 수의사들은 국민의 식탁을 책임진다고 정의할 수 있다. 최근 식품 안전에 대한 정부와 국민의 관심이 높아지면서 농장들도 그에 맞는 방향을 설정하여 노력하고 있다. 산업동물 분야에 종사하는 수의사들은 가금 진료의 범주를 뛰어넘어 국민의 건강을 책임지는 자리에 서 있다. 이러한 측면에서 앞으로 산업동물 수의사들의 역할은 지금보다 훨씬 더 커지고 발전해 나갈 여지가 많다고 생각한다.

나의 지난 20년은 누군가는 반드시 지나왔어야 하는 길을 걸었다고 할 수 있다. 그리고 앞으로의 20년은 꼭 필요한 역할을 수행할 수 있는, 능력 있는 사람들의 길을 만들도록 노력할 것이다. 수의 분야의 3D 업종이 아닌 국민 보건에 반드시 필요한 발전된 모습으로 산업동물 수의사의 미래를 그려 본다.

산업동물 진료 분야는 젊은 수의사들이 장밋빛 미래를 꿈꾸며 진입하는 그런 화려한 분야가 아니다. 나도 젊은 수의사들을 영입하고 그들의 성장을 도와 대를 잇게 하고 싶었지만, 번번이 실패했다. 그때마다 '이 길은 젊은 수의사들이 현재의 어려움과 미래의 불확실 속에서 진로로 선택하기엔 너무 버거운가 보다'라고 생각하곤 했다.

하지만 약 20년 동안 산업동물 수의 진료를 하고 진료 연구소도 운영하며 이 분야의 과거, 현재, 미래를 연결하려고 전념했던 입장에서 분명하게 말할 수 있다. 젊은 시절의 모든 경험이 미래를 완성하는 귀중한 양분이 될 것이라고 말이다.

동물원의 동물들, 단순히 구경거리가 아니랍니다

| 조경욱 |

1970년생. 1992년 건국대학교 수의학과를 졸업하고 동 대학원에서 석사(1995년)와 박사(2008년) 학위를 취득했다. 대학 졸업과 동시에 1992년 3월부터 지금까지 서울어린이대공원에서 수의사로 근무하고 있으며 현재 동물복지팀 팀장으로 있다.

대학 졸업 전, 서울어린이대공원에서 수의사를 채용할 예정이라는 정보를 교수님이 귀띔해 주셨다. 당시만 해도 인터넷이 활발하지 않아 구직 관련 정보는 학과 사무실이나 신문 공고를 통해서만 알 수 있었으니 소위 '핫'한 정보였다. 모교와 가까워 공부도 병행할 수 있고 임상을 원했던 만큼 여러 종류의 동물도 경험할 수 있다는 장점을 이야기해 주면서 추천하셨다. 학교에 다니면서 실험실 생활을 한 터라 선배들, 학과 교수님들과 두루 친분이 있었으며 그 덕에 입사 정보를 미리 알 수 있었다. 동물원에서 일할 거라고는 꿈에도 생각해 보지 않았지만, 어릴 적 창경원에 가서 처음으로 동물들을 봤던 행복한 기억과 아프리카 야생동물을 치료하는 수의사에 대한 막연한 동경 때문이었는지 지원하는 데 어떤 망설임도 없었다. 서울어린이대공원이 서울시설

공단에서 운영하는 공기업이라는 것, 우리나라에 동물원이 몇 안 된다는 것(2018년 현재 한국동물원수족관협회에 등록된 동물원과 수족관은 전부 20곳이다), 정원에 따라 필요한 인원을 채용하기 때문에 입사 기회가 그리 많지 않다는 사실 등은 대공원에 입사하고 나서야 알게 되었다.

"호랑이 치료할 때 안 물어요?"

동물원 수의사라고 하면 이런 질문을 꼭 받는다. "동물원 동물 중에 어떤 동물을 다루세요?" "코끼리한테 어떻게 주사를 놔요?" "호랑이 치료할 때 안 물어요?" 외국의 선진 동물원에서는 수의사가 전문적인 진료 업무를 맡고 있는 반면, 우리나라 동물원의 수의사들은 모두가 진료 업무에만 종사하지는 않는다. 2007년에 전국 동물원 수의사를 대상으로 한 업무 관련 조사 결과(조경욱, 〈한국 동물원의 동물 복지 발전 방향에 관한 연구〉, 2008)를 보면, 진료·질병 관리 37퍼센트, 사육·동물 복지 21퍼센트, 교육·운영 28퍼센트, 기타 14퍼센트로 모든 동물원 수의사가 동일한 업무를 하지는 않는다. 10년이 지난 지금은 약간의 차이가 있겠으나 대동소이하다. 물론 동물원마다 업무가 같을 수는 없지만 대부분 동물 사육과 관람, 동물 영양, 방역과 진료, 동물원 기획, 종 보전, 동물 복지, 동물 교육 등 동물원 규모에 따라 업무를 나누거나 통합해 수의사들을 배치한다.

나의 경우 동물원에 오래 근무하다 보니 짧게라도 대부분의 업무를 경험할 수 있었다. 처음으로 부여받은 업무는 동물 관리였다. 과다 번식으로 늘어난 잉여 개체와 폐사로 부족한 동물을 적기에 처분하고 공급하는 등 동물 수급 업무와 동물의 영양을 지켜 주는 사료 업무, 그리고 동물 학교 업무가 주였고 진료는 부수적으로 할 수 있었다. 졸업 후 바로 입사한 탓에 진료를 체계적으로 배울 기회가 없었고 동물병원에 대한 학창 시절의 꿈도 있었기에 쉬는 날과 퇴근 이후 시간을 이용해 선배가 운영하는 동물병원에 진료를 배우러 다녔다. 그렇게라도 임상 수의사로서의 길을 가고 싶었지만 결국 6개월을 다니고 동물병원에 대한 꿈을 접었다. 동물병원이라는 제한된 공간에서 하루 종일 아픈 동물과 씨름해야 한다는 것이 여기저기 돌아다니기 좋아하고 호기심 많은 나에게 압박감을 주었던 것 같다. 어쨌든 생각이 정리되고 나니 동물원 업무에 좀 더 집중할 수 있었다.

동물원마다 꼭 있어야 하는 동물들이 있다. 대표적인 동물이 사자와 호랑이다. 그러다 보니 우리나라 동물원의 사자와 호랑이 수는 200마리가 넘는다. 서식지도 아닌데 이토록 많은 수가 있는 이유는 인공 포육(어미 동물이 새끼를 낳고 돌보지 않을 때 사람이 대신 기르는 것) 성공의 결과다. 우리 동물원의 경우 1997년 어미 사자의 수유 거부로 시작된 인공 포육이 성공하면서 매년 그 수가 늘어났으며 왕성한 번식력으로 태어난 사자, 호랑이들을 위해 '백일잔치'나 '사진 찍기' 이벤트를 기획해 행사를 치른 것만도 여러 차례다. 시민들에게 동물에 대한 관심과 보호의 메시지를 전달한다는 의미도 있었지만 사실은 맹수의 인공 번식 성공을 홍보하면서 맹수를 만지고 사진을 찍을 수 있는 기회를 주는 자리였다. 결국 시민들이 맹수의 위엄을 가볍게 여기도록 만들었고 야생동물이라도 귀엽고 예쁘면 만져도 되는 너무나 쉬운 동물이라는 인식을 심어 주고 말았다. 동물의 생명을 살리기 위해 시작한

:: 호랑이 4남매(금, 수, 강, 산)의 백일잔치.

인공 포육이었지만 우리들조차도 볼거리 제공이라는 명목으로 동물을
이용하는 것을 너무나 당연하게 여기게 된 것이다. 지금은 인공 포육
을 하지 않아도 될 만큼 자연스런 포육이 되고 있으며, 설사 인공 포육
이 필요한 동물이라도 담당 사육사 외 다른 사람의 접촉을 최소화하고
동물을 활용하는 이벤트는 아예 없앴다.

　이렇게 태어난 맹수들은 주로 마리 수가 부족한 지방 동물원으로
보내는 등 그야말로 맹수 전성시대를 맞았다. 국제적 멸종 위기 동물
뿐만 아니라 인기 많은 어린 동물들을 볼거리로 제공하다 보니 과다
번식하게 되었고 이는 동물 수 증가로 이어졌다. 악순환의 연속이었다.
동물원의 동물들은 관람객을 위해서만 존재하게 된 것이다. 이미 전국
적으로 동물의 수가 넘쳐 나서 국제적 멸종 위기 야생동물로서의 가치
를 존중받기 어려워졌고, 흔한 잉여 동물이 된 지 오래다. 그런 이유로
동물 종과 마리 수를 줄이기 위한 피임술 등 번식 억제 노력이 계속되
고 있다. 하지만 얼마나 많은 동물을 확보하고 있느냐가 동물원의 경

쟁력으로 인식되다 보니 동물원마다 '국내 최초'라는 수식어를 달아 가며 동물 확보에 열을 올리고 있는 것이 현실이다. 동물을 확보하는 방법은 구입, 교환, 기증이 있다. 지금은 돈이 있어도 살 수 없는 동물이 많지만, 예산만 충분하다면 필요한 동물을 얼마든지 구할 수 있던 시절이 있었다. 그래서 동물의 가치와 상관없는 현실적인 문제로 귀한 동물을 외국으로 수출하기도 했다.

2001년 여름에 북극곰 한 쌍을 중국으로 보낸 일이 있다. 오늘날 북극곰이 지구 온난화의 아이콘이 될 줄 누가 알았을까? 2001년 3월, 마산 돝섬해상유원지가 폐쇄되면서 80여 마리의 동물 전체를 우리 대공원이 인수하기로 계약을 맺었고, 북극곰 한 쌍도 그때 들어왔다. 우린 이미 한 쌍을 보유하고 있었을 뿐 아니라 동물사 공간의 문제도 있었다. 소형 동물도 아니고 합사가 안 되는 맹수 4마리를 좁은 내실에서 관리하자니 위험할 수 있어서 결국 다른 곳으로 보내기로 했다. 여기저기 전국 동물원에 문의하여 매입 의사를 타진하였건만 곰류 중 하나라고 생각했는지 매입 의사를 밝힌 곳이 한 곳도 없었다. 할 수 없이 외국으로 눈을 돌렸고, 동물 수출입 업체를 통해 중국의 한 사파리공원으로 보내기로 결정했다. 대신 우리 동물원은 얼룩말 한 쌍과 앨더브라코끼리거북 한 쌍을 받기로 하였다. 지금 생각해 보면 거의 헐값이나 마찬가지였다. 얼룩말은 지금까지도 어린이들에게 인기가 많은 동물이지만 우리 동물원은 1992년 이후 거의 10년 동안 보유하지 못했다. 그런 이유로 잉여 동물(?)이었던 북극곰을 내주고 얼룩말을 확보하는데 그 누구도 이의를 제기하지 않았으며 오히려 얼룩말과 거북이 들어온다고 신문 보도까지 냈을 정도였다. 당시 대공원에 남았던 북극곰들은 2014년 마지막 암컷이 폐사하기까지 열악한 동물원 환경 속에서 비교적 오래 살았다. 귀한 동물을 외국으로 떠나보낸 것이 아쉽기도 했지만, 한편으로는 4마리를 다 보유하는 것보다 2마리라도 지닐 수 있는 공간을 확보한 것과 훌륭한 시설은 아니지만 그럼에도 불구하고 천수를 누린 북극곰들에게 미안하면서 고마운 마음이 든다. 그 후로는 우리 대공원에서 북극곰을 더 이상 사육하지 않기로 결정했다. 구입이 어렵다는 이유도 있지만, 지금의 열악한 동물원 환경 속에서는 동물 복지를 더 이상 기대할 수 없다는 직원들의 의견을 받아들였기 때문이다.

동물 탈출! 당황은 금물

지금은 동물 복지를 고려해 폐지했지만 '찾아가는 생생동물원'이라는 기획 프로그램을 운영한 적이 있다. 동물원은 어린이들이 가장 가고 싶어 하는 곳 중 하나지만 몸이 불편한 장애 어린이들은 동물원까지 이동하는 것조차 힘들며 어렵게 동물원에 온다 하더라도 다른 어린이들처럼 동물을 가까이서 보거나 체험할 수 있는 기회를 갖기가 어렵다. 그래서 이 프로그램은 동물원 측에서 토끼, 염소, 원숭이, 뱀 등 가축이나 크기가 작고 길들여진 동물들을 데리고 복지관에 가서 장애 어린이들에게 동물을 보여 주며 먹이 주기 등 체험을 하게 해 주었다. 차를 타고 이동하는 것이 처음인 원숭이들은 멀미를 했다. 여러 방송사와 함께 강동구에 위치한 복지관을 찾았을 때 염소 새끼가 탈출하는 일이 벌어지기도 했다. 어미가 있어 멀리 가지는 않았지만 강당 내에서 이리 뛰고 저리 뛰며 여러 명의 사육사와 함께 동물을 쫓아다닌 해프닝이었다.

동물원에서 동물이 우리 밖으로 나오는 일은 그 동물이 맹수건 아니건 간에 수많은 관람객이 있기 때문에 자칫 큰 사고로 연결될 수 있는 비상 상황이다. 탈출한 동물들은 자기 동물사 주변을 맴돌다 잡히는 경우가 대부분인데, 사실 동물들도 탈출하면 당황하는 것은 마찬가지다. 하지만 사람들 비명과 호각 소리, 쫓는 소리 등으로 오히려 놀라 날뛰거나 엉뚱한 곳으로 가 버리는 경우가 생긴다. 실제 외국에서 벌어지는 대형 맹수들의 탈출 상황을 보면 각종 소음과 소리, 주변 환경에 놀라 방어적 행동으로 사람을 공격하는 경우를 볼 수 있다. 동물이 탈출할 만한 상황을 만들어서는 안 되고 절대로 탈출해서도 안 되지만, 이미 탈출했을 경우에는 침착하게 대응해야 한다. 물론 이론적으로 너무나 잘 알고 있지만 막상 상황이 닥치면 우왕좌왕하게 된다. 이런 상황에 대응하기 위해 매분기별 맹수 탈출에 대비한 모의 훈련을 진행한다. 호랑이나 곰과 같은 맹수의 탈출 상황을 대비한 모의 훈련과 실제 사격을 통해 집중 훈련을 받는다. 나는 가장 중요한 것은 관리자들의 안전 체득화라고 생각한다. 머리로 생각하는 안전이 아니라 몸이 반사적으로 움직이도록 만들기 위해 훈련과 교육을 충분히 반복해 체득해야 하는 것이다.

여하튼 행사 진행 중에 염소 새끼 탈출이라는 소동을 겪기도 했지만 무사히 마칠 수 있었다. 장애 어린이들 중에는 몸만 불편한 것이 아니라 말을 못하거나 앞을 못 보는 등 복합 장애를 가진 어린이도 있었다. 이 아이들에게 동물의 느낌과 소리를 생생하게 전달해 주고 동물의 체온을 통해 살아 있는 따뜻함을 느끼게 해 주자, 어색하지만 환하게 웃는 모습을 보여 주었다. 나는 그 모습이 무척 흐뭇했다. 적어도 그때는 그랬다.

동물원의 동물도 즐겁고 싶다

동물원 사육 업무를 담당하고 있을 때에는 동물 행동 풍부화 관련 국제 워크숍(AETW)에 개인적으로 참가하기도 했다. 필리핀에 있는 야생동물 보호센터에서 실제 보호소 내 야생동물을 대상으로 행동 풍부화를 실천해 보고 긍정 강화 훈련 등 여러 가지를 배우는 프로그램이었다. 특히 호랑이, 코끼리, 물개, 침팬지, 원숭이 등의 동물들이 관리자의 손짓만으로 얌전히 주사를 맞거나 혈액 채취에 응해서 놀랐다. 이처럼 그곳의 관리자들은 너무도 쉽게 동물들을 다루지만 이에 비해 우리나라에서는 동물을 보정 틀에 속박하거나 마취를 하는 것이 현실이다. 그리고 대형 야생동물은 대부분 맹수여서 마취 또는 보정을 하지 않고는 주사 처치나 치료를 할 수 없으며 절대로 동물의 의식이 깨어 있는 상황에서 처치를 하지 않는다. 왜? 당연히 위험하니까.

그러나 최근에는 맹수들이 두 눈 시퍼렇게 뜬 상황에서 과감하게 주사를 놓거나 치료하는 동물원들이 늘고 있다. 그 훈련이 바로 '긍정 강화 훈련'이다. 동물과 관리자 간의 안전과 수의적 처치, 동물의 복지 향상을 위해 실시하는 훈련으로 동물의 반응에 따라 긍정적 자극, 즉 먹이와 칭찬 등으로 기대했던 행동이나 반응이 일어날 확률을 높이는 훈련법이다. 이를 통해 동물의 스트레스와 공격성을 줄이고 관리자와의 관계를 향상시켜 안전하고 건강한 동물 관리가 가능해진다. 서커스 같은 볼거리를 위한 훈련이 아니라 동물과 관리자와의 신뢰를 바탕으로 치료와 행동 교정을 목적으로 훈련하는 동물 복지 프로그램의 일환인 것이다. 외국의 선진 동물원에서는 대부분 진행하고 있으나 시작 단계인 우리나라 동물원에서는 아직도 배우고 익혀야 할 것들이 많다. 하

:: 필리핀에서 열린 국제 워크숍(AETW)에 참석해 동물 행동 풍부화를 배운 뒤 물개에게 적용하고(왼쪽), 같이 참여한 회원들과 회의하는 모습(오른쪽).

지만 조만간 모든 동물원에서 진행될 거라고 기대한다.

워크숍을 마치고 돌아와 적용 가능한 행동 풍부화 프로그램을 하나둘 직원들과 적용해 보았다. 사육 상태에 있는 야생동물들이 건강하고 자연스럽게 행동할 수 있도록 다각도로 지원해 줌으로써 스트레스를 감소시키고 정형 행동을 예방하게 해 주는 동물 복지 프로그램 중 하나다. 염소나 말들이 몸을 긁을 수 있게 솔을 매달아 주는 것부터 시작해 버려진 소방 호스로 원숭이 해먹 만들어 주기, 주운 볼링공을 고양이과 동물사에 넣어 주기 등 큰돈 안 들이고 쉽게 할 수 있는 것부터 해 나갔다. 동물들의 반응은 즉각적이었다. 호기심을 가지고 활동이 늘어나는 것이 눈에 보이니 직원들도 더 적극적으로 동참하게 되었다. 결국 코끼리에게 전용 놀이 시설까지 설치해 주었다. 이 놀이 시설은 등 긁개와 원목 돌리기 세트인데 동국제강으로부터 기증받아 설치한 것이다. 사실 동물원의 예산은 한정되어 있어 외국의 경우 기부금 유치를 적극적으로 하고 있지만 우리나라는 관련법(기부 금품의 모집 및 사용

:: 동물원에서 동물 행동 풍부화를 적용한 모습. 볼링공을 동물사에 넣어 주고, 긁을 수 있도록 솔을 매달아 주고, 해먹을 설치했다.

에 관한 법)에 따른 절차와 규제가 있는 데다 편견과 오해가 많아 활발하지 않은 편이다. 그렇기 때문에 2000만 원 상당의 기증을 받기까지 개인적으로 10여 년 동안 많은 공을 들였다.

　동국제강과의 인연은 1975년 어린이대공원에 처음으로 코끼리 한 쌍을 기증받으면서부터 시작되었다. 하지만 그 이후 서로 어떠한 연락도 취하지 않았고 우리 대공원만 당시의 내용을 담은 사진과 기록을 가지고 있을 뿐 정작 동국제강 측에서는 이런 사실조차 모르고 있었다. 그런데 2002년 우연히 연락이 이어지면서 과거의 사실들을 동국제강 측에서 알게 되었다. 1975년에 동국제강 측으로부터 기증받은 코끼리 한 쌍 중 암컷과 새끼는 이미 폐사했고 수코끼리만 홀로 남아 있었다. 그래서 나는 다시 한 번 기증을 부탁하기 위해 용감하게(?) 연락을 취했던 것이다. 동국제강 측은 당장 기증을 진행하는 것을 어려워하면서도 이런 역사적 사실이 있었다는 자체만으로 자랑스러워했다. 그리고 이 사실을 사보에 실어 직원들에게 알리기 위해 1975년 당시의 코끼리 반입 과정에 대한 취재를 요청해 왔다. 그 이후로는 개인적인 연락만 취하게 되었다.

　그러다 2011년, 홀로 남은 수컷이 폐사하면서 코끼리 반입 당시의 사연과 함께 언론에 내보낸 기사를 보고 이번엔 동국제강 측에서 먼저 연락을 해 왔다. 그래서 좀 더 구체적인 이야기가 오고갈 수 있었다. 우리는 당시 캄보디아에서 들여온 다른 코끼리 한 쌍이 있었는데 코끼리들의 무료함을 예방하고 활동성을 주기 위한 유희 시설이 필요하다고 요청했다. 그리고 어떤 식으로든 동국제강과 인연을 이어 가고 싶다고 설득한 결과, 국내 최초 코끼리 전용 유희 시설을 기증받아 설치하게 되었다. 외국의 자료를 참고하고 국내 전문가 자문 회의를 거쳐 세부 규격과 설치 안을 결정하여 설치한 유희 시설은 누구보다 코끼리들이 먼저 알아보고 지금까지 애지중지 잘 사용하고 있다. 특히 코끼리 전

:: 코끼리 전용 놀이 시설(등긁개와 원목 돌리기 세트)로 코끼리가 가려운 부분을 긁거나 원목을 돌리는 모습.

용 효자손인 등긁개를 사용하는 모습은 너무나 자연스럽다. 이를 통해 동물을 위하는 진정한 복지가 무엇인지 직원들뿐만 아니라 시민들에게도 전할 수 있었다.

노후되고 동물 생육 환경에 맞지 않은 동물사를 리모델링한 적도 있다. 4억 4000만 원이라는 턱없이 부족한 예산으로 열대 동물관 전체를 리모델링하는 것은 시작부터 무리였다. 그러나 어렵게 얻은 예산이고 이번 기회가 아니면 바꿀 수 없다는 것을 알기에 동물사 외관은 그대로 두고 전기 선로 작업과 석면 교체 및 조경 작업 등 꼭 해야 할 공사만 하고 나머지는 직원들 몫으로 진행하기로 했다. 국내 어느 동물원도 동물사 리뉴얼 시 충분한 예산을 지원받은 적이 없었다는 말을 위안으로 삼으며 열심히 작품 한번 만들어 보자는 뜻에서 최선을 다했다. 우선 설계 단계부터 사육사들을 참여시켜 함께 다른 동물원을 견학 다니면서 꼭 해야 할 부분과 하지 말아야 할 부분 등 성공과 실패 사례를 수집했다. 외국 동물원의 사례도 찾아보았으며 틈틈이 열대 동물들의 특징을 새로 공부하고 토론하면서 정보를 모았다.

어느덧 대부분의 공사는 끝나 가고 우리들의 몫인 동물사 환경 꾸미기에 들어갔다. 계획을 세워 20여 일 남은 재개관일에 맞추어 진행하면서 무엇보다 쾽하고 삭막한 동물사를 친환경 동물사로 탈바꿈하기 위해 집중했다. 커다란 나무 옮기기부터 시작해 나무대를 설치하고 앵무새들을 위한 나뭇가지를 잇는 작업, 긴팔원숭이를 위한 줄 이어 달기, 동물 발 보호를 위해 우드칩과 모래로 바닥재 덮어 주기, 동물 사 생활 보호를 위한 둥지와 집 만들어 주기, 매달리거나 기어오르는 동물의 행동 습성을 고려해 벽체에 그물망과 줄 매달기 등등의 작업이 짧은 시간 안에 계획대로 진행되었다. 본연의 업무 외에 매일 오후 두세 시간씩 진행되는 노동에 가까운 일임에도 불구하고 남녀 사육사 모두 동참해 같이 일했다. 평소에도 동물을 위한 일들을 하지만 잔가지 나르는 수준을 넘어 커다란 나무을 옮기는 작업, 그것도 장비 없이 맨손으로 일을 해야 하는 상황에도 불평 없이 모두 적극적으로 참여했다. 다른 부서의 직원들도 보통 때보다 더 많은 도움과 지원을 해 주는 등 모두가 동물을 위한다는 한마음으로 힘을 모았다.

작업은 재개관일에 맞추어 사고 없이 잘 마무리할 수가 있었는데 당초 생각했던 작품의 질적인 부분에서 예산 대비 대만족이었다. 동물들을 새로 지은 동물사로 옮기면서 동물 종간 합사 문제라든지, 탈출 문제, 환경 적응 등을 우려했는데 동물들이 기대 이상의 반응을 보여 그동안의 고생을 보상해 주었다. 가장 염려했던 12종 60여 마리에 달하는 대·중·소형 앵무새들의 영역 싸움도 일어나지 않았다. 이전보다 자연스럽고 넓어진 공간도 이유지만, 리모델링하는 동안 좁은 공간 속에 격리되어 불편하게 생활하다 맘껏 날갯짓을 하며 날 수 있게 된 자유로움과 약자를 배려해 만들어 놓은 숨은 공간이 결정적인 이유가 아닌가 생각한다. 며칠 지나고 나서는 자연스레 각각의 영역이 정해지고 서로서로 영역을 지키면서 생활해 나가는 모습을 볼 수 있었다. 또 직원들이 손수 깎아 만든 통나무 새집에도 들어가면서 점차 안정을 찾는 모습을 확인할 수 있었다. 다른 동물들(네이키드몰랫, 나무늘보, 트리포큐파인 등)도 새로운 보금자리에 만족한 듯 임신하거나 적극적인 움직임을 보이며 기대 이상으로 빠르게 적응했다. 공원에 근무하면서 여러 번 리뉴얼을 해 봤지만 이때처럼 정말 빠듯한 예산으로 전 직원이 참여했던 적은 없었다. 혼자의 힘이 아닌 직원들과의 뜻과 힘을 모아 만들어 낸 동물사이기에 그만큼 느끼는 바도 많고 만족도 컸다.

동물 복지, 머리로만 알던 것을 마음으로 느끼기까지

내가 동물 복지를 공부하게 된 계기는 특별하지 않다. 그저 10년 넘게 동물원 근무를 하면서 지루함에서 벗어나고자 박사 과정에 진학했기 때문이다. '동물 복지'라는 분야가 다소 생소했지만, 가끔 신문 지면에 기고되는 동물 복지 이야기가 흥미로웠다. 그 글을 쓰신 분은 나의 지도 교수인 김진석 교수님이었다. 교수님은 수의독성학을 공부하였고 그 분야 교수가 되어 후배 양성까지 하셨다. 그런데 아이러니하게도 동물 실험은 사람을 살리기 위한 것이지만 과연 동물과 인간의 생명을 두고 무엇이 더 귀중하다고 할 수 있는지 의문이 들었고, 동물 이용 연구의 부정확성을 연구 현장에서 직접 목격하는 등 길고 긴 갈등과 고민이 있었다고 한다. 결국 동물 이용에 대한 연구를 접고 대안 방법을 연구하는 방향으로 선회하면서 동물 복지에 입문하게 되었다고 한다.

처음 교수님을 찾아뵙고 동물 복지를 공부하겠다고 했을 때, "동물 복지는 배고픈 길이며 수의사에게는 어쩌면 득보다 실이 많을 거야"라고 해 주신 말이 지금도 기억난다. '배고픈 길'이라 함은 정의로운 일이라는 말일 테고, '득보다 실이 많다'라는 말은 달리 해석하면 반드시 해야 하는 필수 학문이라는 뜻이 아닐까? 그래서 교수님이 수의사로서 꼭 해야 할 학문이라는 이야기를 돌려서 한 게 아닌가 하는 생각이 들었다. 전 세계적으로 동물 복지 전문가 중 수의사는 드물다고 한다. 교수님도 처음 국제동물복지학회에 갔을 때 의아한 눈총을 받고, 동료로 받아 주지 않는 등 소위 왕따를 당했다고 한다. 수의사라는 직업이 동물을 직접 다루기 때문에 동물 복지 문제와 관련해서는 가장 밀접하면서 민감하게 다가갈 수밖에 없는 직업군 중 하나이기 때문일 것이다.

나는 박사 과정에 진학하고 수많은 동물 복지 관련 책을 접하면서 동물에 대한 생각이 바뀌었다. 또한, 오랫동안 동물원에 근무하면서 동물원의 상황을 알고 있기에 전국 동물원을 돌아다니며 동물원 현황과 동물 복지의 현주소를 확인할 수 있었다. 덕분에 국내 동물원 동물 복지 박사 1호라는 부담스런(?) 타이틀을 얻게 되었다.

그러나 그동안은 머리로만 동물 복지가 뭔지 알고 있었지, 가슴으로 깨닫고 느꼈던 것은 아니었나 보다. 나에게는 '똘이'라는 이름의 반려견이 있었다. 동물의 죽음을 수도 없이 봐 온 상황이라 어떠한 죽음 앞에서도 담담할 거라 생각했지만 13년 동안 함께한 시간이 결코 짧지 않았는지, 똘이의 갑작스런 죽음은 나를 어찌할 바 모르게 만들었다. 그때 모교로부터 동물 복지 프로그램의 활성화를 위해 도움을 달라고 요청해 왔다. 실험동물 수를 줄이고 대체할 수 있는 '반려동물 시신 기

:: 13년 동안 함께한 반려견 똘이.

증 프로그램'의 국내 첫 반려견 시신 기증자가 되어 달라는 것이었다. '이런 냉혈한들을 봤나!' 모르는 사람이었다면 정말 한 대 후려갈기고 싶은 마음이었다. '어떻게 그런 심한 요청을 할 수 있지?'

사실 학부 때만 해도 해부학 시간을 좋아했고 수많은 실험동물을 함부로 죽이고 실험했다. 그것이 조직·병리학 실험실에 오래 있을 수 있었던 이유였는데 시신 기증 아니, 우리 똘이를 기증해 달라는 말 한 마디에 나의 가슴과 머리가 분리되고 그동안 공부했던 것들이 한순간에 무너지는 느낌을 받았다. 힘든 결정을 하기까지 한동안 눈물 콧물 범벅이었고, 마음에 상처까지 입으며 동물 복지를 공부한 것을 그렇게 후회한 적이 없었다. 동물 복지 공부를 하지 않았더라면 이율배반적인 나의 언행에 일말의 죄책감도 없었을 것이다. 그런 일들을 겪고 나니 조금씩 마음에 변화가 온 것 같다. 동물을 바라보는 시선이 의무감과 책임감에서 벗어나 자연스러워졌고, 동물원에서 근무하는 나에게 좋은 건지 나쁜 건지 모르겠지만 동물원 동물들이 불쌍해 보이기 시작했다.

국내 동물원 동물 복지에 대한 사회적 경각심을 불러일으킨 계기가 있다. 2001년 시민단체 하호에서 《슬픈 동물원》이라는 국내 최초 동물원 보고서를 발간했다. 이 보고서는 국내 최대 동물원에 소속된 동물들의 현실을 시민들 눈으로 바라본 일종의 고발 보고서다. 서식지 환경을 고려하지 않은 비좁은 콘크리트 환경 때문에 동물들이 이상 행동을 하거나 질병을 얻는 등 열악한 현실을 만방에 드러냈다. 우리나라에서 가장 큰 동물원조차 그런 상황이니 다른 동물원의 사정은 말할 것도 없었다. 이 보고서를 통해 동물 복지 문제가 국민적 관심을 받았고 사회 문제로 부각되었으며, 동물원 동물 관리 체제가 변해야 한다는 당위성이 제기되었다.

이후로 동물원 동물 복지를 위한 새로운 시도가 진행되는 등 변화하는 듯했으나 부족한 예산과 지속적 관심 부족으로 동물사 환경 개선은 흐지부지되고 동물원 동물들의 생활은 계속해서 열악하고 불량해졌다. 게다가 동물의 서식지 환경보다 동물 그 자체에 초점을 두고 볼거리와 오락에 중점을 둔 경영 방식을 고수하다 보니 동물 학대에 대한 고발과 민원이 끊임없이 일었고 동물원 동물 복지 기준이 정립되지 않은 상황에서 동물원 운영을 규제하는 법을 제정하자는 목소리가 여기저기 흘러나오게 되었다. 2012년 제돌이 방사 건으로 다시 한 번 동물원의 동물 복지에 대한 새바람이 불었다. 그 뒤 크고 작은 동물원의 동물 복지 문제가 사회적으로 거론되었다. 이에 따라 지탄받는 일들이 있어났고 국회의원들의 동물원 관련법 발의도 쏟아져 나왔다. 법 제정만이 동물 복지에 이르는 온전한 방법은 아니지만 결국 동물원수족관법(동물원 및 수족관 관리에 관한 법)이 제정되었으며, 서울시에서는 관람·체험·공연 동물 복지 지침을 수립하기에 이르렀다.

내가 동물 복지를 처음 접하던 10여 년 전에 비하면 국내 동물원 상황도 많이 바뀌었다. 모든 동물원의 동물 복지가 잘 갖춰진 것은 아

:: 동물원 직원들에게 동물 복지 관련 강의를 하는 모습.

니지만, 동물 복지라는 말이 더 이상 낯설지 않고 동물과 관련된 어떠한 분야에서도 익숙하게 사용되고 있기 때문이다. 동물 복지는 동물원 운영의 기본이다. 그러나 동물 복지에 대한 고려는 동물원 역할의 가장 중요한 기반이고 필수 요소지 결코 목표가 되어서는 안 된다. 동물 복지를 다른 말로 동물 행복이라고 한다. 동물 종 개체의 행복도 중요하지만 이제는 종과 개체군이 포함된 생태계 전체의 행복이 보장된 '생물 다양성의 복지'에 좀 더 무게를 두어야 할 것이다. 어쩌면 동물원에 야생동물을 가둔(?) 상태에서 동물의 행복을 논한다는 것이 어불성설일 수 있다. 하지만 오늘날 동물원의 가장 큰 가치와 존재 이유인 '보전'이라는 측면에서 본다면 어느 정도 정당화될 수 있지 않을까? 과거에는 동물을 소개하고 보여 주는 일차원적 동물 관람 업무를 했다면, 이제는 동물 가치와 생물 다양성 보전의 중요성을 알게 되어 생태계 보전과 야생에서 멸종되어 가는 동물들을 보호하고 상황이 안정되면 야생

:: 수의사가 되고 싶은 어린이들과 함께 이야기를 나누는 모습.

으로 돌려보내는 역할을 하게 되었기 때문이다.

　동물에 대한 말도 많고 관심도 많은 요즘, 어린이들을 대상으로 동물과 관련한 이야기를 들려줄 기회가 전보다 많아졌다. 수의사 직업 설명회, 동물원 이야기 등 이런저런 행사에도 불려 다닌다. 예전엔 주로 어른 대상으로 발표와 강의를 했었다. 반응은 느리고 엉뚱한 질문도 많지만 어린아이들에게 제대로 된 동물 이야기를 전해 주는 것이 어쩌면 더 효과적일 수 있다. 아무리 강조해도 지나치지 않는 것이 '교육'의 중요성이기 때문이다. 동물원 동물에 대한 예절인 관람 에티켓, 동물원 동물에 대한 이야기, 동물원 사람에 대한 이야기로 시작해 동물원 동물 복지, 생태계 보전, 생물 다양성 보전까지……. 세 살 버릇 여든까지 간다고 하지 않았던가?

야생동물과
더불어 살아가기

| 김희종 |

1980년생. 2005년 강원대학교 수의학과를 졸업하고 2011년에 동 대학원 임상수의학(야생동물 의학 전공) 석사 학위를 받았다. 수의장교로 군 복무를 마치고 강원대학교 야생동물구조센터, 국립공원연구원 조류연구센터, 충남야생동물구조센터를 거쳐 현재 대전 오월드에서 일하고 있다. 창녕군 따오기복원센터 자문 위원으로도 활동 중이며 저서로 《수리부엉이, 사람에게 날아오다》(2014)가 있다.

2005년 2월 중순경 나는 대구로 향했다. 일주일 후면 6년의 대학 생활을 공식적으로 마무리하는 행사인 졸업식이 있지만, 난 머리를 짧게 자른 채 군 훈련소로 가야만 했다. 수의사 면허를 취득하자마자 진로에 대해 고민할 필요 없이 그렇게 3년 2개월을 군대에서 보낸 것이다. 장기 복무자로 군대에 남겠다는 생각은 일찌감치 접어 두고 제대 후 무엇을 할지 3년 내내 고민했다. 중학교 1학년 때부터 가졌던 수의사라는 꿈은 이뤘지만, 어떤 수의사로 살아갈 것인가에 대한 결론을 내리기는 정말 어려웠다. 동물을 직접 다루고 치료할 수 있는 임상 수의사가 되는 쪽으로 방향을 잡았지만 그 대상이 되는 동물을 정하지 못하고 있을 때, 문득 남들이 가지 않는 길을 가고 싶다는 생각이 들었다. 학부생 때부터 야생동물에 대한 관심이 많았는데 수의사가 되어서도 이어 가고 싶었다. 운이 좋게도 나의 모교인 강원대학교에서는 2006년에 정식 개소한 야생동물구조센터를 운영하고 있었는데 학부생 때 실험실 지도 교수였던 김종택 교수님이 센터장을 맡고 계셨다. 결국 나는 대학원생 신분으로 센터에 들어가 수의사로 일하게 되었다. 그렇게 난 야생동물 수의사로서 첫발을 내디뎠다.

한 달 정도의 적응 기간을 가진 뒤 센터의 구조 신고를 받는 휴대 전화가 내게로 넘어왔다. 그날 새벽 4시경, 나는 춘천 시내의 한 도로에서 차에 치인 고라니를 구조해 달라는 첫 신고 전화를 받았다. 현장에 나가 보니 젊은 남녀가 갓길에 차를 세워 놓고 기다리고 있었고, 그 뒤에는 고라니 한 마리가 쓰려져 있었다. 버둥대며 소리 지르는 고라니를 차에 싣고 센터로 이송한 뒤 응급 처치에 들어갔다. 뒷다리와 앞다리가 하나씩 골절이 된 상태여서 솜 붕대와 압박 붕대로 포대를 해 주려 했다. 무려 2시간 동안 포대만 실시했다!

기본적인 포대법도 제대로 모르는 초짜 수의사였던 탓도 있지만, 무엇보다 고라니는 얌전한 개가 아니라는 점을 간과했었다. 포대가 마무리될 때쯤 고라니가 심하게 발버둥을 쳐 포대를 풀어 버렸다. 나는 한숨을 내쉬며 다시 포대를 해 주어야 했다. 그렇게 서너 번을 반복하고 나서야 간신히 포대를 마칠 수 있었고 그제야 고라니도 나도 잠시 쉴 수 있었다. 진정제를 주사하거나 호흡 마취를 하면 서로 스트레스를 받지 않고 안정적으로 포대를 할 수 있었음에도 나는 고라니의 성격만 탓하며 멍청한 짓을 했던 것이다. 학생 때만도 못한 지식과 기술을 가지고 있던 당시의 나로 인해 제대로 된 치료를 받지 못한 동물들을 생각하면 지금도 한없이 부끄럽고 미안하다.

학부생 때 교수님을 따라다니며 강원도의 백로와 왜가리 번식지를 조사했고 그때 조류 동정이라는 걸 경험할 수 있었다. 쇠백로, 중대백로, 중백로, 황로, 해오라기, 왜가리 등 백로과에 속하는 조류를 현장에서 쌍안경으로 관찰하고 사진을 찍으면서 이들을 구분할 수 있는 특징을 자연스럽게 습득하게 되었다. 하지만 우리나라에는 직접 잡아서 눈앞에 두어도 어떤 종인지 모를 야생 조류가 많이 살고 있다. 당시에는 이 사실을 몰랐다. 그래서 야생동물구조센터에서 일하던 초기에는 난생처음 보는 새들의 종명을 확인하느라 많은 시간을 보내야 했다. 성별은 둘째 치더라도 최소한 내가 치료해야 할 녀석이 어떤 종인지는 알아야 먹이 급여가 가능하기 때문이다. 국내에 서식하는 포유류의 종 수는 그다지 많지 않아 박쥐류를 제외하고는 비교적 동정이 어렵지 않았지만 조류는 달랐다. 맹금류, 물새류, 오리류, 기러기류 등의 분류군으로 나뉘어 있고 그 안에도 수많은 종이 존재하니 1년에 한두 번 보게 되는 드문 종의 새는 이름을 외우기도 어렵다. 나중에 알게 된 사실이지만 우리나라에서 관찰되거나 기록된 조류는 450여 종에 이른다. 이렇다 보니 야생동물 수의사가 되고 난 후 지금까지 내가 가장 즐겨 보는 책 1위가 조류 도감인 것은 당연하다.

멘토와의 만남과 야생동물 수의사로서의 성장

강원대 야생동물구조센터의 하루하루는 빠르게 흘러갔지만 야생동물 수의사로서의 성장은 더디게 진행되었다. 오전 8시부터 10시까지 입원 및 계류 중인 동물에게 먹이를 주고 나서 청소와 간단한 진료를 할 때쯤이면 구조 신고 전화가 울린다. 왕복 두세 시간을 차에서 보낸 뒤

:: '진짜' 야생동물 수의사 김영준 선생님과의 인연은
학부생 시절부터 시작되었다.

센터에 복귀하면 구조해 온 동물을 검사하고 정확한 진단도 내리지 못
한 상태에서 치료와 수술을 시도하다 얼마 못 가 동물은 죽고 만다. 이
러한 일상이 몇 달간 반복됐다. 잠시나마 함께 일했던 후배 수의사가
떠나고 실험실 소속 학생들이 돌아가면서 일을 도와주긴 했지만 먹이
구매와 급여, 청소, 구조, 치료, 시료 수집, 행정 일까지 사실상 센터의
모든 업무를 혼자 도맡을 수밖에 없는 상황이었다. 근무 초기엔 센터장
님의 수술을 도우며 배우긴 했지만, 센터장님이 강의와 다른 업무들로
인해 시간이 나지 않을 땐 서툴더라도 혼자서 수술을 해야만 했기에 늦
은 밤까지 센터에 남아 공부도 했다. 그러던 중 《수의사가 말하는 수의
사》의 저자로 참여했던 김영준 선생님을 우연히 센터에서 만나게 됐다.

사실 김영준 선생님은 그 이전에도 몇 번 만난 적이 있다. 본과 3학
년 때 학교 동물병원에서 두루미 수술을 참관한 적이 있는데, 이때 김
영준 선생님과 함께 찍은 사진을 나중에 우연히 발견했다. 그 당시에
나는 이분이 누군지 별로 관심이 없었다. 이후 수의장교로 군대에 있
을 때 문화재청에서 주관하는 '천연기념물(야생동물) 구조·치료 및 관

리' 교육에 참여할 기회가 있었는데, 그때 대부분의 강의를 혼자서 진행했던 분이 김영준 선생님이었다. 이때까지만 해도 모교 선배도 아니고 낯을 좀 가리는 내 성격 탓에 적극적으로 인사를 나누지 못했다. 이후 《수의사가 말하는 수의사》라는 책을 통해 김영준 선생님이 어떤 사람인지 알게 되었고, 아무것도 제대로 하고 있지 못했던 '가짜 야생동물 수의사'인 내가 진짜 야생동물 수의사를 야생동물구조센터에서 만나게 된 것이다.

자주 닥치는 상황은 아니었지만 그래도 인터넷과 전화 등을 통해 혼자 해결하기 어려운 상황이나 진단에 대해 김영준 선생님으로부터 조언을 구하며 하나둘씩 배워 갈 수 있었다. 한번은 해외 야생동물 관련 콘퍼런스에 참가하여 일주일 동안 한 방에서 함께 지내며 이런저런 대화를 나눌 수 있었는데, 많은 이야기를 들으면서 자연스럽게 야생동물을 대하는 나의 마음과 자세가 달라지기 시작했다. 단순히 눈앞에 보이는 상처만 치료하기에 급급했는데 어느 순간 그 동물이 야생에서 어떻게 살아가고 있는지 궁금해졌고, 생태적 관점에서 동물을 이해하려고 노력하기 시작한 것이다. 그 시점부터 센터에서 관행처럼 해 오던 많은 일이 잘못되었음을 깨닫게 되었다. 야생동물구조센터에서 일했던 경험과 경력을 발판 삼아 동물원에 취직하고 싶은 마음도 있었지만, 야생동물을 알아갈수록 동물원 동물이 아닌 야생의 동물을 더 경험하고 싶어졌다. 이런 마음과 여러 가지 현실적인 문제로 인해 결국 1년 반 정도 지냈던 강원대 야생동물구조센터를 떠나게 되었다.

집으로 내려와서 마냥 놀 수만은 없기에 집 근처에서 동물병원을 운영하는 선배 형에게 부탁해 다른 곳에 취직하기 전까지 그곳에서 지낼 수 있게 되었다. 개나 고양이 진료를 볼 때 옆에서 보조 역할을 하며 지내던 중 한번은 어떤 분이 길에서 다친 비둘기를 구조했는데 치료가 가능하냐고 병원에 전화를 걸어 왔다. 선배 형은 처음엔 어렵다고 말했다가 내가 야생 조류를 치료할 수 있다는 것이 떠올라 비둘기를 데려와 보라고 말을 바꿨다. 새를 잘 모르고 심지어 무서워하는 선배 형은 일반인이 데리고 온 비둘기 진료를 나에게 맡겼다. 동물병원에 흡입 마취기가 없었기에 주사 마취를 한 상태에서 찢어진 피부를 봉합한 뒤 비둘기를 데리고 온 분에게 다시 건넸다. 그러고는 치료비로 1만 원을 받았다. 태어나서 처음으로 동물을 치료하고 받은 대가였다. 하지만 실제 비둘기의 보호자나 주인이 아닌 사람에게 돈을 받았다는 사실이 기쁘지만은 않았다.

매일 새로운 경험과 광경의 연속, 철새들의 쉼터 홍도

동물병원에서 야생동물 책을 보며 시간을 보내던 중에 김영준 선생님으로부터 연락을 받았다. 국립공원관리공단의 조류연구센터라는 곳에서 수의사를 구하는데 일해 볼 생각이 있는지 물었다. 근무지는 전남 목포에서 배를 타고 2시간 30분을 가야 도착할 수 있는 홍도! 고민을 좀 했지만 아직도 내 머릿속에 남아 있는 김영준 선생님의 말 한마디에 홍도로 향하는 배를 타기로 결정했다. "나 같으면 간다!"

조류연구센터가 위치해 있는 홍도는 탐방객(국립공원 직원들은 섬에 관광 온 사람들을 탐방객이라 한다)들에겐 훌륭한 장소일지 몰라도, 외지인이 장기간 살기에는 오랜 적응이 필요한 곳이다. '세상 참 좁다'라는 말을 이때 실감하게 됐는데, 조류연구센터에 근무하고 있던 연구원들 중 한 명이 강원대 야생동물구조센터에서 일하고 있을 때 우연히 철원에서 만나 인사를 나눴던 사람이었다! 지금도 친하게 지내고 연락하는 조류학 박사이자 형인 이 연구원 덕분에 홍도에서의 시간을 어렵지 않게 보내며 보다 많은 걸 배울 수 있었다. 기초적인 새 동정법부터 철새란 무엇인지, 그들은 왜 힘든 이동을 하는지, 어떤 새가 어디에서 오고 어디로 가고 언제 와서 언제 가는지를 말이다. 머나먼 여정에서 잠깐 쉬며 굶주린 배를 채우는 휴게소 같은 곳이 홍도였다. 자고 일어나면 어제는 듣지 못했던 수십, 수백 마리의 철새 울음소리가 들리고 난생처음 보는 새들의 행동을 발견할 수 있는 등 매일 새로운 경험과 광경의 연속이었다.

조류 생태 조사, 정확히는 개체 수 조사 방법에 대해서도 이때 처음 알게 되었고 새들의 도래 시기, 개체 수, 종 수 등과 같은 자료를 축적해서 기후 변화와 같은 다양한 주제와 접목해 연구를 진행할 수 있다는 사실도 알게 되었다. 그리고 새 포획용 그물(일명 안개 그물)의 설치와 사용법, 그물에 걸린 새를 안전하게 떼어 내는 방법, 소형 참새목 조류의 핸들링 요령 등 일반 수의사는 경험할 수 없는 일들을 직간접적으로 배울 수 있었다.

기관의 특성상 연구원들은 매년 연구를 계획하고 연말에 그 연구 결과를 발표하며 성과를 공유했는데, 나는 조류 질병과 관련된 연구를 맡게 되었다. 20그램도 채 안 나가는 아주 작은 새에게서 소량의 혈액 시료를 수집한다는 것은 마냥 어려울 것만 같았고, 처음엔 새를 보정하는 것조차 익숙하지 않아서 힘들었다. 하지만 반복하다 보니 혼자서도 안전하게 새를 다루며 어렵지 않게 채혈할 수 있을 만큼 성장할 수 있었다. 강원대 야생동물구조센터에서 지낼 때 200그램 정도 나가는

:: 흑산도에서 다리를 다친
삑삑도요를 진료하는 모습.

새를 채혈하느라 끙끙대던 내 모습과 비교하면 장족의 발전이었고 그 곳 조류연구센터가 아니었다면 단기간에 능숙하게 작은 새를 다루는 능력을 갖기 어려웠을 것이다. 살아 있는 새를 치료하거나 연구를 위해 시료를 수집하는 일 외에도 안타깝게 죽은 조류의 사체를 틈틈이 해부 하면서 책에서만 보던, 혹은 책에서는 볼 수 없는 새의 장기와 그 특징 들을 사진으로 남길 수 있었다.

8개월 정도 홍도에서 지내다가 흑산도에 새롭게 센터 건물을 짓고 이사를 가게 되었다. 조류연구센터를 떠나기 전 1년 동안은 흑산도에 서 지냈다. 기름에 오염된 아비, 통발어구 안에 갇혀 탈출하지 못하던 조롱이, 어망에 걸린 바다쇠오리 등 기본적으로 사고를 당한 철새의 구 조와 치료 업무를 담당했고, 조류 질병 연구도 병행했다. 가락지 부착 조사 과정에서 조류 폭스 바이러스 감염이 의심되는 새의 병변을 수집하고 조사했는데, 그동안 외과적 치료에만 주로 관심을 가지며 공부해 오다 야생 조류와 관련된 질병 자료와 논문을 찾아보고 조사하는 일도 상당히 재미있고 중요한 부분이라는 것을 알게 됐다. 1년 8개월을 조류연구센터에서 지내며 수의사만이 할 수 있는 여러 가지 일을 구상했다. 장기적인 연구 계획과 목표를 세운 뒤 그 첫 단추를 끼우고 있을 즈음 섬에서 계속 지내기 어려운 현실적인 문제가 닥쳤다. 결국 나는 또다시 이직을 하게 되었다.

실수와 후회의 순간들을 반복하지 않기 위해

섬에 귀양살이(?)를 보낸 당사자이면서 다시 육지로 돌아갈 자리를 마련해 준 사람 역시 김영준 선생님이었다. 충남야생동물구조센터에 수의사 자리를 만들어 함께 일할 수 있는 기회를 준 것이다. 야생동물 구조센터에서 다시 일하게 되었지만, 생태적 관점에서 새에 대해 더 많은 공부와 경험을 한 뒤라 치료와 재활, 방생에 대한 접근 방식이 그전과는 달라져 있었다. 그러나 1년 반을 새만 다루며 지냈던 탓에 포유류를 다루고 치료하는 감각을 되찾는 데 다소 시간이 필요했다. 한번은 수술을 하기 위해 수달을 마취하는 과정에서 사고를 냈다. 흡입 마취를 하기 위해 기관에 삽관을 해야 했는데 식도로 넣은 것이다. 잠수를 잘하는 수달의 특성상 무호흡이 생길 수 있다는 사실을 너무 믿고 있었기에 몇 분 동안 삽관을 잘못했다는 사실을 알아채지 못했다. 그리고 뒤늦게 이상을 알아차렸지만 결국 호흡이 돌아오지 못하고 말았다. 그렇게 나의 실수로 허무하게 한 생명이 사라졌다는 사실에 내 자신이 너무 한심스러웠다. 하지만 매일같이 구조되는 동물들을 검사하고 치료하느라 스스로를 책망하며 지낼 여유가 없었다. 구조된 야생동물이 초보 수의사의 실습용으로만 끝나지 않도록 아침부터 늦은 밤까지 센터에 남아 부단히 노력하고 공부하면서, 그리고 멘토가 되어 주며 많은 것을 알려 주는 선임 수의사와 함께 일하며 더 많은 지식과 경험을 쌓을 수 있었다.

야생동물, 특히 야생 조류를 치료하며 살고 있다는 소문이 나면서 타 지역에 있는 수의사 동기, 선후배들에게 종종 연락이 오곤 했다. 센터에서 교육 조류로 지내고 있는 '매종이'라는 이름의 매도 인천의 한 동물병원에서 인계받은 녀석이었다. 나는 기본적으로 야생동물에게 정을 주지 않고 따로 이름을 지어 주지도 않는다. 정을 주다 보면 치료가 불가능하다고 판단되거나 자연으로 돌아가 스스로 생존이 불가능한 장애가 생긴 야생동물을 안락사해야만 하는 경우 주저하게 되기 때문이다. '매종이' 역시 자연으로 돌아가 생존하기 어려운 장애를 가진 야생 조류지만 나에게 특별한 존재라 정을 주고 내 이름의 끝 자인 '종'을 붙여서 '매종이'라고 부르게 되었다.

그 이유는 이렇다. 매종이는 인계받았을 당시 동물병원에서 머무는 동안 깃이 일부 손상된 것 외에는 특별한 문제가 보이지 않았다. 원인은 정확히 알 수 없었지만 어린 개체고 제대로 날지 못하는 문제만 있는 상태여서 단순 탈진 상태라 진단하고 야외 계류장의 좁은 공간에 두고 지켜보기로 했다. 그런데 그 와중에 질병이 생겨 버린 것이다. 그 시기에 센터 직원 모두는 다른 새끼 동물들을 돌보느라 정신이 없었고, 계류장이 모자랄 만큼 입원과 관리 중인 동물 수가 과포화 상태였다. 그래서 매종이는 한 달 넘게 무관심 속에서 지내다가 부적절한 횟대와

:: 필자와 각별한 유대감을 맺은 매종이. 항상 미안하면서도 고마운 마음이 든다.

환경, 과잉 영양 공급으로 수족피부염이라는 질병이 양쪽 발바닥에 발생하고 말았다. 다행히 상태가 심하지 않아 비수술적 치료를 진행하며 야외 계류장에 계속 두고서 관리를 했다. 그런데 치료를 위해 발에 포대를 해 둔 것이 화근이었다. 양발의 세 번째 발가락 인대가 손상되어 전혀 굽힐 수 없는 상태가 된 것이다. 어린 매라서 사냥 능력도 뛰어나지 못한 데다가 사냥할 때 가장 중요한 부분인 발가락에 장애가 생겨 결국 야생으로 돌아가기 힘들게 돼 버렸다.

내 잘못이 제일 컸고 안락사를 하기엔 너무나 미안했기에 대신 센터의 교육 조류 역할을 부여하기로 결정하고 훈련을 진행했다. 책상 옆자리에 두고 센터 당직실에서 함께 잠을 자기도 하면서 나에 대한 두려움을 없애고 믿음을 심어 줄 수 있도록 노력했다. 결국 매종이는 아무런 줄이 묶여 있지 않은 상태에서 자유롭게 비행하다가도 내가 부르면 다시 돌아오는 수준까지 발전하게 되었다. 매종이는 개나 고양이 같은 반려동물은 아니지만 다른 야생동물과는 달리 특별한 사이가 되어 함께 지낼 수 있었다.

야생동물이 사람들과 더불어 건강하게 살아갈 수 있도록

총에 맞아 날개가 부러진 흰꼬리수리, 전선에 걸려 날개막 인대가 찢어진 독수리, 낚싯바늘을 삼켜 굶어 죽기 직전에 발견된 괭이갈매기, 덫에 걸려 다리가 절단된 삵, 납 조각을 먹고 중독된 큰고니 등 다양한 원인으로 구조된 동물들의 진료와 수술에 전념하고 있던 무렵, 내 위치에 변화가 생겼다. 수의학적 치료뿐만 아니라 야생동물의 재활, 생태 연구, 교육, 심지어 계류장 건축도 직접 진행하며 이끌어 준 멘토이자 선임 수의사인 김영준 선생님이 이직을 하게 된 것이다. 그렇게 난 자연스럽게 선임 수의사 자리로 올라가게 되었지만, 진료 수의사가 두 달 넘게 채용이 안 되어서 한동안 센터 업무 전반을 두루 살펴봐야 하는 리더 역할과 구조된 동물의 치료를 담당하는 진료 수의사 몫을 병행해야 했다. 엎친 데 덮친 격으로 그 기간 동안 한 번도 경험해 보지 못한 골절 부상 동물들이 구조되어 수술에 대한 부담감이 더 커졌다. 아래턱이 부러지고 동시에 앞다리와 뒷다리도 골절됐던 너구리, 오훼골과 쇄골, 대퇴골이 동시에 부러진 수리부엉이가 그랬다. 혼자라서 더 신중하게 접근하고 집중한 결과일까? 다행스럽게도 이 녀석들은 모두 수술 결과가 좋아서 건강을 회복했고 다시 자연으로 돌아가게 되었을 때 감격스럽고 뿌듯하여 내 자신이 참 자랑스럽게 느껴졌다.

우리나라에서 멸종된 종이자 태어나서 한 번도 본 적 없었던 따오기의 날개와 다리를 수술해 다시 날고 걸을 수 있도록 만들어 준 특별한 경험도 했다. 조류연구센터에서 근무할 때 함께 근무했던 동료 연구원이자 호형호제하며 지냈던 조류학 박사님이 따오기복원센터로 이직하면서 사육 중인 따오기 건강에 문제가 생기면 종종 나에게 연락을 했는데 수술까지 부탁받게 된 것이다. 그 당시 따오기복원센터에는 증식된 따오기 개체 수가 그리 많지 않았고, 가격으로 그 가치를 매기면 따오기 한 마리가 억대에 이른다는 관계자의 말에 부담감도 컸다. 하지만 장애를 가진 채 살아가게 하기보단 수술이 가능한 상황이라면 당연히 치료를 하는 것이 맞다고 생각했고, 다행히도 수술과 회복이 잘되어 그 따오기들은 지금도 잘 지내고 있다. 그전까지 그곳에 근무하던 직원들 대부분은 새의 날개나 다리가 부러지면 수술이 어려워 다시 회복될 수 없고 절단만이 유일한 방법이라고 알고 있었다니 어쩌면 나를 대단하게 봤을지도 모르겠다.

　하지만 야생동물을 치료하고 재활하며 회복시키는 과정은 결코 수의사 혼자만 잘한다고 가능한 일이 아니다. 함께 일하는 재활 관리사들이 없다면 절대 해낼 수 없다. 이들의 공통점은 야생동물이 사람들과 더불어 건강하게 살아갈 수 있도록 열정을 쏟아부으면서 자신이 하고 있는 일에 사명감을 가지고 임한다는 것이다. 이런 마음가짐을 가진 사람들과 함께 일한다는 자체가 나에게는 늘 감사하고 행복한 일이다.

　내 몸에 맞지 않는 옷을 입은 것처럼 느껴졌던 선임 수의사 자리에 조금씩 익숙해지고, 후임 진료 수의사에게 내가 알고 있는 지식과 정보, 기술을 알려 주면서 묘한 기분이 들었다. 어느새 누군가에게 야생동물 의학을 가르쳐 줄 수 있는 위치에 와 있었기 때문이다. 다른 야생동물구조센터에서 일하거나 미래에 야생동물 수의사가 되고 싶어 하는 동료, 후배들이 하나둘씩 생겨나고 그들에게 먼저 그 길을 걸어온 선배 입장에서 조언을 해 줄 수 있다는 사실이 상당히 고무적이다.

사실 야생동물 수의사가 되고자 했을 때 언젠가 나도 후배들에게 야생동물 분야에서 수의사가 하는 일을 알리고 더 많은 수의사가 나와 같은 일을 하며 함께 토론하고 얘기했으면 좋겠다는 바람을 가졌다. 지금은 야생동물구조센터를 떠나 같은 점도 많지만 다른 점도 많은 동물원에서 일하고 있다. 하지만 이 두 곳에서 일하는 수의사들이 지향해야 할 목적은 같다고 믿는다. 동물과 사람, 그리고 궁극적으로 우리가 사는 자연환경을 건강하게 유지할 수 있도록 고민하고 노력해야 한다는 것이다. 어디서 일을 하든 이런 믿음과 자세로 야생동물과 함께 평생을 보내고 싶은 게 내 작은 소망이다.

치과 전문 병원의 문을 열다

| 김춘근 |

수의학 박사. 이비치동물치과병원 원장으로 일하며 한국수의치과협회장을 맡고 있다.

1970년대에 시골에서 초등학교를 다녔던 사람들은 집에서 닭은 기본이고 오리, 소, 돼지, 염소 그리고 누렁이 개 한 마리 정도 키우는 것이 흔한 풍경으로 기억될 것이다. 쥐, 개구리, 뱀 등의 동물들도 접할 수 있었다. 그중 가장 키우기 쉽고 가족의 단백질 공급원이 되어 준 동물은 닭이다. 당시 시골에는 들끓는 쥐를 잡으려고 곡식에다 쥐약을 버무려서 놓곤 했는데, 문제는 쥐가 아니라 닭이 그 곡식을 주워 먹는다는 데 있었다. 쥐약 먹은 닭이 졸고 있으면 어머니께서는 제단용 가위와 바늘 그리고 누에고치에서 뽑아낸 실(실크)을 준비하고는 닭의 피부와 위를 절개한 후 먹은 것을 제거하고 위 속을 세척하고 실로 봉합해 놓았다. 그러면 신기하게도 반나절 정도 지나면 닭이 쌩쌩해졌다.

당시에는 단순히 닭이 죽으면 알을 더 이상 얻지 못할까 봐 수술을 하는 것이라고 여겼는데, 지금 돌이켜 보면 그때 어머니는 수술을 마친 닭을 따뜻한 방 한구석에 데려다 놓고 수시로 상태를 살피고 물을 먹이며 쓰다듬어 주었다. 아마 집에서 키우는 가축을 소중히 여겨서 그러셨던 것 같다.

내가 초등학교 5학년이 된 다음부터는 쥐약 먹은 닭 수술이 내 차지가 됐고, 다른 개와 싸우고 들어와 피부가 찢어진 우리 집 누렁이의 상처 봉합도 내가 집도(?)하게 됐다. 지금 기준으로 보면 모두 불법 진료지만 그 시절에는 읍내에 동물병원이 없었고, 있다 하더라도 쥐약 먹은 닭과 물려서 다친 개의 상처를 치료해 주지도 않았을 것이다.

초등학교 6학년 여름 방학 때는 동물 표본을 채취하라는 생물 과제가 있었다. 어린 나이에 아무리 생각해도 좋은 방안이 떠오르지 않아서 개구리 골격 표본을 만들기로 작정했다. 논에 사는 개구리보다 산의 개구리가 더 컸기 때문에 뒷산으로 올라가 큰 개구리를 잡은 다음, 깡통에 넣고 푹 삶아 아주 조심스럽게 뼈만 추렸다. 휘발유와 스티로폼을 이용해서 손수 만든 접착제로 그 뼈들을 붙여 제출했는데 당시 담임 선생님이 깜짝 놀라던 모습을 지금도 잊을 수 없다. 어머니로부터 물려받은 수의사 DNA는 무시할 수 없었다.

수의학과 진학과 동물병원 개원

사실 처음에는 아무 목표 없이 수의학과에 진학했다. 나만 그렇지는 않겠지만, 고등학교 졸업 전까지도 어떤 대학에 가서 무엇을 공부하고 어떤 사람이 되어야겠다는 목표를 세우고 심각하게 공부하지는 않았다. 단지 '틈나는 대로 열심히 공부해서 좋은 대학에 가자' 정도만 생각했다. 사실 친구들과 어울려서 노는 쪽이 더 좋은 나이였으니 말이다. 그래서 학력고사 성적이 기대 이상으로 나왔지만 어느 대학 무슨 과를 지망할지 막막했다. 그러던 차에 작은형의 권유로 수의학과에 가게 됐다.

1학년은 전공과 상관없는 교양 수업을 들으며 훅 지나갔고 군 제대 후 2학년으로 복학해 전공 수업을 듣기 시작했다. 그런데…… 세상에 이렇게 재미있는 학문이 있나 싶을 정도로 수의학 공부가 즐거웠다. 전공 수업을 들은 3년 과정이(현재는 수의과대학 과정이 6년이다) 내 인생에서 제일 즐겁게 공부에 집중했던 시기였던 것 같다. 고등학생 때 이 시기처럼 공부했다면 어쩌면 지금은 다른 일(?)을 하고 있을지도 모른다. 이 대목에서 혹시 이 책을 읽고 있는 독자가 과거의 나와 비슷한 상황이라면 참고하길 바란다. 목표가 없거나 성적이 좋지 않아서 미래가 잘 그려지지 않더라도 인생에는 반드시 전환점이 있으니 틈나는 대로 공부해 두면 좋겠다.

동물병원을 개원하여 반려동물 임상 수의사가 되겠다는 목표로만 공부했기 때문에 대학생 시절에 취직 공부를 하거나 시험을 치른 적이 없다. 졸업 후 바로 개업을 원했지만 아무도 내게 지원이나 투자를 하지 않아서 실망이 컸다. 그 뒤 무작정 사회에 뛰어들어 수의사와 무관한 회사에 취직해 현실 세계에 도전했다. 그 치열했던 4년 동안의 사회생활이 지금까지도 나를 버티게 해 주는 크나큰 원동력이 되고 있다. 그렇게 동기들보다 3~4년 늦게 쌍문동에 조그마한 동물병원을 개원했는데 그때는 마치 세상을 다 가진 것 같은 기분이 들었다. 매일 다음 날이 기대되고 설렜다. 개원에만 만족하지 않고 진보된 수의학을 습득하려고 낮에는 진료를 하고 나머지 시간에는 거의 매일 세미나에 참석했다.

미래를 꿈꾸다

개원 후 4~5년 동안 모든 진료 과목을 가리지 않고 분주하게 진료와 공부를 하다 보니 자신감은 점점 충만해졌다. 하지만 어느 날부터인가 나의 미래에 대해 진지하게 고민하기 시작했다. 과연 이대로 병원 운영을 계속하는 게 바람직한지, 병원을 어떤 방향으로 운영해야 하는지 등 갖가지 생각을 했지만 막연한 것들만 떠오를 뿐 뚜렷한 계획은 서지 않았다. 그러던 중 나이 많은 개의 스케일링을 할 일이 있었다. 위턱에서 제일 큰 어금니 뿌리 사이의 치조골에 구멍이 났는데 흔들리지는 않는 상태라 이 치아를 뽑는 쪽이 옳은지 아니면 치료를 하는 쪽이 나은지, 치료를 한다면 어떻게 해야 하는지를 놓고 심각하게 고민했다.

당시 이런 고민을 한다는 것 자체가 환자에게 매우 미안한 마음이 들었고 어떻게든 도움을 주고 싶었다. 한국에 있는 임상 서적을 나름대로 찾아봤지만 뚜렷한 답을 얻지 못했고 궁금증만 더해 갔다. 1990년대에는 인터넷도 활성화되지 않았고 해외여행에도 제약이 많아서 최신 의학 정보는커녕, 4~5년 정도 지난 정보마저 노력하지 않으면 얻기 힘든 시절이었다. 이때 이 환자에 대한 미안함이 나를 수의치과학에 입문하게 해 준 것 같다.

그렇게 치과에 대해 3~4년 정도 책이나 저널을 이용해 공부하던 중 2003년 2월 해외 학회에 가게 됐다. 장소는 라스베이거스였고 학회 이름은 '미국서부수의학회(Western Veterinary Conference)'였다. 해외는 동남아 지역으로 신혼여행을 간 것 말고는 나간 일이 없었고 신혼여행 때는 영어를 못해도 별 상관없었다. 김포에서 로스앤젤레스로 가는 비행기를 타고 기내에서 제공하는 세계 지도를 펼쳐 보면서 한국이 얼마나 작은 나라이고 그중 서울은 보이지도 않는 도시라는 점을 새삼 깨달았다. 그 좁은 나라에서 학연, 지연, 혈연 따져 가며 아옹다옹 살던 지난날을 회상했다. '내가 얼마나 우물 안 개구리로 살았는가' 하는 자괴감이 들었다.

LA 도착 후 학회 일정에 나름 열심히 참가했지만 한국과 시차가 맞지 않아 낮에는 졸음이 쏟아졌고 잘 이해하지 못하는 영어 때문에 집중하기도 힘들었다. 이러다가는 얻는 것이 없겠다는 생각이 들었다. 의료기 전시장을 샅샅이 뒤져서 정보를 얻는 편이 더 현명할 것 같다는 생각이 들어서 그 뒤로 전시장을 찾아다녔다. 당시 전시장 규모는 제대로 보려면 3일을 꼬박 다녀야 할 정도로 컸는데 교과서에서만 볼 수 있던 의료기와 약품들이 눈앞에 펼쳐져 있으니 마냥 신나고 신기하기만 했다. 전시에 참여한 업체들이 무료로 나눠 주는 저널들과 샘플들 그리고 온갖 잡다한 관련 자료들을 챙기다 보니 귀국길 가방은 엄청 무거워졌고 가방 무게만큼이나 나의 마음도 무거워졌다. 이유는 하나, 영어 때문이었다.

나는 미국까지 찾아갔지만 제대로 의사소통도 하지 못하고 남들이 웃을 때 왜 웃는지 몰라 어색한 미소만 지어야 했다. 이런 경험을 하

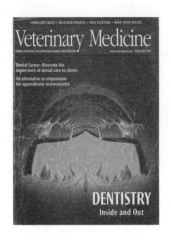

:: 필자가 치과 분야에 집중하도록 만들어 준 수의학 저널. 필자에게는 가보와 마찬가지다.

지 않은 이들은 내가 느꼈던 자괴감을 모를 것이다. 그때의 자괴감을 곱씹으며 한국에 돌아온 뒤 영어 공부를 계획하고 회화 새벽반에 바로 등록했다. 1년 동안 개근으로 다닌 후 인사와 묻고 답하기 정도는 할 수 있게 됐지만 나이 마흔이 넘어서 시작한 영어 회화 공부가 수월하지만은 않았다. 외국어는 어려서부터 접해야 한다는 생각이 들었다. 이 책을 읽는 분들께 감히 한마디 조언하자면, 영어 회화를 잘하고 국가에서 발급하는 전문직 면허증을 갖고 있으며 뚜렷한 목표 의식을 지니고 있으면 어떤 분야라도 세계에서 인정받는 일이 가능하다.

어쨌든 당시 영어 때문에 무거운 마음으로 집에 돌아와 짐을 푸는데 갑자기 저널 한 권이 눈에 들어왔다. 미국에서 발행되는 수의학 저널인데 그 달의 특집 주제가 '치과'였다. 이 저널을 정독하는 순간 머릿속에 번개가 치는 듯한 전율이 스쳤고 이때부터 치과 분야에 깊이 빠지게 됐다. 지금도 그 저널을 가보처럼 보관하면서 초심이 흔들릴 때면 꼭 다시 들춰 보고는 한다. 지금 보면 평이하고 기초적인 내용이지만 그때는 나의 심금을 울렸고 치과에 대해 더욱 설레게 만들어 주었다.

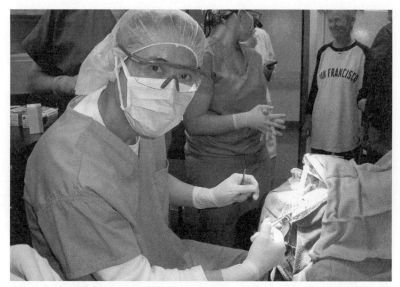

:: 미국 연수 중 하이에나 치과 수술을 하던 모습.

그 뒤 수의 임상을 좀 더 체계적으로 공부하고 싶어서 대학원에 등록했다. 내 나이 마흔 살 때였는데, 벌써 띠동갑을 넘어선 젊은이들과 같이 공부한다는 데에 걱정도 됐지만 마음이 설레기도 했다. 마치 다시 대학생이 된 기분이었다. 그렇게 8년 동안 소동물 치과학을 주제로 석사와 박사 학위를 취득했다. 이 기간 중 2008년에 캘리포니아대학교 데이비스 캠퍼스(UC Davis)의 치과와 구강외과 단기 연수를 다녀왔다. 출발 전 나의 포부는 'UC 데이비스의 최첨단 치과 진료 방법을 모두 습득하고 오겠다'였다. 그런데 내가 생각한 최첨단 치료법도 살필 수 있었지만 가장 기본적인 치과 진료 과정도 빠짐없이 수행하고 있어서 깜짝 놀랐다.

예를 들면 거의 모든 환자는 흡입 마취를 하고 항상 치아 전체 엑스레이를 촬영하며 철저한 구강 검사와 기록을 하고 있었다. 이 진단 과정이 약 1시간 정도 소요된다. 참고로 한국에서 1시간이면 스케일링이 끝날 시간이며, 물론 완벽한 진단은 못한다.

어떤 노령견은 이빨 전체를 발치했는데 마취와 수술에 5시간 정도 걸렸다. 이때 놀란 점과 의문점은 '이빨을 한꺼번에 다 뽑아도 되나?' 그리고 '나이 든 개를 저렇게 오래 마취해도 되나?'였다. 수술 후 담당 주치의에게 물어봤더니 이 환자는 마취 전 검사를 통해 충분히 수술이 가능한 상태라고 보았고, 마취를 나눠서 두 번 하는 것보다는 길게 한 번 하는 것이 더 적합하다고 판단했단다. 또 세련된 통증 관리를 통해 수술 받는 반려동물의 통증과 스트레스를 최소화하기 때문에 마취 상태가 매우 안정적이어서 장시간 수술이 가능하다는 설명을 들었다. 참고로 마취는 마취 전문의와 레지던트, 테크니션이 모니터링을 한다. 짧은 기간이었지만 치과 진료에 대한 체계적인 접근법과 진료 윤리·철학을 체험할 수 있었고 한국에 돌아가서 꼭 실행에 옮겨야겠다고 다짐했다.

한국으로 돌아온 뒤 치과 진료실의 모든 시스템을 바꾸는 일부터 시작했다. 그런데 수의치과학에 필요한 몇몇 재료를 국내에서 구할 수 없었다. 사람을 대상으로 하는 치과 진료는 우리나라가 세계적으로 앞서 있다고 알고 있었기 때문에 내가 필요로 하는 모든 재료가 있을 줄 알았지만 아니었다. 《시크릿》이란 책에서 "간절히 원하면 이루어진다"고 했듯이 도저히 구할 수 없던 재료들을 다행스럽게도 얼마 후 모두 구할 수 있었다. 지면을 통해 그때 재료를 구하는 데 도움을 준 미국의 친구 및 친지들에게 감사드린다. 그리고 모든 진료 과정을 UC 데이비스 시스템으로 바꿨다. 처음에는 원칙을 고수하며 유지하는 일이 무척 힘들었지만 나중에는 오히려 시스템을 유지하지 않으면 정상적인 진료가 안 될 것처럼 느껴졌다.

치과 전문 병원의 문을 열다

치과 진료를 계속하면서 언젠가는 치과 전문 병원을 운영해야겠다는 계획을 세웠다. 도봉산 정상 기슭에서 구체적인 생각을 정리해서 메모로 남기곤 했다. 그러는 동안 수년이 흘렀고 치과 전문 병원 개원에 대한 알 수 없는 주저를 느꼈다. 20년 이상 운영하던 태일동물종합병원이 그런대로 잘되고 있었고, 나이 쉰이 넘어서 한국에서 성공을 장담할 수 없는 치과 전문 병원을 개원하는 일에 대한 두려움과 귀찮음이 동시에 들었다. 그리고 무엇보다 현재 운영 중인 병원을 어떻게 할 것인가 하는 문제가 가장 높은 장벽이었다. 그러던 중 청담동에 일이 있어 갔다가 이 동네 임대료는 얼마나 하는지 알아보기나 하려고 한 상가를 둘러보았다. 그런데 건물 안에서 바깥 풍경을 보는 순간 '여기서 병원을 하면 좋겠다'는 느낌이 강하게 들었다. 그날 집에 돌아가서는 '할까 말까? 아내에게는 어떻게 이야기할까? 과연 될까?' 등 수많은 생각에 밤잠을 설치며 고민했다. 그러다가 이 일을 하지 않고 후회하는 것보다 하고 나서 후회하는 쪽이 더 낫겠다는 결론을 내렸고, 바로 아내와 상의했다. 그렇게 치과 전문 병원 개원을 결정한 후 다음 날 바로 임대 계약을 맺었고, 인테리어 회사까지 일사천리로 정한 후 한 달 만에 초고속으로 개원했다. 진료 장비 대부분을 해외에서 수입해야 했기 때문에 한 달이란 시간 동안 마음이 초조했다.

:: 이비치동물치과병원의 외관(왼쪽)과 내부 모습(오른쪽).

2015년 1월 3일, 첫 치과 진료 환자가 천안에서 찾아왔다. 열다섯 살짜리 요크셔테리어 품종의 강아지였는데 체중은 800그램이었고 심장이 좋지 않았다. 3시간에 걸친 치과 수술을 무사히 끝내고 나서 2주 후 재진 때 다시 만난 환자와 보호자를 보고 나는 큰 안도감을 느꼈다. 환자 상태가 정말 좋아졌고 보호자의 표정도 밝았다. 만족감이 최고였다. 물론 20년 이상 태일동물종합병원을 운영하면서 치과 수술을 포함한 여러 종류의 수술을 했고 그에 따른 보람과 기쁨을 느꼈지만, 치과 전문 병원의 첫 환자였고 환자 상태가 호락호락하지 않았던 터라 더 각별한 마음이 들었던 것 같다. 사실 우리 병원에 오는 모든 동물이 각별하고 기억에 남지만 대표적으로 생각나는 세 가지 사례를 소개하고 싶다.

첫 번째 환자는 다섯 살 이상으로 추정되는 고양이 '홍이'였는데 길고양이를 입양한 경우였다. 홍이는 원래 다니던 병원에서 구내염을 진단받고 스케일링을 포함한 내과 투약을 했지만 약을 먹을 때만 증상이 약간 나아졌다가 투약을 중단하면 바로 상태가 나빠졌다고 했다. 밥을 잘 먹지 못했고 피가 섞인 침을 흘리기도 하며 항상 침울하고 기분이 좋지 않아 구석 어딘가에 숨어 있어서 우리 병원으로 오게 됐다.

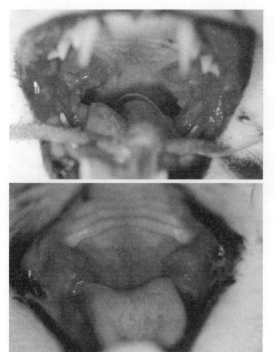

:: 고양이 홍이의 구내염 수술 전
(위)과 후(아래).

보호자 또한 고양이가 아파서 우울하고 걱정이 많다고 했다. 치과 진
단 결과 심각한 구내염, 치주염, 치아 흡수(특별한 원인 없이 치아가 녹
아 흡수되는 병)가 진행된 상태라 모든 치아의 발치를 결정할 수밖에
없었다. 수술 2주 후 다시 만난 홍이는 잘 먹고 전보다 더 밝아졌다고
했다. 다만 구내염은 상당히 나아졌으나 완치되지는 않았다. 2주 단위
로 재진을 해도 호전되지 않으면 내과 처치를 병행하기로 했는데 그로
부터 일주일 후 보호자로부터 전화가 왔다. 홍이가 아주 건강해져서
날아다니는 수준이라고 했다. 수술 4주 후 검진해 보니 구강 상태가
현저히 좋아졌고 입 안쪽에 약간의 충혈을 제외하면 거의 모든 염증이
없어졌다.

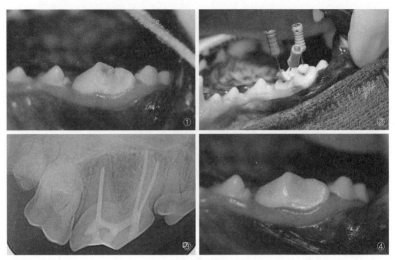

:: 개의 부러진 치아 신경 치료 과정. ① 부러진 위턱 네 번째 어금니 ② 신경 치료를 위해 감염된 치수 제거 ③ 치료 후 엑스레이 사진 ④ 신경 치료 후의 치아

치료를 마친 후, 우울했던 고양이뿐 아니라 보호자의 표정도 밝아져서 우리 병원 스태프들 모두 큰 보람을 느꼈다. 수의사는 동물을 진료할 뿐만 아니라 사람의 정신적 건강 증진에 기여한다는 사실을 항상 가슴에 새기고 진료에 임해야 한다고 생각한다.

두 번째 경우는 네 살짜리 웰시코기였다. 다른 개들과 잘 지내고 있었는데 어느 날부터 공격적으로 변했다는 것이다. 보호자가 살펴보니 위턱의 네 번째 어금니가 깨져 있었고 만지면 아파한다고 했다. 평소 치아 건강을 위해 동물 뼈와 비슷한 딱딱한 간식을 자주 줬다고 했다. 보호자는 개가 사나워진 이유가 성격 변화일까 봐 걱정하고 있었다. 개가 사나워진 이유를 두 가지로 분류할 수 있었는데 하나는 부러진 치아 때문에 치통이 심해 다른 개가 가까이 오는 일을 두려워하는 경우, 또 다른 하나는 정말로 알 수 없는 원인에 의해 성격 변화가 생겼을 경우였다. 이를 보호자에게 알렸고, 동물의 행동에 문제가 생겼을 때는 의학적 문제를 우선 완전히 없애고, 그러고 나서도 행동에 문제가 있을 때는 정신적 문제로 진단해 행동학 치료를 권장하고 있다고 설명했다. 그래서 부러진 치아의 신경 치료를 먼저 하기로 했다. 다행히 신경 치료 후 3일째부터 다른 개를 만나면 예전처럼 즐겁게 잘 지낸다는 소식을 들을 수 있었다. 우리가 느끼는 통증 중 으뜸이 치통이라고 알려져 있다. 이 개의 치통은 아마 최고 수준이었을 것이다. 이빨이 깨져서 신경이 노출되어 있다면 그 통증이 얼마나 클지 상상만 해도 끔찍하다. 성격이 변한 게 어쩌면 당연한 일이었을 것이다.

세 번째 경우는 창원에서 온 열 살짜리 요크셔테리어였다. 아래턱에 악성 흑색종이 생겨서 두세 차례 종양 절제 수술과 백신을 투여했는데 종양이 재발했다고 한다. CT 촬영을 하고 살펴보니 한쪽 턱을 대부분 잘라내야 했다. 다행히 장시간에 걸친 큰 수술을 개가 잘 견뎌 냈고 별다른 합병증 없이 수술 부위가 잘 나았다. 수술 후 8개월이 지난 후에도 재발 징후가 보이지 않았다. 악성 종양이어서 재발 가능성이 높은 것을 잘 알고 있기에 불안한 마음이 완전히 사라지지 않았다. 하지만 보호자는 수술 후 반려견의 컨디션이 최상인 것 같고 개가 편안해 보여 행복하다고 했다.

이런 예에서 알 수 있듯이, 동물들은 치아나 입안에 통증이 있어도 사람처럼 적극적으로 표현하지 못할 뿐만 아니라 오히려 숨기려고 한다. 통증을 외부로 표현하면 약육강식의 세계에서 공격을 당할 수 있다는 동물적 본능이 있기 때문이다. 그래서 구강과 치아에 문제가 있는지를 보호자가 빨리 알아내는 게 중요하다. 가장 쉬운 방법은 하루에 한 번 양치질을 꼭 해 주는 것이다. 양치질을 하다 보면 입안을 볼

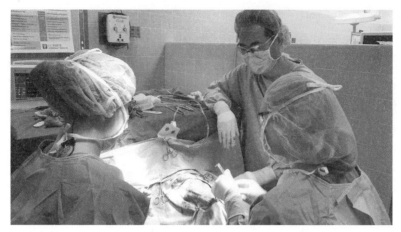

:: 2017년 2월 UC 데이비스 연수에서 레지던트들과 공동으로 턱뼈 재생 수술을 하고 있다.

기회가 많아지고 통증을 빨리 알아챌 수 있다. 또 반려동물의 입에서 음식 냄새가 아닌 고약한 구취가 나면 치아나 구강에 문제가 있다는 뜻이므로 가급적 빨리 구강 검진을 해야 한다. 그래서 한국수의치과협회에서는 반려동물 구강 질환의 중요성을 알리고 구강 건강 증진을 위해 매년 전국을 순회하며 '반려동물 구강 관리 교실'이란 행사를 열고 있다.

2017년 초, 나는 또다시 휴가와 학습이라는 두 가지 목적을 가지고 UC 데이비스의 치과와 구강외과 연수를 3주간 다녀오기 위해 떠났다. 2008년, 2012년에 이어 세 번째 방문 연수였다.

이번 연수의 첫째 목적은 턱뼈 재생 수술인데 이 수술은 여러 원인으로 어쩔 수 없이 턱뼈의 일부분을 제거한 후 재건을 통해 반려동물들이 정상적으로 음식을 먹을 수 있도록 만드는 고난도 수술이다. 이 수술 역시 현재 본원에서 하고 있다.

둘째는 콘빔 단층 촬영(CBCT)에 관한 공부인데, 치과 및 악안면외

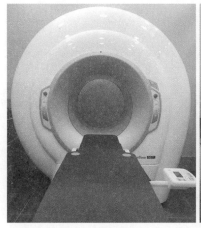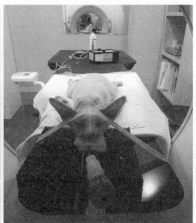

:: 본원에서 운용 중인 콘빔 단층 촬영기.

과에서 진단의 정확도를 높여 주는 아주 훌륭한 장비다. 연수 후 본원에 이 장비를 도입해 운용 중이다.

이곳의 교수이자 나의 멘토인 프랭크 베르스트라테(Frank J. M. Verstraete)의 각별한 배려 덕분에 나는 세계 최첨단의 수의치과학 연수를 받고 있다. 과거에도 그랬듯 연수 과정에서 얻은 정보를 나 혼자만 알기보다 동료 수의사들과 교류하면서 나누고 싶다. 이를 통해 우리나라의 수의치과학 발전에 조금이라도 기여하고 싶다.

병원을 운영하면서 몇 주씩 병원을 비우기란 쉽지 않은 일이다. 하지만 이러한 과정들을 거치면서 미래를 예측할 수 있고, 좀 더 진보되고 정확한 치과 진료를 해낼 수 있다고 항상 마음을 다잡곤 한다. 연구와 공부를 게을리하면 나를 믿고 찾아온 보호자와 동물들에게 미안한 일이라는 사실을 알기에 내가 병원을 그만두는 날까지 공부를 계속할 것이다.

오직 '안과만을 위한' 동물병원

| 안재상 |

1982년생. 2008년 서울대학교 수의학과를 졸업하고, 2014년 동 대학원에서 수의학 박사 학위(안과학 전공)를 취득했다. 이후 미국 위스콘신대학교 수의학과 안과에서 박사후 연구 과정을 거친 후 2016년에 국내 최초 안과 동물병원인 '청담눈초롱안과동물병원'을 개원했다.

내 나이는 올해로 서른일곱. 보통 이 나이 즈음 되면 '어른' 또는 '아저씨'라고 불린다. 그러나 나는 아직까지도 내가 이 사회에서 어른으로 살고 있다는 생각을 해 본 적이 거의 없는 것 같다. 여전히 하고 싶은 것도 많고 앞으로 살아갈 날이 아직 많이 남아 있다고 생각해 왔다. 그런데 다른 관점에서 생각해 보면, 우리나라 나이로 서른일곱이면 현재의 기준으로는 전체 수명의 거의 절반 가까이를 살아 버린 나이다. 게다가 앞으로의 내 시간은 지금까지보다 훨씬 빠르게 지나갈 것이다. 올해 병원을 개원했지만, 내가 은퇴할 날도 먼 미래가 아닌 '조만간' 찾아올 것이고, 그 이후에는 누구나 그러하듯 인생의 마지막을 맞이하게 될 것이다. 이렇게 보니 인생은 정말 짧다는 생각이 든다. 물론 나보다 더 나이가 많은 어른들이 들으면 웃으실지도 모르겠지만,

생각보다 인생은 그리 길지 않다는 것을 요즘 자주 느낀다.

그래서인지 난 평소에 임종의 순간을 항상 염두에 두며 살아가고 있다. 물론 그 순간이 50년 후가 될지 의학이 더욱 발달되어 그 이후가 될지는 잘 모르겠지만, 그리 까마득하고 막연한 미래는 아니라고 생각한다. 병원에 누워 영원할 줄 알았던 나의 인생이 몇 시간 남지 않았다는 것을 본능적으로 느끼는 그 순간, 나는 그동안 살아왔던 내 인생에 대한 평가를 할 것이다. 내가 이렇게 이 책의 주제와 동떨어져 보이는 이야기를 하는 이유는 바로 내가 안과 동물병원을 개원하기로 결심한 이유를 설명하기 위해서다.

인생은 길지 않은 시간 동안 이 세상에 잠깐 왔다 가는 것이며, 나에게도 임종의 순간은 찾아올 것이다. 바로 그 순간에 내가 살아온 인생을 후회하지 않기 위해서는 남들과는 뭔가 다른 의미 있는 삶을 살아야겠다고 생각했다. 그것이 바로 내가 우리나라 최초로 안과 진료와 수술만을 위한 안과 동물병원을 개원하기로 결심한 이유다. 물론 내가 종합병원에서 안과 과장으로 일하거나, 다른 수의사들과 함께 종합병원을 개원했다면 좀 더 안정적이고 앞으로의 미래가 더욱 보장된 삶을 살았을지도 모른다. 그러나 그렇게 다른 수의사들과 별 다를 바 없는 인생을 살다가 마지막 순간을 맞이한다면 정말 허무하고 후회스러울 것 같았다. 어차피 인생은 짧은 시간 동안 한번 살다 가는 것이니까. 만약에 자신이 수의사로서 정말 잘할 수 있고 적성에 맞는 분야를 찾았다면, 남들이 가지 않은 길이라고 하더라도 자신을 믿고 과감하게 선택해 보는 것도 좋을 것 같다.

없는 것도 많고, 하지 않는 것도 많은 우리 병원

우리 병원은 단순히 '안과 전문' 동물병원이 아닌, '안과만을 위한' 동물병원이다. 진료 또한 100퍼센트 예약제로 운영된다. 예방접종이나 중성화 수술 같은 간단한 진료도 하지 않으며, 심지어 대기실에 사료나 애견 용품조차 없다. 보호자 대기실이 워낙 깔끔(?)하다 보니 정말 병원답다는 보호자들도 있고, 간단한 용품쯤은 팔았으면 좋겠다는 분들도 있지만, 전반적인 평은 뭔가 전문적이고 다른 병원과는 확실히 달라 보인다는 것이다. 안과 외의 진료를 하거나 애견 용품을 함께 판매할 경우 수익성 측면에서 좀 더 낫지 않겠느냐는 주변의 의견도 많았으나, 전문 병원을 표방하면서 내가 전문이 아닌 안과 외의 진료나 애견 용품을 판매하는 것은 모순이라고 생각했다. 그렇게 되면 전문 병원으로서의 이미지가 다소 희석될 수 있고, 이는 오히려 병원의 가치를 떨어뜨릴 수 있다.

무엇보다 '안과만을 위한' 병원을 해 보자고 결심했던 이유는 정말 '병원다운 병원'을 운영하고 싶은 욕심이 컸기 때문이다. 병원다운 병원이란, 전문성 극대화를 통해 보호자들의 만족을 최대화할 수 있는 병원이다. 2008년에 학부를 졸업한 이후로 나는 올해로 10년째 안과를 공부해 오고 있지만 아직도 공부할 것이 너무 많고, 세계적으로 수의안과학 분야는 하루가 다르게 발전하고 있다. 이러한 상황에서 앞으로도 계속 안과 공부에 집중하는 것만이 전문성을 극대화할 수 있다고 생각했고, 그래서 이 길을 선택했다.

우리 병원이 다른 병원과 또 다른 점은 대부분의 동물병원이 건물 1층에 위치한 것과 다르게 4층에 위치하고 있다는 점이다. 원래 건물

2층 위주로 병원 자리를 알아보았으나, 이 동네 건물주들은 뭐가 그리 유별난지 동물병원은 시끄럽고 지저분하다면서 웬만해서는 자리를 내 주려고 하지 않았다. 예약제로 안과 진료만 하는 전문 병원이기 때문에 시끄럽거나 지저분하지 않다는 것을 아무리 강조해도 전혀 소용이 없었다. 결국 8개월 동안 병원 자리를 알아본 끝에 마음씨 좋은 건물주를 만나 지금의 위치에 병원을 개원할 수 있었다. 처음에는 4층에 병원을 연다는 데 걱정이 많이 앞섰던 것이 사실이다. 먼저 보호자들이 엘리베이터를 타고 4층까지 올라오는 것에 대한 거부감이 있지는 않을까 하는 우려가 있었고, 옥외광고물법에 따라 건물 외벽의 간판은 3층까지만 허용되기 때문이었다. 간판 문제는 건물주의 배려로 다행히 건물 1층에 달 수 있었지만, 서울 시내에서 4층은 물론이고 3층에 자리한 동물병원조차 없는 상황이었다(CT/MRI 검사 위주의 동물병원인 이안동물의학센터는 5층에 있긴 하다). 그럼에도 불구하고 큰 문제가 없겠다고 생각한 이유는, 내가 종합동물병원에서 안과 과장으로 있을 때부터 보호자들은 나를 직접 찾아오는 경우가 대부분이었기 때문이다. 또한 다른 동물병원과 달리 사료나 용품 등을 판매하지 않는다는 점도 걱정을 덜어 주었다. 더구나 건물 위층으로 갈수록 임대료가 적게 들어 마음 편하게 병원을 운영할 수 있다는 점은 큰 매력이었다. 자의 반 타의 반으로 결국 4층에 병원을 개원하게 되었고, 개원 2년 차인 현재, 내 예상이 상당 부분 맞았다는 것을 확인하고 있다.

전문 병원이라서 좋은 점은 주변 병원들과 경쟁자가 아닌 서로의 고객이 될 수 있다는 점이다. 예를 들어 강아지가 당뇨병에 걸리면 합병증으로 양쪽 눈에 백내장이 생겨 실명하는 경우가 많은데, 아이가 당뇨병이 있는지 모르고 지내다가 백내장으로 시력이 저하되어 우리 병원에 먼저 내원하는 경우가 종종 있다. 이럴 경우 당뇨병이 어느 정도 치료되어야 백내장 수술이 가능한데, 당뇨병은 평생 관리가 필요한 질환이기 때문에 평소의 주치의에게 당뇨병 치료를 의뢰하고, 백내장 수술 이후에도 당뇨병 관리는 전적으로 주치의에게 맡기고 있다. 또한 모든 수술 전에는 혈액 검사와 엑스레이 검사를 해야 하는데 검사에서 이상 소견이 발견될 경우, 평소에 다니던 병원에서 정밀 검사를 받아 보라고 추천한다. 주변 병원에서는 우리 병원에 안과 환자를 소개해 주고, 우리 병원은 안과 외의 질환을 의뢰하다 보니 서로가 서로의 고객이 될 수 있어 과잉 경쟁에서 어느 정도 자유롭다는 장점이 있다.

왜 '안과'였는가?

나는 처음에 학부에 들어갔을 때부터 수의학과를 졸업하면 당연히 임상을 하는 것으로 알고 있었다. 나중에 알게 되지만, 졸업 후 진로가 이렇게 다양할 줄은 몰랐다. 그리고 우리 동기들 중에 임상을 하겠다고 결심하고 입학한 사람은 나 혼자밖에 없었다는 사실에 많이 놀랐다. 지금 생각해 보면 학부 때부터 하고 싶은 일이 어느 정도 정해져 있었던 것이 정말 큰 도움이 된 것 같다. 임상을 하긴 할 건데, 임상 과목 중에서 어떤 과목을 잘할 수 있을지 끊임없이 고민했고, 그러던 중 처음으로 그 실마리를 발견하게 된 시점이 바로 본과 1학년 해부학 실습 때였다. 사실 해부학이라는 학문 자체가 재미있었던 것은 아니다. 몇 시간 동안 사체를 해부하고 나면 포르말린 냄새가 온몸에 배는 것은 정말 싫었다. 하지만 해부를 하면서 수술칼 끝에 느껴지는 감촉과 조직이 예리하게 분리되는 느낌이 정말 매력적으로 다가왔다(다소 징그럽게 느껴질 수 있으나, 내가 그 순간 느낀 기분을 사실 그대로 표현하고자 한다). 나는 그때부터 외과를 전공해야겠다고 결심하게 되었다.

외과는 크게 4개의 과, 즉 정형 신경 외과, 일반 외과, 안과, 마취과로 나뉜다. 외과를 해야겠다는 결심 이후로 이 네 분야 중에 어떤 것을 선택할 것이냐에 대한 고민이 다시 시작되었다. 다행히도 나는 두 번째 실마리를 얼마 지나지 않아 찾을 수 있었다. 본과 2학년 여름 방학 때 집 근처 선배네 병원을 찾아 몇 주 동안 진료와 수술을 참관한 적이 있었다. 그때 나는 우연히 백내장 수술을 하는 모습을 보게 되었다. 수술 장면은 모니터를 통해 생생하게 볼 수 있었다. 백내장은 투명한 수정체에 하얀 혼탁이 생겨 시력 저하나 실명을 유발하는 질환이다. 수술 모니터를 통해 하얀 백내장이 서서히 없어지고 노란색 망막이 점점 반짝이는 장면을 볼 수 있었고, 이 장면에 매료되어 처음으로 안과에 관심을 갖게 되었다(내가 이때 느낀 감정을 이 책을 읽고 있는 여러분과 공유하고 싶은데, 유튜브에 'canine cataract surgery'를 검색하면 개의 백내장 수술 모습을 볼 수 있다).

마지막 실마리를 찾은 것은 본과 3학년 때 들은 수의안과학 수업에서였다. 나의 지도 교수였던 서강문 교수님(서울대학교 수의안과학 교수)의 수업은 학부생들 사이에서도 명강의로 소문이 난 분이다. 수업을 통해 1년 동안 동물의 눈에 대해 체계적으로 배울 수 있었는데 안과 분야를 더욱 자세히 배워 보고 싶다는 생각이 들었다. 그래서 나는 학부 졸업 후 안과 대학원에 진학했다. 대학원 생활을 하면 보통 부속동물병원에서 진료를 함께 보게 된다. 대학원 4년 차에 동물병원

:: 위스콘신대학교 수의안과학 교실에서 포닥으로 근무했을 때 함께한 교수 및 인턴, 레지던트들.

에서 안과 팀장을 맡았는데, 그때부터 나는 '안과만을 위한 동물병원'을 개원해야겠다고 결심했다. 공부를 하면서도 미래의 내 병원에 대한 생각이 날 때마다 틈틈이 메모를 해 두었고, 지금의 병원 이름도 이때 미리 만들었다.

대학원에 진학해 6년 동안 안과를 공부해 박사 학위를 받았음에도 불구하고, 안과 공부를 하면 할수록 궁금한 점이 계속 늘었다. 그러한 궁금증에 대한 해답을 찾겠다는 욕심에 대학원 졸업 후 미국으로 포닥(Post-Doctoral Fellow, 박사후 과정)을 가게 되었다. 그곳에서 수의안과학 분야의 세계적인 대가들과 함께 생활하면서 그동안 공부하면서 궁금했던 점에 대한 실마리를 상당 부분 찾을 수 있었다. 내가 지금까지 살면서 가장 많은 지식을 습득한 시기가 미국에서 그분들과 함께한 포닥 생활이 아닐까 싶다. 한국에 돌아온 나는 드디어 대학원생 때부터 꿈꾸던 '안과만을 위한 동물병원 개원'을 할 수 있었다.

그럼에도 불구하고 우리 환자들은 귀엽다

동물의 안과 검사는 어떻게 진행되는지 궁금한 분들이 많을 것 같다. 동물의 눈은 사람의 눈과 구조가 비슷해서 사람이 안과에서 받는 검사와 비슷한 검사를 진행한다. 예를 들어 안구는 여러 개의 작은 구조가 밀집된 장기이기 때문에 현미경(세극등 현미경) 검사 없이는 정확한 진단이 어려운 경우가 대부분이다. 따라서 우리 병원에 내원하는 거의 모든 환자는 현미경 검사를 받게 된다. 그런데 현미경 검사라는 게 사람의 경우 환자가 턱을 받침대에 대고 가만히 있기만 하면 별다른 어려움 없이 진행할 수 있지만, 동물들은 눈을 여기저기로 움직이기도 하고, 온몸을 비틀어 대거나 심지어는 물려고 하는 아이들도 흔하다. 눈 상태를 기록하기 위해서는 현미경 사진을 찍어야 하는데 아이들이 사람처럼 눈을 가만히 있지 않다 보니 사진을 10장 정도 찍어야 제대로 된 사진을 5장 정도 건질 수 있다. 그만큼 검사 시간이 많이 걸리기도 하고, 보정하는 인력도 많이 필요하다.

특히 심층 각막 궤양(각막에 깊은 상처가 생기는 질환)을 가진 환자의 경우 순간적인 흥분만으로도 안압이 상승되어 궤양 부위가 터져서 각막 천공(각막에 구멍이 나는 질환)이 발생할 수 있는데, 이런 아이들을 검사할 때면 여간 조심스러운 것이 아니다. 이런 아이들은 엑스레이를 찍다가 흥분해서 각막 천공이 생길 때가 가끔 있다. 따라서 정확한 검사를 하지 못할 때도 종종 생긴다. 또 사람과 마찬가지로 백내장 수술 등과 같은 미세 수술 후에는 한 달 정도 안정을 취해야 하는데, 평소에 심하게 짖거나 흥분하는 아이들은 수술 후에도 합병증 발생률이 높기 때문에 애초에 수술을 추천하지 않는 경우도 있다. 또한 백

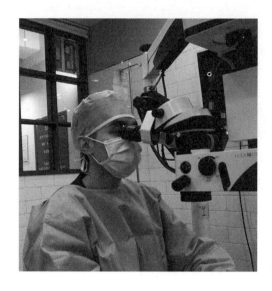

:: 대부분의 안과 수술은 현미경으로 진행된다.

내장 수술과 같이 사람에게는 전신 마취가 필요 없는 수술도 동물들은 보정을 위해 반드시 전신 마취를 해야 한다.

이렇듯 동물 안과는 사람 안과와 비슷한 면도 있지만, 상당히 다르면서도 어려운 점이 많다. 그럼에도 불구하고 한 가지 좋은 점은 우리 환자들이 정말 귀엽다는 것이다. 진료 테이블 위에서 반갑다고 발라당 누워 버리는 아이들이 있는가 하면, 대기실에서 보호자보다 먼저 진료실로 뛰어 들어와서 꼬리를 흔들며 여기저기 돌아다니는 아이들도 있다. 이런 모습을 보고 있으면 귀여워서 웃음이 절로 난다.

책에서 보던 희귀 질환을 치료하다

우리 병원은 안과만을 전문적으로 진료하다 보니 다른 병원에서 치료받다가 차도가 없어서 내원하는 경우가 많다. 그런데 눈 상태가 매우 안 좋거나 책에서만 보던 희귀 질환을 앓는 환자를 만나기도 한다. 이러한 아이들을 오랜 시간에 걸쳐 치료하고 나면 정말 수의사 하길 잘했다는 생각이 든다. 내가 10년 동안 수의사 생활을 하면서 가장 기억에 남았던 아이를 소개한다.

'키티'라는 이름을 가진 일곱 살짜리 시추가 양쪽 눈의 각막 궤양(검은자 표면에 상처가 나는 질환)으로 내원한 적이 있다. 심한 각막 궤양 때문에 양쪽 눈의 시력이 소실된 상태였으며, 3주 동안 다른 병원에서 강한 항생제를 썼는데도 낫지 않은 상황이었다. 처음 키티의 눈을 봤을 때 양쪽 눈의 각막 혼탁과 충혈이 너무 심해 일반적인 각막 궤양과는 다른 질환일 수도 있겠다는 느낌이 들었지만, 정확히 어떠한 원인에 의해 이렇게 양쪽 눈에 비슷한 양상의 심한 각막 궤양이 생겼는지 감이 잡히지 않았다(일반적인 각막 궤양은 한쪽 눈에만 오는 경우가 대부분이다). 일단 증상에 따라 약을 처방해서 경과를 지켜보기로 한 후 며칠 동안 곰곰이 생각해 보았다. '뭔가 있는 것 같은데 그게 뭘까?'라는 생각을 반복하던 중 책에서만 보던 희귀한 질환이 떠올랐다. 바로 '육아종성 괴사성 공막염(NGS)'이었다. 이 질환은 면역매개성 질환인데 발병이 매우 드물고, 특히 소형견에게서는 거의 보고되지 않은 질환이었다. NGS와 관련된 다른 논문을 찾던 중 키티의 눈과 양상이 거의 일치하는 사진이 실린 논문을 발견했고, 그때서야 나는 각막 궤양의 원인이 NGS라는 확신이 들었다. NGS에 따른 처방을 하고 난 후 아이의 눈 상태는 빠르게 호전되었고, 3개월에 걸친 치료 끝에 결국에는 양쪽 눈의 시력이 모두 회복되었다.

이런 보기 드문 케이스를 오랜 시간에 걸쳐 치료하고 나면 마지막

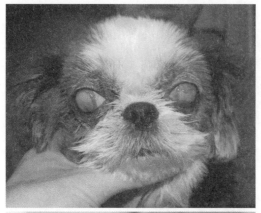

:: NGS 치료 전(위)과 후(아래).

진료 때 내가 항상 보호자에게 하는 말이 있다. "그동안 정말 수고 많으셨습니다." 이 말은 '이제는 치료가 완료되어 병원에 더 이상 오지 않아도 된다'는 의미이자, 오랜 시간 동안 나의 처방을 믿고 잘 따라 준 보호자에 대한 고마움의 표시이기도 하다. 어려운 케이스를 치료한 후 이 말을 하고 나면 고마워하는 보호자의 모습에 눈물이 핑 돌 때도 있고, 정말 말로 표현하지 못할 뿌듯함에 며칠 동안 기분이 좋아진다.

이런 당신, 안과와 잘 맞을지도?

끝으로 안과에 관심이 있는 독자들이 진로를 선택하는 데 조금이나마 도움이 되길 바라는 마음으로 몇 자 덧붙인다. 사실 나는 안과 대학원에 진학했을 때부터 지금까지 안과 외에는 별다른 관심이 없었다. 생각해 보니 어렸을 때부터 뭐 하나에 빠지면 끝을 보는 성격이었다. 예를 들어 지구본을 매일같이 몇 시간 동안 보면서 전 세계의 나라 이름과 수도를 거의 다 외우다시피 한다든지, 수학 문제 하나를 풀기 위해 3시간 동안 씨름을 한다든지 말이다. 반면에 넓고 해박한 지식을 요구하는 공부는 영 적성에 맞지 않았다. 이러한 나의 경험을 바탕으로 내가 미래의 수의사 후배들에게 조언해 주고 싶은 '안과 전공을 잘하기 위한 조건'은 다음과 같다. 무엇보다도 적성에 잘 맞아야 하는데 아래의 조건을 갖춘 분들이라면 안과를 공부하면서 상당한 재미를 느낄 수 있을 것이다.

1. 얕은 지식을 두루두루 넓게 공부하는 것보다는 좁은 분야의 지식을 깊게 파고드는 데 소질이 있어야 한다. 이와 관련해 안과와 반대되는 학문이 바로 내과다. 물론 내과가 얕은 지식에 속한다는 것은 절대 아니지만, 내과를 잘하기 위해서는 몸 전체의 생리와 병리 및 약리학에 대한 이해가 필수적이다. 따라서 기억력이 좋고 광범위한 지식을 쌓을 수 있는 능력이 있어야 한다. 반면 안구는 전체 몸의 1퍼센트도 안 되는 작은 부위지만, 신경과 혈관 및 미세한 해부학적인 구조가 밀집된 장기다. 물론 당뇨병이나 고혈압 등과 같이 안과 질환을 유발할 수 있는 전신 질환에 대한 기본적인 이해가 있어야 하지만, 그래도 안과 질환을 유발할 수 있는 전신 질환은 다소 제한적이다. 이렇게 작은

장기지만 앞서 말한 바와 같이 공부할 부분이 굉장히 많다. 단적인 예로, 안과 대학원생들의 필독 교과서인 커크 겔라트(Kirk N. Gelatt)의 《Veterinary Ophthalmology》라는 책은 2000쪽이 넘는다. 이러한 좁은 분야를 끝까지 파고드는 데 적성이 맞다면 안과를 공부하는 데 좀 더 수월할 것이다.

2. 손재주가 좋아야 한다. 안과는 검사를 통해 정확히 진단하고 적절한 약을 처방하는 것도 중요하지만, 질환에 따라 백내장 수술이나 각막 이식술 등과 같이 수술이 필수인 경우도 많다. 따라서 안과는 내과적인 특성과 외과적인 특성을 모두 가진 분야다. 안과 수술은 현미경을 이용한 미세 수술로, 상당한 집중력과 미세한 손기술이 요구된다. 이 부분은 노력을 통해 어느 정도 극복이 가능할지도 모르나, 타고난 손재주도 무시할 수 없다. 다소 냉정한 표현일 수 있지만 비유를 하자면, 아무리 운동을 좋아한다고 하더라도 운동 신경이 뛰어나지 않다면 운동을 취미로는 할 수 있어도 운동선수로 성공할 가능성은 그만큼 떨어지는 것과 같다.

3. 꼼꼼한 성격이어야 한다. 안과는 검사와 수술 모두 현미경이 필요한 과목이며, 그만큼 섬세한 기술이 요구된다. 또한 작은 구조가 밀집되어 있는 안구 구조의 특성상 작은 병변 하나도 아주 중요한 임상적 의의를 가지는 경우가 많다. 따라서 섬세한 손재주와 더불어 작은 것 하나도 놓치지 않는 꼼꼼함이 절대적으로 필요하다.

타고난 천재는 노력하는 사람을 이기지 못하고, 노력하는 사람은 즐기는 사람을 이기지 못한다는 말이 있다. 그렇다면 타고난 능력(적성)을 바탕으로 매사에 열심히 노력하면서 즐기는 사람을 따라올 사람은 아무도 없을 것이다. 자신이 어떤 분야를 즐기면서 할 수 있는지를 찾는 것이 매우 중요한 이유다.

내가 2002년에 학부를 막 입학했을 때까지만 해도 지금처럼 각 분야의 전문 병원이 생길 것이라고는 아무도 예상하지 못했다. 15년이 지난 현재, 특정 과목만을 전문적으로 담당하는 병원이 수도권에만 8개 정도 생겼다. 앞으로 반려동물을 가족처럼 여기는 문화가 계속 확산될수록 보호자들의 치료 의지는 높아질 것이고, 그러면 전문 병원에 대한 사회적인 요구도 지속적으로 늘어날 것이다. 우리보다 수의학이 수십 년씩 앞선 미국이나 일본을 보더라도 앞으로 우리나라의 동물병원은 점점 전문화될 것이다. 지금은 전문 병원이 수도권에 집중되어 있지만 아마도 다음 세대에는 전국적으로 확산되지 않을까 싶다. 그렇게 되면 전문 수의사에 대한 수요도 계속 늘어날 것이다. 이러한 사회적 요구를 얼마나 잘 이용하느냐는 바로 여러분 자신에게 달려 있다.

"여기가 강아지 침을 놓는 곳이죠?"

| 강무숙 |

동물제중원 금손이동물병원 원장. 수의학 박사 과정을 수료했으며, 현재 아시아전통수의학회 상임이사이자, 한국전통수의학회 임상 강사로 활동하고 있다. 또 발명가로 세계 최초 반려동물 침구 의자 슈퍼보드와 캡슐 충진기 발명 특허를, 반려동물용 목보호기와 반려동물 신경 치료약을 특허 등록했다.

우리 동물병원에 처음 오는 사람들은 으레 궁금해한다. 여기가 한의원인지 동물병원인지 모르겠다고. 병원에 처음 들어서면 보통 동물병원과 달리 한약 냄새가 나고 개, 고양이들이 침을 맞고 있으니 말이다. 한의원인지 동물병원인지 헷갈리니 나 또한 수의사인지 한의사인지 헷갈릴 때가 있다.

나는 당연히 수의사다. 좀 더 자세히 설명하면 반려동물에게 침 치료를 하는 한방수의사다. 침을 맞는 동물은 어떤 종들인지 궁금할 것이다. 수의사는 모든 동물을 치료할 수 있다. 하지만 동물제중원 금손이동물병원은 서울 도심에 위치하다 보니 주로 개, 고양이, 토끼, 기니피그, 다람쥐, 반려용 돼지 등이 침 치료를 위해 내원한다.

내가 한방 치료를 시작한 지도 이제 16년 정도 되어 간다. 임상 수의사가 된 지 몇 년 안 되었을 때였다. 당시 내가 일하던 병원 원장님의 책꽂이에 남치주 교수의《수의침구학》이라는 책이 꽂혀 있었는데 몹시 흥미로웠다. 그 책에는 개의 경혈 자리와 질환에 따라 침을 놓는 위치가 간략히 담겨 있었다. 그런데 이 책을 읽고 얼마 지나지 않아 뒷다리를 쓰지 못하는 개가 내원했다. 혹시나 하는 마음으로 책에서 본 경혈자리에 정성스럽게 침을 놓았다. 진짜 나을 것이라는 기대가 크지 않았는데, 얼마간 시간이 지나자 놀랍게도 그 개가 일어나서 걷는 게 아닌가? 너무나 놀라웠다. 내가 한 일이라고는 책에 쓰인 대로 침을 놓았을 뿐인데 아팠던 개가 일어나서 걷다니 말이다.

그날 이후 한방수의학에 푹 빠져 버렸다. 제대로 배우려면 무엇을 해야 하는지 열심히 찾아봤다. '한국전통수의학회'에서 수의사들을 대상으로 한방수의학 정규 교육 프로그램을 운영한다는 정보를 얻게 됐고, 그 과정을 통해 한방수의학을 깊이 배울 수 있었다. 그리고 그 뒤로 쭉 16년 가까이 한방수의 진료를 보고 있다.

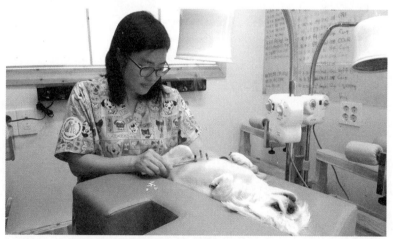

:: 얌전히 뜸 치료를 받고 있는 개. 한방수의학은 일반 한의학과 마찬가지로 역사가 깊다.

한방수의학이라고 하면 대부분 최신 한의학을 반려동물 치료에 접목하는 줄로 안다. 그러나 예상보다 역사가 오래됐다. 사람을 치료하는 한의학은 그 역사가 3000~5000년 정도라고 한다. 한방수의학 역사도 그와 비슷하다. 오래전 왕족 사회에서는 말과 소를 왕과 귀족 다음으로 중요하게 여겼다. 중요한 전쟁 자원이었으며, 식량으로도 요긴하게 활용되었기 때문이다. 이 자원들을 얼마나 효율적으로 관리하느냐가 국가의 존망에 영향을 미쳤으므로, 말과 소를 건강하게 관리하기 위한 의학이 함께 발달했다. 그래서 이 당시 다양한 책이 쓰였다. 중국에서는 기원전 770년에서 기원전 221년 사이에 백락의《백락치마잡경의》라는 책이 나왔고, 우리나라의 경우 신라 시대에《신편집성마의방》이라는 책이 소개됐다. 동물을 대상으로 침 치료를 한 지는 오래됐다. 사람들이 더 다양한 동물을 키우게 되면서 그 수가 늘어나자 문헌들도 소와 말이 아닌 다른 동물들을 다루기 시작했다. 1873년《활수자주》에는 개, 고양이, 닭, 오리, 양의 주요 질환과 그 치료 방법이 소개되어 있다.

동물 전용 침구 의자, '슈퍼보드' 발명

한국전통수의학회의 교육 과정을 이수한 후 한방수의학 치료를 하면서 겪은 힘든 점은 이루 말할 수 없이 많다. 15년 전만 하더라도 반려동물에 대한 국내 자료가 말, 소에 비해서 너무나 적은 상태였다. 반려동물의 질환은 디스크, 당뇨병, 췌장염, 심부전 등 사람에게 생기는 질환이 늘어 가고 노령화에 의한 질환 또한 거의 사람의 것과 비슷해

져 가고 있다. 그런데 반려동물 치료에 일반 한의학을 접목하자니 사람과 반려동물은 기본 생리 패턴 등 다른 것이 너무 많았다. 대표적으로 사람은 땀을 흘리는데 동물은 땀을 흘리지 않기 때문에 병을 진단하는데 어려움이 있다. 그래서 사람을 대상으로 하는 한의학을 동물에게 그대로 적용하면 안 된다.

그래도 다양한 경험을 쌓아 가면서 동물 환자들을 치료했는데 그중 가장 힘들었던 점은 반려동물들이 너무나 민감하다는 사실이다. 우리나라 반려동물들은 어렸을 때 사회화 교육이 제대로 되지 않아서 사람 만나는 일에 겁이 많을뿐더러, 심지어 사나운 반응을 보이는 동물도 많다. 이렇게 낯선 사람의 손에 적응이 덜된 아이들에게 20여 분 동안 침 치료를 하고 나면 진땀이 난다. 침을 놓는 동안 동물 테크니션(보통 여성)들이 동물들의 자세를 잡아 주는데 좀 힘센 아이들을 상대하고 나면 그들도 파김치가 되었다. 심지어 사나운 개이거나, 몸부림을 치는 동물이라면 두세 명이 붙잡고 있어야 했다. 치료가 계속될수록 이런 방식으로는 도무지 안 되겠다는 생각이 들었다. 동물들도 편안하게

치료받고 수의사와 동물 테크니션도 편하게 치료할 수 있는 의료 기구가 필요하다고 생각했다.

당시 난 첫째 아이를 임신하고 있었는데 몇 날 며칠을 의료기에 대한 생각만 했다. 머리로 계속 구상하고 마침내 됐다 싶었을 때 남편에게 기구를 함께 만들어 보자고 제안했다. 남편은 나의 훌륭한 조력자다. 내가 하려는 일을 늘 물심양면으로 도와준다. 남편의 도움으로 만든 첫 번째 침구 치료기는 상상했던 모습과 차이가 컸다. 막상 동물들에게 사용해 보니 너무나 불편했다. 그렇게 몇 번이나 시행착오를 겪고 여덟 번째 완성품을 만들고 나서야 편한 침구 의료기가 만들어졌다. 이 의료기가 나의 첫 번째 발명품이다. 이름은 '슈퍼보드(반려동물 침구 의자)'다. 슈퍼보드에 앉아 침을 맞는 반려동물을 보면 보호자들이 무척 귀여워한다. 예민한 동물들도 슈퍼보드에서는 얌전히 있는데 내가 봐도 다소곳이 앉아 있는 모습이 너무나 귀엽다. 이제 국내에서 슈퍼보드는 동물에게 침을 놓을 때 당연히 사용하는 의료 기구로 알려져 있다. 또한 외국 수의사들도 슈퍼보드의 편리성을 이해해서 일본, 중국, 대만, 프랑스, 미국에서도 치료에 사용하고 있다.

처음 내가 한방 공부를 시작했을 때 국내 자료보다는 오히려 영어

:: 금손이동물병원에 견학을 온 세계수의학도협의회 학생들(왼쪽)과 중국의 수의사들(오른쪽).

로 된 자료가 훨씬 많았다. 미국은 반려동물에 대한 한방수의학이 더 빨리 활성화됐기 때문이다. 1970년대에 중국의 한방수의학을 받아들인 미국 수의사들이 활발히 활동하고 있었다. 한방수의학을 영어로 공부해야 한다니 아이러니가 아닐 수 없었지만 다양한 케이스에 관한 영어 자료를 볼 수밖에 없었다.

한방수의학과 반려동물의 접목을 시도한 것은 서양이었고 보다 먼저 자료들을 내놓았지만 지금은 아시아에서 좋은 자료가 많이 나온다. 나도 한방 동물병원을 운영한 지 16년이 되어 가다 보니 오래전 교육을 받았던 한국전통수의학회에서 강의하고 있고 국제학회에 참석해 다양한 연구 발표를 하고 있다.

한방수의학의 인기는 매년 높아지는 것 같다. 16년 전에는 주변에 한방수의학을 공부한다고 말하면 대개 시큰둥한 반응이 돌아왔다. 심지어 그런 비과학적 학문을 해서 어떻게 환자들을 치료할 수 있냐고 반문하는 경우도 많았다. 그러나 해가 갈수록 한방수의학에 대한 관심이 늘고 덩달아 한방수의학의 위상이 전 세계적으로 높아지고 있음을 체감한다.

금손이동물병원에는 매년 외국의 수의대 학생들과 수의사들이 견학을 온다. 세계수의학도협의회(IVSA)의 학생들은 매년 각국을 순방하며 교류하는데 한국에 오게 되면 꼭 들러 보고 싶은 곳 중 하나로 동물제중원 금손이동물병원을 꼽았다고 들었다. 그만큼 한방수의학에 대한 관심이 수의학계에서 높아졌다고 본다. 나는 매년 외국 학생들이 방문하면 한방수의학의 강점이자 지향점은 '한방·양방' 이렇게 구분해서 각자의 영역을 특화하는 게 아니라, 양·한방 합진의 통합의학이라고 말한다. 수의대 학생뿐만 아니라 외국의 수의사들도 동물제중원 금손이동물병원에 견학 오기를 희망하고 방문을 많이 한다. 최근에는 중국의 수의사가 한방수의학을 배우고 싶다며 몇 주간 한방수의학 교육을 이수하기도 했다. 그런데 가끔 성공만을 위해 한방수의학을 배우러 오는 사람들이 있다. 나는 그런 학생이나 다른 나라의 수의사들에게 환자의 질병만 바라보지 말고 더 넓은 시야와 생각으로 환자와 가족을 대해 달라고 부탁한다.

한방수의학을 공부하면서 나의 가치관도 많이 달라졌다. 과거에는 수의사로서 성공에 집착했다면 지금은 나와 주위 사람들이 모두 조금이라도 더 행복해지길 바라는 마음을 갖게 됐다. 그런 마음을 갖기까지 참 많은 일을 겪었는데, 한방 동물병원을 운영하면서 가장 곤란할 때가 현대 의학으로 온갖 치료를 하고도 회복이 어려운 환자를 데리고 내원하는 경우다. 사람들은 '양방으로 안 되니 한방으로는 무슨 방법이 있을 거야!'라고 생각한다. 다른 수의사가 치료하지 못한 환자를 고칠 수 있는 나만의 비법이 있는 것도 아닌데 이런 경우가 점점 늘고 있다. 한방 동물병원을 하는 초기에는 그리 증상이 심각하지 않은 아이들이 내원하여 다행히 치료가 잘 이루어졌다. 보호자와 반려동물뿐 아니라 나도 너무 기뻤다. 그런데 점점 간단한 질환이 아니라 복잡한 질환으로 고생하는 환자들이 찾는 경우가 많아졌다. 나 또한 특별한 치료법이 없다고 솔직하게 말하고 손을 떼고 싶은 마음도 든다. 머릿속에서는 보호자에게 그렇게 말해야 한다는 목소리가 들릴 정도다. 하지만 막상 힘들어하며 누워 있는 환자와 슬픔이 가득한 보호자의 얼굴을 보면 그런 말이 입 밖으로 나오지 않는다. '아직 해 볼 수 있는 방법이 남지 않았을까?' 싶어서 한 번 더 자료를 찾아보게 된다. 예전에 내게 꼭 이렇게 최선을 다해야만 한다고 가르침을 준 환자가 있었다.

슈나우저 '렉시'와의 만남

3년 전 어느 날, 병원의 정기 휴일 때였다. 당연히 정기 휴일에는 진료를 보지 않는다. 그런데 긴급 연락망으로 한 보호자가 다급한 연락을 줬다. 다행히 그때 나는 병원에서 그리 멀지 않은 곳에 있어서 환자를 데리고 와 보라고 했다(보통 위급한 환자의 보호자가 연락을 하기 때문에 강의 중이거나 멀리 있지 않은 한 진료를 보려고 노력한다). 그렇게 만난 환자가 렉시였다. 열두 살의 슈나우저였는데 녀석을 생각하면 아직도 마음이 경건해진다.

렉시의 투병은 어느 날 갑자기 찾아온 발작에서 시작됐다. 처음 발작을 하고 쓰러졌는데 이후 발작 치료를 받아도 차도가 보이지 않았다고 한다. 그래서 MRI 검사 등을 거쳐 특발성 간질(원인 불명의 발작) 진단을 받고 약을 복용했지만 상태가 점점 악화됐다. 그리고는 처음 발작을 일으킨 지 2주 만에 끝내 의식을 잃고 말았다. 렉시는 이렇게

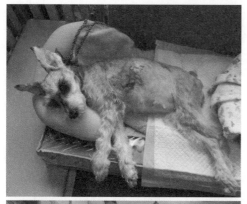

:: 처음 만난 렉시는 전혀 가망이 없어 보였다(위). 하지만 보호자의 강한 의지와 의료진의 노력으로 건강을 되찾았다(아래).

의식을 잃은 상태에서 우리 병원에 왔다. 보호자는 렉시를 꼭 살려 내야 한다고 말했다.

사실 렉시는 거의 회복 가능성이 없어 보였다. 이미 발작을 일으켰고 약을 투여했음에도 2주 만에 의식을 잃어버렸다는 것은 몸속에서 큰 문제가 진행되고 있다는 뜻이다. 의식이 아예 없는 환자를 치료한다는 건 사실 보호자를 기만하는 일이 아닐까 싶을 정도의 행위다. 헛된 희망을 줄 수 있기 때문이다. 그래서 아주 조심스럽게 말을 꺼냈다. 이제 몇 시간 안 남아 보이고, MRI에도 나오지 않는 어떤 문제가 급속도로 진행되고 있기 때문에 치료를 해도 가능성이 얼마나 될지 모르겠으며 아마도 렉시가 힘들어할 것이라고 말이다. 이렇게 말하면 보호자가 포기할 줄 알았다.

그런데 렉시의 보호자는 단호히 말했다. "선생님이 할 수 있는 일이 아무것도 없나요? 만약 무엇이라도 있다면 끝까지 해보고 싶습니다. 렉시를 포기할 수 없어요!" 처음에는 회의적이었던 나도 보호자의 강한 의지를 느끼고 '그럼 해보자' 하는 생각이 들었다. 혹시 놓친 것은 없는지 환자를 다시 살펴보고 검사하는 일부터 시작했다. 검사를 다시 하면 비용이 많이 들지만 의식을 잃어버린 정확한 이유를 찾아야 했다. 그렇게 MRI와 각종 검사를 거쳐 다행히 그 이유를 알아냈다. 렉시는 '부갑상선 기능 저하증'이었다. 부갑상선 기능 저하로 체내 칼슘 수치가 비정상적으로 떨어지면서 몸에 강직이 오고 발작이 동반되어 끝내는 의식을 잃은 것이다.

렉시는 그날 치료에 들어가자 바로 의식을 되찾았다. 그리고 밥을 먹기 시작했다. 그 모습을 보고 나는 깊이깊이 반성했다. 나의 짧은 지식과 견해로 누군가의 삶을 결정짓지는 말아야 한다고 말이다. 렉시는 그 뒤 한 달여 동안 치료를 받았고 뛰어다닐 수 있는 상태까지 회복됐다. 지금은 보호자와 산책도 나가고 건강히 잘 지내고 있다. 여기에 다 적을 수 없을 정도로 여러 번의 고비가 있긴 했지만 그때마다 렉시의 보호자는 진짜 '확실한 최선'에 대한 의지를 보여 줬다. 내가 렉시를 끝까지 살려 낼 수 있도록 한 원동력이 바로 그 의지였다. 렉시 가족은 삶과 죽음을 바라보는 나의 시선을 완전히 바꿔 주었고 내가 무엇을 위해 사는 사람인지 깨닫게 해 주었다.

반려동물에게 감정이 존재할까?

열다섯 살 먹은 노견이었던 순돌이도 기억에 남는 환자 중 하나다. 순돌이는 멀리 수원에서 내원했다. 보호자는 순돌이가 디스크 때문에 걷지 못해서 치료를 받으러 왔다고 했다. 디스크처럼 신경계 질환 환자가 내원하면 나는 걷는 모습부터 유심히 관찰한다. 병원 로비에서 순돌이를 걷게 하는데 열다섯 살 먹은 노견의 걸음이라고 보기에는 너무나 쌩쌩하게 잘 걸어 다녔다. 심지어 총총 뛰기도 했다. 이상한 부분을 찾기 위해 한참 관찰했지만 찾을 수가 없어서 고개를 갸웃거리며 보호자에게 말했다. "제가 보기에 순돌이는 너무 잘 걷는데, 어떻게 생각하시나요?" 보호자 말로는, 순돌이가 집에서도 저렇게 걷긴 하는데 도통 걸으려고 하지 않는다고 했다. 이상했다. 신경계 환자는 잘 걸었다 못 걸었다 하지 않는다. 단순히 디스크만의 문제가 아닌 다른 문제가 있는 듯했다. 그래서 보호자와 함께 진료실에서 차근차근 이야기를 나눴다. 이 상담 시간 때 중요한 정보를 얻는 경우가 많다. 시시콜콜한 것을 묻고 환자의 견생에 대해서 듣는데, 순돌이의 이야기는 이랬다.

보호자는 원래 순돌이를 포함하여 개 2마리와 함께 살고 있었다. 두 개는 사이가 좋았고 집 앞에 작은 정원이 있어 매일 사이좋게 뛰어 놀았다고 한다. 순돌이는 한번 나가면 나중에는 보호자가 데리고 들어와야 할 정도로 활동성이 좋아 거의 집 안으로 들어오지 않고 종일 뛰어놀았다고 한다. 무척 활발하고 밝은 아이였다. 그런데 순돌이 말고 다른 개가 어느 날 갑자기 급성 신부전증(갑작스레 신장 기능이 떨어져서 더 이상 몸 안의 노폐물을 몸 바깥으로 배출하기 어렵고, 정상적으로 오줌을 만들기 어려워지는 상태)으로 세상을 떠났다. 그 뒤 순돌이는 정원에 내놓아도 스스로 집으로 들어와서 누워 있고, 보호자가 근처를 왔다 갔다 해도 누운 채로 눈만 굴려 쳐다보기만 한다고 했다. 잘 먹지도 않고 심지어 자다가 몸부림을 치며 깨기도 했다. 그래서 동네 동물병원에 진찰을 받으러 갔는데 그곳에서 엑스레이를 찍어 보고는 아마도 디스크 때문인 것 같다고 해서 2개월가량 치료를 받았다. 그러나 순돌이의 증상은 잠깐만 좋아지더니 이후 더 나빠지고 있다고 했다. 엑스레이 사진을 보니 확실히 척추뼈 상태가 좋지는 않았다.

걸어 다닐 수 있을까 싶을 정도로 척추 협착증(뇌에서부터 팔다리까지 이어지는 신경이 지나가는 통로인 척추관이 좁아져 신경을 압박해 마비 증상을 유발할 수 있는 질환)이 심했다. 하지만 사진보다는 훨씬 정상에 가깝게 걷는 모습을 봤기 때문에 그것이 진짜 원인은 아닐 거라는 생각이 들었다. 종합적으로 판단하자면, 순돌이는 못 걷는 게 아니라 안 걷는 것이라고 생각했다. 보호자와 상담을 한 후 순돌이의 문제를 일명 '펫로스 증후군'으로 진단했다. 사랑했던 동물 친구를 떠나보내고 큰 상실감에 우울증 증세가 온 것이다. 이 내용을 설명했더니 보호자가 한참을 울었다. 본인도 반려동물을 잃고 너무나 힘들게 견디고 있는데 순돌이가 자신과 같은 감정을 느끼고 있다는 사실을 깨달은 것이다. 순돌이는 2주 동안 침과 한약으로 마음의 상처를 치료받은 후 원래의 모습으로 되돌아갔다. 보호자가 밖에 나갔다 오면 반갑게 맞아 주고 정원에 나가서 뛰어놀기도 한다고 했다.

한방수의학으로 진료하다 보면 환자를 대하는 시선이 달라진다. 현대 의학은 환자의 국소 문제에 집중한다. 방광염, 피부염, 외이염(귀 바깥쪽에 염증이 생기는 것), 폐렴, 신부전, 췌장염 등 문제가 일어난 부위를 집중적으로 살피고 치료하려고 노력한다. 반면 한방수의학은 환자의 국소 문제뿐 아니라 몸과 정신 전체를 같이 살핀다. 환자가 전체적으로 조화롭게 건강한 상태를 유지하는지 면밀히 살피는 것이다. 귓병이 있는 아이는 귀의 문제만이 아니라 최근에 어떤 마음의 문제를 겪었는지 그로 인한 다른 문제가 있는 것은 아닌지 넓고 다양한 관점에서 철저히 환자 상태를 검진한다. 진정한 의미의 '예방 의학'이라고 할 수 있다. 수의사에게는 아픈 동물을 낫게 하는 게 1차 목표지만, 건강하게 자신의 삶을 잘 살아갈 수 있도록 돌보는 일이 종래의 목표라고 생각한다.

순돌이가 원래 모습으로 돌아오니 보호자가 자신의 우울증도 많이 나아졌다고 했다. 이 말을 듣고 내가 하는 일에 정말 큰 보람을 느꼈다. 순돌이와 보호자는 최소한 순돌이에게 다시 문제가 생기기 전까지 즐거운 이야기를 계속 만들어 갈 것이다. 이 둘의 행복을 생각하면 나 또한 무척이나 행복해진다.

수의사는 '스토리 커넥터(story connector)'

렉시와 순돌이 말고도 다양한 환자를 치료하는 과정을 거치며 난 수의사라는 직업을 이렇게 정의했다. '반려동물과 그 가족의 행복한 이야기가 아름답게 이어지도록 도와주는 사람'. 몇 시간 안에 죽을 것 같았던 개가 3년 넘도록 건강하고 행복하게 가족과 함께하는 모습을 보면서 항상 최선을 다해야 한다는 생각을 품게 된다. 내가 무엇을 하는 사람인지, 단순히 아픈 동물을 치료하는 사람인지 돌아보게 됐다. 한 방수의학은 동양의 자연 철학을 바탕으로 생성되어 '우주-자연-인간'

을 개별 분석 대상으로 보지 않고 하나로 연결된 전체로 본다. 즉 '나'만 보는 것이 아니라 내 주위를 둘러보고 주위와 잘 어우러져 살아가야 한다는 뜻이다. 이는 동양 철학의 핵심 개념으로 음양오행 이론에서 나타난다.

이 직업을 시작할 때는 이리도 감동스러운 일이 될 것이라고는 생각하지 못했다. 하지만 이 일을 하면서 너무나 감사한 점은 반려동물을 정말 사랑하는 사람들을 만날 수 있다는 것이다. 그들이 반려동물을 대할 때 최선을 다하는 모습을 보면 내 마음이 저절로 경건해진다. 반려동물은 우리에게 왜 필요할까? 생명을 존중하고, 맺어진 인연을 위해서 최선을 다하는 사람들을 만날 수 있어 행복하다.

난 내 삶이 행복하기를 바란다. 그런데 내가 진짜 행복하려면 나뿐 아니라 내 주위의 사람이 다 행복해야 한다고 생각한다. 만약 내 친구가 매일 울고 있다면 난 그 친구를 걱정할 테고 나도 마음이 불편할 것이다. 그래서 내 주위의 사람들이 다 행복하길 바란다. 신기하게도 내 주위 사람들은 거의 다 동물을 진심으로 사랑하고 동물과 교감하며 행복을 느끼는 사람들이다. 그들이 반려동물과 함께 살아가는 이야기가 아름답게 이어지고 즐거운 추억으로 남을 수 있도록 돕는 일이 나의 역할이다.

환경이 개의 행동을 만든다

| 설채현 |

건국대학교 수의학과를 졸업하고 옥수수동물병원 진료 수의사로 근무했다. UC 데이비스와 미네소타대학교에서 임상동물행동의학 익스턴십 과정을 수료했다. 국내 수의사 최초로 KPA(Karen Pryor Academy) 인증 클리커 트레이너 자격을 획득했으며, KPA 유기견 보호소 행동학 과정을 수료했다. 씨티칼리지 동물행동학 교수, SBS 〈동물농장〉, MBC 〈하하랜드〉, tvN 〈대화가 필요한 개냥〉, 채널A 〈개밥 주는 남자〉, EBS 〈세상에 나쁜 개는 없다〉에 자문 및 출연했다. 캘리포니아수의사회와 미국동물행동학회의 정회원이며, 현재 그녀의동물병원(행동학 진료 전문) 원장 수의사다.

나의 첫 개, '슈나'를 만나기까지

어렸을 적부터 나는 동물을, 특히 개를 정말 좋아했다. 무역업을 하시던 친구 아버지께서 일본에서 가져다주신 개 관련 책을 하루에도 네댓 번씩 읽고, 개를 키우는 친구 집에 매일 놀러 다니느라 바빴다. 어머니는 개를 무척 좋아하셨지만 당신이 어렸을 때 집에 불이 나 키우던 어미 개와 강아지를 잃은 기억이 있었고, 개를 키우게 되면 관련된 모든 일이 자기 몫이 될 거라 생각하셨다(결과적으로 그 생각은 사실이 되었다). 아버지는 시골에서 자라서 네 발 달린 동물은 집 안에서 키우는 게 아니라는 생각을 가지고 계셨다. 그런 부모님 밑에서 자란 나에게 개를 키우는 것은 큰 욕심이었다.

내가 개를 좋아하는 것을 알고 계셨던 어머니는 반에서 1등을 하면 강아지를 사 주겠다고 약속하셨다. 그래서 나는 정말 열심히 공부했다. 항상은 아니지만 여러 번 1등을 했다. 하지만 안타깝게도 강아지는 없었다. 나는 속고 또 속았다. 속는 것에 대해 아쉬움을 표하면 어머니는 강아지 대신 거북, 이구아나 등 다른 동물을 사 주셨다.

지금은 그렇게 생각하지 않으시지만 그 당시에는 개보다 손이 덜 가고 헤어질 때의 슬픔이 개보다 덜하다고 생각하셨던 것 같다. 당시 나도 이구아나와 거북에게 제대로 된 사랑을 주지 못했고 수의사가 된 지금도 생각해 보면 그 아이들에게는 너무나 미안하다. 어찌 보면 그 아이들을 제대로 보살피지 못하는 나를 보며 어머니께서는 더욱더 개를 키우면 안 되겠다고 생각하셨는지도 모르겠다.

그렇게 개를 키우는 친구 집을 전전하며 대리 만족을 해야 했다. 이번에는 꼭 사 주겠다는 어머니의 말을 믿으며 학창 시절을 보냈다. 그리 좋은 방법은 아니었지만 어머니의 약속과 개에 대한 열망으로 공부를 열심히 하게 된 것 같다.

어느덧 고등학교에 진학한 나는 집에서 버스로 40분 정도 걸리는 학교로 통학하게 됐다. 버스 안에서 공부는 하기 싫고 이런저런 상념에 젖어 들다 보니 남들보다 조금 일찍 미래에 대한 고민을 시작하게 되었다. 초등학교 때는 정말 많이 설치고 다녀서 별명까지 '설치'였던 나는 개그맨이 되고 싶었고, 미술 학원에 다닐 때는 화가가 되고 싶었다. 중학교 때는 그냥 돈을 많이 벌 수 있다는 이유로 치과 의사가 되고 싶었다. 그리고 고등학생이 되어서는 통학 버스 안에서 바깥을 보면서 '문득 어떤 일을 하면 행복하고 경제적으로도 여유로울 수 있을까'를 생각했다.

어느 순간부터 등굣길에 있는 동물병원이 눈에 들어왔다. 외진 동네의 병원이었지만 항상 사람이 꽉 차 있는 모습을 보면서 '아! 나는 개를 좋아하니까 수의사를 하면 되겠구나. 사람이 저렇게 많으니 재밌게 일하면서 돈도 벌 수 있겠다'라는 생각을 하게 됐다(결과적으로 이 생각은 반은 맞고 반은 틀렸다). 그때부터 고등학교 생활 내내 나의 학생 기록부 장래 희망을 적는 칸은 '수의사'로 채워졌다(결국 이것이 나를 수의사로 만들었다).

나의 첫 개이자 지금도 우리 집 상전인 '슈나'(슈나우저 종이라고 아버지께서 이름을 이렇게 지으셨다)는 고등학생 때 만났다. 2002년 한일월드컵이 한창이었던 고등학교 2학년 때 이모님 댁의 개가 새끼를 낳았고, 공부하느라 스트레스를 받던 나를 위해 어머니는 슈나를 데려오셨다. 15년 동안의 숙원이 이루어지는 순간이었다. "오빠한테 와" "엄마한테 와" 하며 슈나를 부르던 가족들에게 "무슨 개 오빠, 개 엄마냐"라고 하시던 아버지는 일주일이 채 지나기 전에 "아빠한테 와" 하며 슈나를 부르셨고 아버지의 귀가 시간은 슈나 덕에 점점 더 빨라졌다.

아버지는 등산을 아주 좋아하셨다. 나는 어렸을 땐 사춘기라고, 고등학생 때는 공부한다는 핑계를 댔기 때문에 아버지와 등산 가는 일은 1년에 한두 번 있을까 말까 했다. 슈나는 우리 가족이 된 후 매주 나 대신 아버지와 등산을 했다(지금은 진행성 망막위축증 때문에 앞이 보이지 않고 치매까지 와서 등산을 하지 못한다). 슈나는 그렇게 우리 가족에게 너무나 많은 것을 주었고, 특히 나에게는 수의사에 대한 열망을 키워 주었다.

"너 여기 왜 왔어?"

고등학교 3학년이 되면서 공부 스트레스는 더 커졌다. 밤 10시까지 학교에서 야자(야간 자율 학습)를 하고 집에 오면 슈나가 그 스트레스를 풀어 주었다. 슈나의 응원에 힘입어 수능 시험을 나쁘지 않게 치렀고 어렵지 않게 수의대에 붙을 수 있을 것 같았다. 하지만 그 당시 황우석 박사의 영향으로 수의대 입학 점수가 올라서 예상과 달리 서울에 있는 수의대를 들어가기에는 아슬아슬하게 되었다. 그때 담임 선생님의 "남자 놈이 점수 때문에 꿈을 바꾸냐"라는 한마디 덕분에 수의사의 길을 포기하지 않을 수 있었다. 3년 내내 장래 희망이 수의사라고 적혀 있는 내 생활 기록부를 본 선생님은 세 번의 대학 입시 지원 기회 중 하나는 안전한 과에 쓰고 싶어 했던 나를 설득해 모두 수의대를 지원하게 만들었다. 그리고 결과적으로 나는 수의대가 아닌 좀 더 합격이 보장된 학과를 쓰려고 했던 대학의 수의대에 합격할 수 있었다.

지금도 그렇겠지만 수의대의 등록금은 당시 부모님에게 큰 부담이었다. 당시 나는 등록금이 전혀 없는 카이스트에 이미 합격한 상태였다. 덕분에 부모님은 등록금 부담도 덜고 한껏 아들을 자랑스러워하고 있었다. 그런 내가 수의사가 되겠다고 하자 많이 고민하셨다. 하지만 자식 이기는 부모 없다고 나는 결국 내 뜻대로 건국대 수의대에 입학하게 되었다.

부푼 꿈을 품고 수의대에 입학해 가장 많이 들은 말은 바로 "너 여기 왜 왔어?"였다. 그때 느꼈다. '아, 수의대에 다니는 모든 학생이 나와 같은 생각을 가지고 온 건 아니구나.' 동기들 중에는 의대에 떨어져서 온 친구들이 많았다. 그 친구들 입장에서는 사회적 지위와 평가가 의대

보다 떨어져 보이는 수의대 생활이 불만족스러웠을지도 모르겠다.

물론 지금은 내가 입학했을 당시, 즉 14년 전(2004년)과 수의사에 대한 평가가 정말 많이 달라졌다. 내가 수의대에 입학했을 땐 엄마 친구들이 "카이스트 안 가고 거긴 왜 갔대? 그거 개 팔고, 소 똥구멍에 손 집어넣는 일 하는 거 아니야?" 같은 말을 했다고 한다(소 똥구멍에 손을 집어넣는 건 사실 비하할 만한 일도 아니고 더러운 일도 아니다. 생명 잉태를 판단하는 아주 중요한 일 중 하나다). 또 대학교 1학년 때 아르바이트를 하던 병원 원장님께서 하신 말씀이 기억에 남는다. "10년 전에는 나를 선생님이라고 부르는 사람이 없었는데, 지금은 나를 아저씨라고 부르는 사람이 없어." 지금은 그로부터 다시 10여 년이 지난 만큼 수의사에 대한 인식이 더 많이 변한 건 확실하다.

대학 생활부터 지금까지 변하지 않은 생각은 수의대에는 성적에 맞춰 오기보다 동물을 사랑하고 이 직업에 자부심을 가질 수 있는 친구들이 왔으면 한다는 것이다. 전문직이라고 하지만 정작 일을 해 보면 고생은 고생대로 하고 자기가 생각한 것보다 돈은 벌지 못하는 경우도 많고(현 상황으로 보면 동년배 회사원 친구들보다 많이 벌긴 한다), 동물병원을 운영하기가 쉽지 않다는 것을 느낀다. 뿐만 아니라 말이 통하지 않는 동물을 진료한다는 데 어려움이 있고, 동물을 치료하고 싶은 나의 마음을 몰라주는 보호자와 더 몰라주는 우리 강아지들 때문에 힘이 들기도 한다. 또한 진료 과목을 나누지 않고 모든 분야를 다 알아야 하는 일반의이다 보니 지금까지 공부한 것보다 해야 할 공부가 더 많은 게 분명하다.

수의사라는 직업은 직업에 대한 자부심과 애착 없이는 여러 가지 어려움을 겪을 수밖에 없다. 하지만 직업을 사랑하는 마음만으로 대학에 갈 수는 없으니 정말 하고 싶은 마음이 있는 학생들은 공부를 열심히 하는 방법밖에는 없다. 더불어 공부를 열심히 하는 습관이 몸에 배지 않은 친구들이 수의대 6년 과정을 수월하게 보낼 수는 없을 것 같다.

개, 고양이, 소, 돼지, 말, 닭 그리고 내과, 외과, 치과, 안과, 이렇게 여러 동물과 많은 진료 과목에 대해서 공부를 하다 보니 6년간의 대학 생활 동안 시험 기간이 아닌 날이 별로 없었다. 그래도 돌이켜 보면 좋은 친구들과 선배들을 만나고 인생에서 가장 재미있는 시간이 아니었나 싶다.

'어떤' 수의사가 될 것인가?

미래에 대한 고민은 수의사 국가 고시에 합격하고 수의사가 된 후 다시 시작되었다. 친구들은 "너 그냥 수의사 하면 되잖아"라고 했지만, 나는 어떤 수의사가 될지가 고민이었다. 친구들은 내과, 외과 대학원에 가기도 하고 유학을 가기도 했다(요즘은 우리나라 동물병원도 전문화되어 점점 전문 동물병원이 많이 생기고 있다). 하지만 상황이 넉넉지 못했던 나는 대학원 진학을 포기하고 우선 군 복무를 하기로 결심했다.

남자 수의사들은 공중방역수의사로 군 복무를 대신하게 되는데, 이름 그대로 공중의 방역을 위해 일하는 수의사다. 나는 정말 운이 좋게도 서울에 배치되었다. 소, 돼지, 닭 등이 많은 지방에서 근무하는 친구들에 비하면 정말 고생을 덜했다. 덕분에 남는 시간에는 고등학교 때 통학 버스 안에서 그랬던 것처럼 어떤 수의사가 될 것인가를 고민할 수 있었다. 선배들의 이야기를 들어 보면 동물병원도 이제 하나 건너 하나 있을 만큼 많아져서 병원을 개업한다고 예전만큼 돈벌이가 되는 것도 아니라는데, 나는 어떻게 차별화를 해야 할지가 가장 큰 고민이었다.

생각해 보니 대학생 때 수의대에 다닌다고 하면 친구들이 '우리 애가 아픈데 어떻게 해야 하냐'보다 행동학적인 문제를 더 많이 물었다. "우리 집 강아지가 화장실을 못 가리는데 어떻게 해야 해?" "우리 집 개는 집에 혼자 두면 엄청 짖어서 옆집에서 항의를 하는데 어떻게 해야 돼?" 등등. 사실 수의대에 다니면서 모른다고 하기가 부끄러워 열심히 대답해 줬다. 그런데 그 대답은 모두 인터넷 검색과 TV 프로그램 또는 외국 영상을 보고 대충 알게 된 내용들이었다. 내가 졸업할 때까지만 해도 수의대에서 동물행동학은 거의 배우지 못했기 때문이다(현재는 간단한 수준은 배우는 것으로 알고 있다).

또 동물행동학을 공부하면 수술이나 내과적 처치가 아니더라도 개들을 살릴 수 있는 다른 길을 찾을 수 있을 거라는 생각이 들었다. 우리나라는 얼마 전 이슈가 된 강아지 공장, 사회화의 부재, 자칭 전문가들의 난립 등 반려동물 문화에 상당한 문제가 있었다. 나는 수의사가 제대로 동물행동학을 공부한다면 그 문제 해결에 조금이나마 도움이 될 테고 안타깝게 버려져서 안락사당하는 아이들을 살릴 수 있겠다고 생각했다.

그때부터 동물행동학을 독학하기 시작했다. 독학이다 보니 시행착오도 있었다. 칭찬을 통한 교육 방법인 긍정 강화 교육 방법이 우리나라에서 아직 시도되기 전이었다. 당시 관련 분야에서 가장 화제가 되던 사람은 미국의 유명한 트레이너였다. 〈내셔널지오그래픽〉 채널에서 그 사람이 하는 방송을 내보내기도 했다. 그는 개들에게 초크체인을 하고 잘못을 할 때마다 목줄을 당겨 아이들에게 충격을 주었다. 또한 모든 문제 행동은 알파 이론(우두머리 이론, 서열 이론)으로 해결할 수 있다면서 실제로 강압적인 방법으로 아이들을 훈련시켰다. 나는 '개는 개'고 결국 이 방법이 최선이라고 믿었다. 그래서 그 사람의 모든 방송을 섭렵했다. 방송을 본 후에는 독후감을 쓰듯 감상평을 노트에 적고, 그 사람의 훈련 내용을 흡수했다. 하지만 이 방법은 좋은 방법이 아니었고 결과적으로 지금 미국에서는 그에게 교육을 받은 반려동물 보호자들이 많은 소송을 걸고 있다.

이 방법이 잘못되었다고 느끼기까지는 그리 오래 걸리지 않았다. 지금은 내 배우자가 된 당시의 여자 친구는 비숑프리제 종의 개 '버블'을 키우고 있었다. 정말 예쁘고 착한 아이지만 한 가지 문제가 있었다. 바로 분리 불안이었다. 버블이는 가족들이 집에 없으면 불안해서 항상 하울링을 했다. 행동학을 공부했고 잘 안다고 생각한 나는 자신 있게 버블이의 문제를 고치겠다고 나섰다. 목줄을 채우고 식탁 밑에 묶어 둔 후 현관문을 나갔다 들어왔다 하면서 만약 버블이가 짖으면 목줄을 당기거나 혼을 냈다. 지금 생각하면 얼마나 멍청하고 부끄러운 짓이었는지 이루 말할 수가 없다. 그때 버블이의 표정을 보며 '아, 이건 아니구나!'라는 생각이 들었다.

개에게도 표정이 있다. 개를 오래 키웠거나 관찰력이 뛰어나거나 동물행동학에 대해서 조금이라도 관심을 가진 사람들은 모두 동의할 것이다. 개의 표정은 과학적으로 증명된 것으로 사람의 표정과 매우 비슷하다. 불안하거나 무서우면 미간을 찌푸리고 눈을 피하며 불안한 눈빛을 띤다. 버블이는 정말 무서웠던 것이다. 형이 나만 두고 밖에 나가는 것도 무서운데 자꾸 알 수 없는 이유로 목줄을 당기고 혼을 내니 혼자 남겨져 있을 때보다 2배는 더 무서웠을 것이다. 나는 마지막에 버블이를 안고 정말 미안하다고 얘기했다. 그리고 동물행동학을 처음부터 다시 공부하기 시작했다.

왜 뇌가 아픈 걸 마음의 병으로만 보려고 하나요

동물행동학을 다시 공부하면서 알게 된 사람이 소피아 인(Sophia Yin)이다. 중국계 미국인으로 미국에서도 인기 있는 동물행동학 수의사였다(동물행동학에 관심이 있는 수의사 또는 보호자들은 소피아 인이 쓴 모든 책을 읽어 보기를 권한다). 그녀가 말하는 내용을 듣고 나는 뒤통수를 맞은 것 같았다. 개들의 심리, 체벌을 하면 안 되는 이유, 칭찬을 통한 교육 방법 그리고 내가 가장 중요하다고 생각하는 사회화까지……. 사실 당시에도 이미 미국, 유럽 등의 선진국에서는 개 교육에 대해 일반화된 내용이었다. 하지만 그보다 훨씬 뒤떨어진 우리나라에서는 내가 동물행동학 공부를 시작할 때만 하더라도 이런 칭찬을 통한 교육, 그리고 사회화의 중요성을 알지 못했다.

소피아 인의 책과 블로그를 보며 공부를 하던 나는 동물행동학에서도 사람의 정신과처럼 행동 약물을 처방한다는 사실을 알게 되었다. 하지만 한국에서는 그 누구에게도 배울 수 없을 것 같았다. 배우더라도 미국에 가서 전문적으로 배우고 싶었다. 그때부터 다시 고민이 생겼다. 가장 큰 문제는 돈이었다. 미국에 가고 싶은데 돈이 없었다. 대학원에 가고 싶었을 때처럼 말이다. 그런데 이번엔 정말 한번 도전해 보고 싶었다.

미국에 가기 위해 전문직 대출을 받았다. 수의사 면허가 나에게 처음으로 도움이 된 때였다(이 대출 덕분에 대학원에 갈 수 있을 정도의 돈을 쓸 수 있었다). 그 후 미국의 모든 수의과대학 목록을 뽑아 그중 행동학 전문가가 있는 학교의 교수들에게 무작정 메일을 보냈다. 사실 나는 매우 수동적인 사람이었다. 한국에서 교육 과정을 거친 대부분이 그렇듯 시키는 것만 잘하면 성적이 좋았고 내가 무엇을 해야 하는지 스스로 생각하지 못했었다. 하지만 현재 같이 병원을 운영하고 있는 다른 원장님의 추진력과 동물행동학에 대해 느낀 중요성, 그리고 확신이 나를 전혀 다른 사람으로 만들었다.

결국 UC 데이비스와 미네소타대학교에서 연락이 왔다. 나는 사실 영어로 외국인과 대화를 할 실력이 못 되었다. 대학교 때도 항상 '임상할 거면 영어는 필요 없으니까 원서 읽을 정도의 독해력만 있으면 되겠지'라는 생각을 했었다. 그래서 부랴부랴 회화 공부를 시작했다.

지금 이 글을 읽고 있는 후배님들께 꼭 말하고 싶은 것이 있다. 영어 공부를 열심히 해야 한다는 것이다. 대부분의 수의학 정보, 특히 최신 정보는 영어로 되어 있다. 또 사람 일이란 게 어떻게 될지 모르고, 동물병원에서 진료를 하더라도 외국인 보호자가 오는 경우가 종종 있다.

그리고 책을 많이 읽길 바란다. 나는 천성적으로 이과 성향이었기 때문에 어렸을 때부터 책 읽기를 참 싫어했다. 태어나서 대학생 때까지 읽은 책을 손에 꼽을 정도인데, 요즘 그것 때문에 참 답답하다. 나는 우리나라에서 유일한 수의사 겸 행동 교육 트레이너로서 여러 곳에서 강의를 하고 이렇게 책을 쓰는 경우도 생겼다. 그런데 내가 아는 것을 잘 전달해 주고 싶은데 잘 되지 않으니 그 답답함 때문에 큰 스트레스를 받는다. 영어 공부와 책 읽기의 중요성은 후배님들께 꼭 당부하고 싶다.

그렇게 영어도 잘하지 못하고 부족한 부분이 많았지만 동물행동학에 대한 열망 하나로 미국에 가게 되었다. 반려동물 선진국인 미국은 확실히 달랐다. 미국의 행동 진료는 사람의 정신과 진료와 다를 바 없었다. 나는 아침부터 진료실에 교수님과 모여 그날 예약된 행동 진료의 문진표와 미리 받은 동영상을 보며 토의하고 서너 건의 진료에도 함께 들어갔다.

다행히 영어도 잘하지 못하는 나를 미국의 멜리사 베인(Melisa Bain) 교수님과 덕스베리 교수님은 정말 가족처럼 대해 주었고 길지 않은 시간이었지만 하나라도 더 알려 주기 위해 노력하셨다. 특히 덕스베리 교수님은 아들이 한국계 입양아라서 엄마처럼 나를 대해 주었다. 한국 음식을 만들어 주기도 하고 한국계 입양아 모임에도 데리고 가 주었다. 예순을 넘은 나이지만 훨씬 젊어 보이는 외모와 포근한 미소는 아직도 잊을 수 없다.

진료에 참여하면서 책으로만 보던 행동 약물의 정확한 쓰임새와 용량 그리고 부작용에 대해 공부할 수 있었다. 그중 인상 깊은 경험이 있다. 분리 불안을 심하게 앓고 있는 몰리라는 푸들이 있었는데 교수님은 2시간의 상담 끝에 몰리에게 프로작(Prozac)이라는 항우울제를 처방했다. 우리나라의 경우였다면 정신과 약을 처방받은 보호자들은 우리 개는 미친개가 아니라며 싫다고 했을 것이다(실제로 행동 진료를 하다 보면 대부분의 보호자가 행동 약물 처방에 거부감을 느낀다). 하

:: 익스턴십 과정은 쉽지 않았지만 동료들의 도움이 큰 힘이 되었다.

지만 몰리의 보호자는 몰리를 쓰다듬으며 "너도 이제 나랑 같은 약을 먹는구나"라고 웃었다.

우리나라에서는 아픈 사람이 정신과 진료를 받는 것에 대해서 상당한 거부감을 갖고 있다. 하지만 행동학을 공부한 전문가로서 나는 항상 보호자들에게 이런 이야기를 한다. "간이 아프고 심장이 아프고 신장이 아프면 약을 먹는데 왜 뇌가 아픈 걸 그냥 마음의 병으로만 보려고 하시나요." 현재 사람에 대해서도 정신 질환 및 행동학적 문제를 뇌의 문제로 보는 편이다. 예를 들어 우리 뇌에서 불안을 관장하는 편도체가 과활성화되면 다른 사람보다 불안을 훨씬 더 많이 느끼게 되는 것이다. 개도 마찬가지다. 실제로 아무리 교육 또는 훈련을 해도 나아지지 않는 개들에게 약물을 처방하고 교육 및 훈련을 병행하면 훨씬 빨리 좋아지는 경우가 많다.

또한 미국에서는 확실한 분업이 되어 있다. 우리나라의 경우는 개들이 문제 행동을 보이면 수의사들이 행동학을 잘 모르기 때문에 바로 훈련사를 연결해 주거나 약간의 조언만 해 주는 경우가 많다. 하지만 미국에서 제대로 된 행동 진료를 받는다면 상담 및 진단 처방은 수의사가 하고 교육 및 훈련적인 부분은 훈련사와 연계시켜 준다. 그 이유는 간단하다. 의학적인 문제 때문에 행동학적 문제가 나타날 수 있기 때문이다. 제대로 된 행동 진료의 첫 단계는 의학적 문제가 있는지 확인하는 것이다.

신경 전달 물질의 합성을 저해하는 갑상선 기능 저하증 또는 스트레스 호르몬의 과분비 등은 행동 문제를 일으키는 가장 대표적인 의학적 문제들이다. 이뿐 아니라 모든 아픈 상태는 행동학적 문제를 일으킬 수 있다. 우리 인간도 컨디션이 좋고 기분이 좋으면 불편한 일이 생겨도 괜찮다고 넘기지만 컨디션이 안 좋거나 아플 때는 짜증을 내거나 화를 내는 것과 같다.

이렇게 먼저 의학적 문제가 있는지 확인을 했는데 특별한 문제가 나타나지 않으면 행동학적 문제로 접근한다. 보통 행동 상담은 2시간 정도 걸리는데 그 과정이 만만치 않다. 우선 보호자가 진료 전에 10장 정도 되는 문진표를 작성해서 보내 주면 그 내용을 검토한 후 상담에 들어간다. 개의 행동뿐 아니라 보호자의 가족 관계, 집의 형태 및 구조 등 세세한 것까지 물어본다. 가끔은 보호자를 위로하느라 내가 동물 행동을 상담하고 있는지 보호자를 상담하고 있는지 헷갈릴 때도 있다.

국내 유일의 수의사 겸 트레이너가 되다

개들의 행동에 대한 진단이 내려지면 일반적으로 미국에서 배워

온 대로 3M을 기반으로 치료한다. 3M은 관리(Management), 약물(Medicine), 교육(Modification)을 뜻한다. 그런데 덕스베리 교수님께서 3M의 마지막 단계인 교육에 대해 나에게 새로운 숙제를 던지셨다. 교수님은 "네가 여기서 배운 것에 조금만 더 노력하면 행동학 진료와 약물 처방은 할 수 있을 거야. 하지만 한국에 올바른 방법으로 아이들을 교육할 수 있는 트레이너가 있니?" 하고 물었다. 내 생각에는 그런 트레이너가 많지 않은 것 같았고 내가 트레이너까지 할 수 있다면 더 좋은 행동 진료를 할 수 있을 것 같았다. 그래서 나는 한국에 들어오자마자 교수님께서 추천한 KPA(Karen Pryor Academy)의 클리커 트레이너 과정에 등록했고 다시 미국으로 갈 준비를 했다.

클리커 트레이너가 되는 과정은 쉽지 않았다. 한국에서 6개월 동안 인터넷 강의를 듣고 필기시험을 본 뒤 20개 정도의 실제 트레이닝 영상을 찍어 보내서 통과하면 하와이에 가서 열흘 정도 실습 시험을 보는 과정이었다. 이 과정을 등록한 후 처음 동영상 숙제를 보자마자 '아, 하와이에 오지 말라는 거구나' 하는 생각이 들었다. 숙제 내용은 상상 이상이었다. 특별히 뛰어난 개들만 할 수 있다고 여겼던 것들을 귀엽지만 평범한 지능을 가졌다고 생각한 버블이를 데리고 해야 하니 정말 막막했다. 결과적으로 그것은 나의 착각이었다. 버블이는 내가 힘들 거라고 예상한 과정들을 수월하게 해 나갔다. 그리고 그 과정을 정말 즐기는 것처럼 보였다. 내가 클리커만 들면 버블이는 행복한 표정을 지었다. 나는 버블이를 포함해서 개들을 과소평가하고 있었던 것이다. 나뿐만 아니라 우리나라 반려견 보호자들 대부분은 개들을 과소평가하고 그들의 잠재력을 끌어내 주지 못하고 있다. 그런 부분에서 우리나라의 반려견들이 상당히 불행하다는 생각이 든다.

:: 클리커 트레이너 과정을 통해 개는 사람과 환경에 의해 얼마든지 바뀔 수 있음을 깨달 았다.

이미 알아챈 독자들도 있겠지만 나는 개들에게 '훈련' 대신 '교육'이라는 말을 쓰고 있다. 2011년도에 나온 인도 영화 〈세 얼간이〉에 "서커스 사자도 채찍에 대한 두려움으로 의자에 앉는 걸 배우지만, 그런 사자는 잘 훈련됐다고 하지 잘 교육받았다고는 하지 않는다"라는 대사가 나온다. 나는 훈련과 교육의 가장 큰 차이는 생각할 수 있는 능력의 유무라고 본다. 내가 트레이너가 되는 과정에서 가장 크게 느낀 것은 개들의 생각하는 능력이 상당히 뛰어나다는 것이다.

개의 행동은 환경에 의해서 만들어진다. 개들은 항상 말이 통하지 않는 사람들의 눈치를 보며 그 행동에 의미를 부여하려고 열심히 생각한다. 하지만 사람들은 개들에 대해 잘 알지 못하고 편한 대로 의인화해 생각하기 때문에 서로 소통에 실패하고 오해가 생기면서 문제 행동이 나타나게 되는 것이다.

개는 사람에 의해 바뀐다는 것을 뼈저리게 느낀 사건이 있는데, 하와이에서 실습 시험을 볼 때였다. 내가 그동안 교육시킨 버블이를 데려갈 수 없었기 때문에 새로운 강아지를 연결시켜 주었는데 나에게 배정

:: 행동 진료 및 교육에 대해 강의할 때마다 반려동물에 대한 이해와 공부를 강조한다.

된 골든 리트리버는 도통 말을 듣지 않았다. 5개 정도의 임무를 완수해야 했는데 그중 한 가지는 아무리 가르쳐도 되지 않았다. 세계 각국에서 온 다른 친구들은 모두 시험을 시작하자마자 쉽게 통과했기 때문에 동료들은 나를 가엾게 여겼다. 그들도 이 골든 리트리버가 그 임무를 수행하기는 어렵다고 본 것이다. 3일 동안 그 교육을 성공하기 위해 끙끙거리는 것을 지켜보며 웃고만 있던 나의 스승 테리 라이언(Terry Ryan)은 마지막 날이 돼서야 나를 도와주기 시작했다. 그리고 3일 동안 아무리 해도 성공하지 못했던 일을 단 하루 만에 성공시킬 수 있었다. 앞에서 말했듯이 개들은 분명 생각하는 능력이 있다. 그리고 그 생각하는 능력을 최대한 끌어내 주는 것이 사람의 역할임을 다시 한

번 깨달았다. 물론 개들도 사람과 마찬가지로 확실히 한계는 있다. 어떤 개들은 쉽게 하는 행동을 다른 개들은 못 하는 경우도 많다. 하지만 우리는 그 한계를 너무 쉽게 예단하고 있는 것은 아닌지 생각해 볼 필요가 있다.

이렇게 나는 국내 유일의 수의사 겸 트레이너가 되었다. 처음에는 정말 막막했지만 지금은 행동 진료 및 교육, 강의도 꾸준히 나가고 있다. 나의 진료로 새로운 삶을 찾았다며 행복해하는 보호자들의 감사에 보람을 느끼기도 하고, 꾸준한 노력과 인내심이 필요한 행동 문제 해결 과정에서 중간에 포기하거나 호전이 없는 아이들을 보며 슬퍼하기도 하고 내 능력의 한계를 느끼기도 한다. 하지만 확실한 것은 이 일은 수의사가 해야 하는 일이며 정말 재미있고 보람 있다는 것이다.

마지막으로 이 글을 읽고 있는 여러분에게 질문하고 싶다. 일상에서, 그리고 매스컴에서 이제 애완동물이라는 말 대신 반려동물이라는 말을 쓴다. 그런데 과연 우리는 그 정확한 뜻을 알고 있을까? '반려'는 짝 반(伴)과 짝 려(侶), 이렇게 짝이 두 번이나 들어가는 말로 진정한 짝이 되는 동무라는 뜻이다. 그런 짝이 되는 동무에 대해서 제대로 알지 못한다면 그것이 진정한 반려일까 하는 생각이 든다. 의사소통이 가능한 사람들끼리도 서로 잘 모르고 소통이 안 되어서 《화성에서 온 남자 금성에서 온 여자》라는 책이 베스트셀러가 되지 않았는가. 그만큼 서로 다르고 또 이해해야 한다는 것이다. 하물며 종도 다르고 의사소통도 안 되는 개를 키우면서 그들의 본능, 언어, 심리, 행동에 대해 전혀 공부하지 않는다면 그들을 진정한 의미에서 반려동물이라고 할 수 있을까. 결국 개의 교육보다 더 중요한 것은 그들의 보호자인 우리의 교육인 것이다.

더 넓은 수의사의 세계

3장

인생에 '만약'이란 없다

| 오순민 |

1962년생. 서울대학교 수의과대학을 졸업했다. 현재 농림축산식품부 방역정책국장이자 대한민국 수석수의관
으로 일하고 있다. 2009년, 2010년 서울대학교 수의과대학 수의법규 강의를 했으며, 2016년 제2회 대한민국
공무원상을 받았다.

이제 와서 보면 '나는 공무원이 될 팔자(?)였구나' 하는 생
각이 든다. 나는 1981년에 서울대학교 수의과대학에 입학해 1988년에
졸업했다. 그때는 졸업 후 공무원이나 농협 등 준공무원 조직보다는
동물 약품 회사나 사료 회사 등 사기업에 들어가는 것이 일반적이었고,
일부는 동물병원을 개원했다. 나 역시 졸업과 동시에 동물 약품 제조
회사에 입사했다. 그곳에 1년 정도 다니다가 단미사료(單未飼料) 회사
로 옮겼는데, 막상 근무해 보니 업무와 전망이 내가 원했던 것과 차이
가 있었다. 향후 진로에 대해 고민하다가 선배가 중역으로 있던 다른
회사로 옮기기로 하고 그 시기를 기다리면서 잠시 쉬고 있었다. 그런
데 그 회사 사정으로 계획이 수포로 돌아가 버렸다. 나도 당황했고 그
선배도 미안해하면서 당시 국립동물검역소(현 농림축산검역본부)에서

신규 공무원을 채용하고 있으니 응시해 보라고 추천해 주었다. 나 역시 취직을 해야 하는 상황이었고 공무원 생활도 괜찮을 것 같아 응시원서 접수 마지막 날에 가까스로 접수하고 시험을 봤는데 덜컥 합격했다. 그때는 평생 공무원을 하겠다는 생각보다는 예비용 직장으로 생각했던 측면이 있었다. 만약 원래 계획대로 되어 그 선배의 회사로 옮겼다면 나는 지금 어떤 모습으로 살아가고 있을까? 인생에 '만약'이란 없기 때문에 그 당시의 상황들은 내 인생에서 이미 계획되어 있던 것이라고 생각하기로 했다. 여하튼 그렇게 28년 차에 접어든 공무원 생활이 시작되었다.

동물도 출입국 검사가 필요하다

1990년 5월 11일 나는 드디어 국립동물검역소에 입사하면서 정식 공무원이 되었다. 당시 동물검역소는 사상 최대 인원인 40명을 선발했는데 그중 동기 7명과 함께 전북 군산지소에 첫 발령을 받았다. 동물 검역소는 서울 본사(등촌동)와 서울(김포공항), 인천, 부산, 군산, 제주 등 5개 지소를 두고 있었다. 우리나라의 돼지고기가 일본으로 많이 수출되던 시기였기 때문에 수출 검역이 동물검역소의 주요 업무 중 하나였다. 당시에는 수출 검역을 할 검역 공무원이 부족한 시기여서 우리는 이틀 정도 간단한 교육을 받고 검역관으로서 바로 현장에 투입되었다. 사실 나는 학교에서 검역에 대해 배웠는지 기억이 나지 않을 정도로 무지했다. 그리고 민간 산업체를 감독해야 하는 낯선 일이었기에 처음에는 많이 긴장하면서 어설프게 업무를 시작했다.

우리가 한 수출 검역은 일본 수출용 돼지고기를 생산하는 돼지에 대한 도축 검사와 잔류 물질 검사를 하는 것이었다. 나와 동기들은 수의사로서 나름 고급 인력이라고 자부했는데 일반 기업에 비해 상당히 적은 봉급을 받으면서 도축장이라는 험한(?) 장소에서 단순 업무를 했기 때문에 회의와 실망감을 느꼈다. 그럼에도 불구하고 국가 일을 하고 수출을 지원한다는 데서 보람을 찾고 점차 업무에 적응하면서 공무원이 되어 갔다.

내가 속한 군산지소는 매주 관할 지역인 전라남북도, 충청남도 내의 수출 도축장과 돼지고기 수출 업체를 순회 출장하는 현장 검역, 군산항에서의 CIQ 업무, 천안 지역 등의 병아리 농장에서 수입하는 초생추(부화한 지 하루가 지난 1일령 병아리)에 대한 검역을 주로 했다. CIQ 업무란 공항만 내 입·출국장에서의 세관(Customs), 출입국 관리(Immigration), 검역(Quarantine) 업무를 말하는데 우리는 군산항을 통해 들어오는 입국자들에 대한 불법 축산물 반입 단속, 입국자들이 데려오는 개나 고양이 등 동물 검역이 주를 이루었다. 매주 금요일 저녁은 출장자들이 군산지소 사무실에 모여서 소주 한잔 기울이면서 정보 교환도 하고 스트레스도 해소하는 등 새내기 공무원들의 애환을 위로하는 시간이었다. 2000년에 우리나라에서 구제역이 발생하면서 지금은 일본으로 돼지고기 수출이 중단된 상태다.

1991년에 김포공항으로 근무지를 옮겼다. 당시 김포공항은 검역관이 선호하는 근무지 중 하나였다. 그곳의 주요 업무는 해외 여행객을 상대로 하는 현장 검역이었다. 공항과 항만의 CIQ 구역 내에서 입국자들이 불법으로 가져온 수입 금지 지역의 축산물이나 검역을 받지 않은 축산물을 찾아내서 압수하고, 가져오지 못하도록 교육과 홍보를 하는 일이었다. 김포공항에서는 종종 연예인이나 유명인을 볼 수 있었는데 독특하면서도 즐거운 경험이었다.

기억에 남는 에피소드가 하나 있다. 내 외모는 얼핏 보면 외국인으로 착각할 정도로 이국적이다. 공항에 근무하는 검역관들은 CIQ 구역 내에서 제복을 입고 근무하는데, 어느 날 뒤에서 어떤 아주머니가 내 어깨를 두드리며 "선생님" 하고 불렀다. CIQ 구역 내에서 제복을 입은 근무자에게 입국 관련 업무를 물어보는 일은 흔하기 때문에 나는 뒤돌아보면서 "예, 무엇을 도와드릴까요?"라고 대답했다. 그런데 순간 아주머니가 내 얼굴을 보고 당황하면서 "Oh! I am sorry"라고 하는 것이 아닌가? 그 아주머니는 나를 외국인으로 착각하고 외국인에게 실수했다고 생각한 것이다. 나는 웃으면서 "저 한국 사람입니다" 하고 대답한 후 도와드렸다.

그곳에서 현장 검역 업무를 하면서 많은 사람이 아직도 검역에 대해 잘 모른다는 것을 느꼈다. 예를 들면 어느 어르신은 30년 만에 고국으로 돌아오면서 친척들 선물용으로 고기를 가져오기도 했고, 어떤 젊은이는 해외에서는 아무런 문제없이 먹었던 고기인데 왜 압수하느냐면서 항의하기도 했다. 이런 상황이 벌어지는 것은 검역에 대한 이해가 충분치 못하기 때문이다. 그래서 검역관은 이런 사람들과 매번 실랑이를 벌여야 한다. 검역관의 조치를 이해하는 사람도 있지만 대부분은 항의를 하거나 불쾌해했다. 동료 중 하나는 어르신이 화나서 던진 고기에 맞은 적도 있다. 그들의 심정을 이해하지 못하는 바는 아니나, 법을 집행해야 하는 우리도 편하지 않기는 마찬가지다. 정부에서는 많은 예산을 들여서 불법으로 축산물을 가져오지 말라고 지속적으로 홍보하지만 현재도 해마다 많은 쇠고기, 돼지고기 등 축산물이 입국 과정에서 압수 폐기되고 있다.

2002년 월드컵 열풍과 2008년 광우병 파동 속에서

1998년 8월에 동물검역소는 또 다른 수의 전문 기관인 가축위생연구소와 확대 통합되어 국립수의과학검역원이라는 새로운 기관으로 탄생했다. 업무도 검역과 축산물 안전 위생, 가축 방역 그리고 수의 관련 연구로 확대되었다. 새로운 기관은 안양에 본원을 두었으며, 나는 그곳으로 자리를 옮겨 기획과 축산물 위생 안전, 가축 방역 등 다양한 업무를 담당하게 되었다. 그중 가축 방역 업무는 기관이 통합되어 방역 업무가 추가된 이후 가장 '핫'하고 중요한 업무였다.

2002년 5월 2일에 경기도 안성에서 구제역이 발생했고 그 후 경기도 용인, 충북 진천 등으로 확산되었다. 그런데 그해 5월 31일부터 한 일월드컵이 우리나라에서 개최되고 용인과 인접한 수원월드컵경기장에 서는 6월에 네 경기가 열릴 예정이었다. 구제역이 발생하면 방역 지대 (발생 농장 중심으로 500미터 이내, 3킬로미터 이내, 10킬로미터 이내) 를 설정하고 그 안에서는 가축 등의 이동을 통제하고, 집회나 모임도 제한한다. 구제역이 기존 발생지 인근인 수원 등 다른 장소에서 추가로 발생할 위험이 큰 상태였다. 만일 수원에서 구제역이 발생한다면 수원 월드컵경기장에서 경기가 열리지 못할 수도 있었다. 정부는 국제 행사 를 치르는 마당에 그런 상황이 발생하지 않도록 초긴장 상태로 구제역 차단을 위해 총력 대응했다. 다행스럽게도 수원에서 구제역이 발생하 지 않아 수원월드컵경기장에서 경기를 무사히 치를 수 있었다.

지금은 가축 방역 관련 시스템이 많이 개선되어 과학적이고 체계적 으로 대응하고 있다. 하지만 당시에는 발생 농장의 전체 가축과 필요 할 경우 발생 농장 중심으로 3킬로미터 이내에 있는 모든 감수성 가축 도 살처분했다. 그리고 발생 지역을 중심으로 이동 통제 지역 및 도간 경계 도로를 통제로 통제하면서 모든 차량에 소독을 실시하는 등 아날 로그적인 방역 조치를 했다. 구제역이나 고병원성 조류인플루엔자(AI) 가 발생하면 그 지역의 모든 축제가 취소되고 지역 이미지가 하락하는 등 지역 경제에 엄청난 피해를 입는다. 일반 국민도 이동 통제와 소독 등 방역 조치로 많은 불편함을 겪는다.

2004년 나는 사무관으로 승진해 방역상황실장으로 발령받았고 그 때부터 본격적인 방역 업무를 담당하게 되었다. 당시 나는 축구를 하다 왼쪽 무릎의 전방 십자 인대가 끊어지는 부상으로 수술을 한 상태 였다. 그런데 경기 포천에서 고병원성 조류인플루엔자가 발생해 목발을 짚고서 밤새워 전체적인 현장 상황을 체크했다. 또한 매일 농식품부의 지시와 역학 조사 결과를 분석해 추가 방역 조치 대상 차량, 농가, 사람의 이동을 통제하도록 하는 등 추가 확산을 위해 총력을 기울여 대응했다.

검역원에서 방역 담당 사무관으로 생활하던 중 2006년 5월 9일에 농림부 축산국 가축방역과로 발령을 받아 검역 업무를 맡게 되었다. 중앙부처의 검역 업무는 정책 입안과 결정을 해야 하는 업무가 상당수 있어 앞서 언급한 검역원의 현장 검역 업무와는 다른 중압감이 있다. 중앙부처 사무관은 자신이 입안한 정책이 국가 정책의 초안이 되므로 더욱 전문성이 있어야 하고, 가장 많은 고민을 해야 한다. 사무관이 입안한 정책 초안이 검토되고 보완되면서 국가 정책이 되는 것이다. 나중에 내가 과장이 된 후 되돌아보니 사무관 자리가 얼마나 중요하고 열심히 고민해야 하는 자리인지 알게 되었다. 과연 내가 사무관(서기관) 때 그만큼 열심히 했는가 반성도 되었다. 검역본부에서의 검역 업무는 규정에 따라 현장에서 집행하는 현장 중심인 반면, 중앙부처에서의 업무는 정책 중심으로 국가 전체를 생각해야 하고 다른 국가와의 관계 등 국제적인 상황까지 종합적으로 고려해서 판단해야 한다. 어떤 사항에 있어서는 국내 축산업계나 일반 국민들의 요구를 그대로 수용하기 어려운 상황도 있다. 검역은 비관세 장벽으로 수입을 막을 수 있는 중요한 수단이지만 이는 어디까지나 국제 기준과 과학적인 근거를 바탕으로 이루어져야 한다.

국내 정서에서는 해외 축산물 수입을 금지하기를 원하나 국제 기준과 과학적인 근거를 바탕으로 업무를 수행해야 하는 과학자인 수의사 입장에서는 그런 부분에 답답함과 한계를 느낄 때가 있다. 아직도 많은 사람이 기억하고 있을 2008년 이명박 정권 출범과 동시에 나라를 뒤흔들었던 미국산 쇠고기 파동, 일명 광우병 파동이 일었을 당시에 나는 담당 사무관이었다. 2003년 미국에서 소해면상뇌증, 일명 광우병(BSE)이 발생해 미국산 쇠고기의 수입이 전면 중단된 후 국제 기준 등에 따라 미국산 쇠고기의 수입을 재개할지가 문제의 핵심이었다. 당시 미국산 쇠고기의 수입 재개 결정은 수년간 세계동물보건기구(OIE)의 국제 기준과 BSE에 대한 과학적인 근거를 바탕으로 수차례 전문가 회의와 검토와 논의를 거쳐서 이루어졌다. 그러나 당시 한미 FTA를 반대하는 측이 쇠고기 문제를 전면에 내세우면서 한미 FTA 반대 분위기를 이끌었다. 그 과정에서 나는 수의사로서 전문가들에게 많이 실망했다. 온갖 비과학적이고 비논리적인 괴담이 소셜 미디어를 통해 퍼지면서 여론을 주도하고 국민을 현혹할 때 '진실은 이것이다'라고 분명하게 말하는 전문가가 없었다. 물론 그런 전국적인 분위기에서 어느 전문가가 '아니요'라고 말할 수 있겠는가? 이해는 한다. 당시 정부가 아무리 설명하고 해명해도 언론이나 사람들은 정부의 발표보다 괴담에 더 귀를 기울였고 정부 입장에서의 진실 전달은 어려웠다. 정치권에서도 두 차례의 청문회를 여는 등 막 출범한 정권을 뒤흔드는 엄청난 회오리가 있었다.

그 후 지속적인 정부의 설명과 대한민국학술원 등 전문가 그룹에서 안전성 관련 발표와 대국민 설명 등의 노력을 하면서 사태가 어느 정도 수습되지 않았나 생각한다. 100여 일 이상 전국을 뒤흔들었던 파동은 가까스로 정리되었지만 담당자로서는 여간 힘들었던 경험이 아닐 수 없다. 당시 담당 사무관과 우리 검역계 직원들은 거의 매일 밤샘하며 국회와 언론 등에 대응하느라 엄청 고생했다. 한 선배 공무원은 나를 두고 자기가 공무원 생활하면서 이렇게 고생한 사람을 본 적이 없다며 지금도 그때 이야기를 한다. 담당자로서 당시를 되돌아보면 답답하고 억울한 측면도 많다. 결국 정부가 정책 결정 과정에서 국민과 적극적으로 소통하지 못하고 국민 정서를 제대로 읽지 못해서 그런 상황이 초래되었겠지만 말이다.

골든타임을 사수하라!

검역 업무는 2011년 6월 농수산부의 조직이 개편되어 검역정책과가 신설되면서 동물방역과에서 검역정책과로 이관되었다. 나는 검역 업무를 떠나 방역총괄과(동물방역과의 명칭이 변경되었다)에 남아 있으면서 중가축(中家畜) 방역 관리와 가축전염병 예방법 등 방역 제도 및 예산을 담당하는 업무를 맡게 되었다. 방역 업무는 앞서 잠깐 설명했지만 수의 공무원 조직에서는 가장 중요하면서도 힘들고 부담스러운 업무 중 하나다. 가축전염병은 언제 어떻게 발생할지 예측할 수 없기 때문에 항상 소독과 차단 방역 등 예방을 하도록 농가에 지도하고 있다. 그러나 보이지 않는 바이러스는 바람처럼 농가에 침입해 질병을 발생시키므로 방역은 여간 힘든 일이 아니다.

방역총괄과에서 근무하던 중 2010년 11월 28일 경북 안동의 돼지 농가에서 구제역이 발생했다. 지금도 마찬가지지만 구제역이 발생하면 중앙부처인 농수산부에서 총괄 지휘를 하고 발생한 도와 시군에서 현장 방역을 담당한다. 구제역이 발생한 경북은 물론 전국이 초 비상사태에 돌입해 구제역 확산 차단을 위해 총력전을 벌였다. 그럼에도 불구

:: 가축전염병 확산을 막기 위해서는 골든타임을 사수하기 위한 방역 대책 회의가 중요하다.

하고 구제역은 12월 들어 경북의 다른 지역으로 확산되었고 12월 14일 양주와 연천 등 경기 북부로, 12월 하순에는 강원도까지 확산되는 등 전국적인 확산 양상을 보였다.

2010년 구제역 발생 경과를 분석해 보면 당시 몹시 추운 겨울이어서 소독이 어려웠다는 등 여러 요인이 있지만, 초기에 가축 방역 기관의 판단 착오로 인해 전국적인 확산 사태를 맞게 되었다는 지적이 있었다. 구제역이 확진(11월 28일)되기 이전인 11월 23일 경북 안동의 한 돼지 농장 주인이 지역 가축 방역 기관에 구제역 감염 의심 신고를 했다. 하지만 신고를 받은 가축 방역 기관은 초기 현장 진단에서 구제역이 아니라고 판정했다. 당시는 감염 초기라서 구제역의 특징적 증상이 미약하게 나타나 오진했을 수도 있다. 하지만 그로 인해 구제역에 걸린 돼지 살처분과 해당 농장과 주변 농장의 가축에 대한 이동 통제와 같은 적절한 초기 방역 조치 없이 일주일 가까운 시간을 허비하고 말았다. 덕분에 이 시기에 바이러스가 주변으로 널리 전파되었다. 즉, 골든타임을 놓친 것이다.

또 다른 문제는 구제역 발생 시 바이러스 유입 원인과 전파 경로를 추적하기 위해 역학 조사를 실시하는데 이 과정에서 발생 농장을 다녀간 분뇨 차량 한 대가 경기도로 이동한 사실을 확인하지 못한 것이다. 지금은 축산 차량에 대한 GPS 추적을 통해 해당 농장을 거친 모든 차량을 추적할 수 있으나 당시에는 농장주의 진술과 농장의 기록을 바탕으로 역학 조사를 하고 관련 차량을 추적해야 하는 아날로그적인 시스템이어서 분뇨 차량 정보를 확보할 수 없었다. 결국 이 분뇨 차량으로 인해 구제역 바이러스가 경기도로 전파되어 전국적으로 확산되었다.

보통의 경우 농장 주인이나 종사자는 가축전염병 유입의 책임을 피하기 위해 일부러 정보를 감추는 경우도 있고, 무의식 중에 잊어버리고 진술하지 않는 경우도 있다. 발생 시기가 동절기여서 소독 방역이 어렵기도 했지만 한번 뚫린 방역 울타리와 이에 적절한 조치를 해야 할 시기를 놓치면서 다른 방역 조치들이 효과를 발휘하지 못했다. 이러한 여러 요인으로 경북 안동에서 발생한 구제역은 전남과 전북을 제외한 전국으로 확산됐다. 이 사건으로 인해 347만여 마리의 소와 돼지가 살처분되었고 약 3조 원 가까운 엄청난 경제적 손실이 발생했다. 그리고 현재의 구제역 백신 접종 정책을 도입하게 된 계기가 되었다.

갑과 을을 오가는 업무, 검역

2011년 12월 12일에 과장으로 승진하면서 경기도 안양에 있는 농림축산검역본부로 발령되어 수입위험평가과장과 축산물기준과장으로 근무했다. 그러던 중 박근혜 정부가 들어서면서 2013년 3월에 농식품부(지금은 농림축산식품부로 명칭이 변경되었다)의 검역정책과장으로 발령되어 검역 업무를 맡게 되었다. 다시 맡게 된 검역 업무는 시작도 끝도 없는 업무의 연장으로 느껴졌다. 지난 2008년 미국산 쇠고기 파동이 주마등처럼 스쳐 갔다.

농식품부에서의 검역 정책 입안 및 결정은 다른 국가와의 기술 협의 등 협상이 많은 부분을 차지하는 업무다. 그렇다 보니 국가 경제의 전체적인 측면과 국제 관계도 고려해야 하는 쉽지 않은 일이다. 수입 검역 업무에서는 우리가 갑(甲)의 위치라고 해도 우리 동물 및 축산물을 수출하기 위해서는 을(乙)의 위치에서 상대국에 대응해야 할 때도 있다. 우리가 다른 나라 동물이나 축산물의 수입을 허용할지 검토할 때에는 충분한 조사를 통해 최대한 철저하게 검토하므로 그 기간이 수 년씩 소요되기도 한다. 반면 우리나라의 축산물을 수출하기 위해서는 상대국에 최대한 빨리 조사하고 수입을 허용해 주기를 지속적으로 재촉한다.

동물 검역에서 가장 뜨거운 쟁점 품목은 단연 쇠고기다. 앞서 언급했듯이 미국산 쇠고기에 대해 국민들의 관심이 많다 보니 농식품부 검역정책과장으로 부임해서 마주한 주요 현안 중 하나가 유럽 연합(EU)산 쇠고기 수입 개방 문제였다. 2017년 상반기에 7개 EU 국가에서 자국 쇠고기의 수입 허용을 요청해 둔 상태이며 우리 정부는 절차에 따른 과학적인 평가를 진행하고 있다. 수입 위험 평가는 앞서 설명했듯이 그 나라의 질병 및 위생 관리 제도와 현지 조사 등 과학과 국제 기준을 바탕으로 다양하게 진행하므로 오랜 시간이 소요되는데 우리에게 쇠고기 수입 허용을 요청한 EU 국가들은 한국 정부가 검역을 관세 장벽으로 이용하고 있다며 강한 불만을 표현하고 있다. 반대의 경우로는 우리나라 삼계탕의 미국 수출 문제가 있다. 우리는 2004년 4월부터 미국에 수입 허용을 요청했으나 미국 정부는 기나긴 수입 위험 평가를 실시했다. 결국 2014년 7월에야 우리 삼계탕의 미국 수입이 허용되었다. 10년이라는 오랜 기간이 소요된 것이다.

보이지 않는 바이러스와의 싸움, 방역

2014년 11월 12일 나는 방역총괄과장으로 발령을 받아 방역 업무를 총괄하게 되었다. 대한민국 수석수의관으로서 전반적인 방역 정책을 총괄하는 자리다. 서기관 시절에 가축전염병 예방법과 방역 예산을 총괄하는 업무를 맡은 적이 있어서 방역 업무가 낯설지는 않았으나 과장으로서 느끼는 업무 중압감은 그때와 많이 달랐다.

내가 방역총괄과장으로 발령받은 지 채 한 달도 되지 않은 2014년 12월 3일 충북 진천에서 구제역이 발생했다. 그날은 지인의 생일이어서 오송에서 조촐한 저녁 식사를 하고 있었는데 담당 계장으로부터 전화가 왔다. "과장님, 구제역 신고가 들어왔습니다." 나는 바로 사무실로 복귀해 구제역과의 방역 전쟁에 돌입했다. 이미 1월 16일 고병원성 조류인플루엔자가 발생해 농식품부 차원에서 비상 방역 체계로 운영되고 있었고, 우리 과 또한 방역 체계로 전환한 상태였다. 그럼에도 새로운 업무를 맡고 업무를 채 파악하기도 전에 발생한 구제역이라 당황스럽기도 하고 그간 많이 바뀐 구제역 방역 규정들을 적용하다 보니 초반

:: 구제역 발생으로 긴급회의에 참여 중인 필자.

에 상당히 애를 먹었다.

현재 구제역은 백신을 접종하는 정책을 시행하고 있다. 백신 접종 정책은 바이러스가 가축의 체내에 들어왔을 때 백신 항체가 병의 발생을 억제하는 장점이 있으나 증상 없는 잠복 개체가 바이러스를 지속적으로 배출하는 단점이 있다. 그래서 방역 측면에서는 여간 어려운 것이 아니다. 그러한 상황 속에서 구제역은 산발적이지만 지속적으로 발생하면서 방역 당국을 어지간히 애먹였다. 물론 지난 2010년 구제역과는 비교할 수 없을 정도로 발생이 적었지만 그래도 145일 동안 185건이 발생해 17만 2000마리가 살처분되었다. 그 과정에서 구제역 백신과 관련해 농식품부와 검역본부의 수의사들이 감사와 징계를 받았던 아픔도 있다.

가축 방역에서 가장 중요한 부분은 정부가 마련한 정책이 현장에서 얼마나 실효성 있게 시행되는가이다. 그러기 위해서는 정부의 정책이 현장에서 제대로 시행되는지, 농가가 제대로 방역 조치를 하는지 지자체나 검역본부 등 방역 기관이 확인하고 제대로 이행될 수 있도록 지도 감독하는 시스템이 잘 작동되어야 한다. 최첨단 무기를 사용하는 현대전에서도 결국 최종 고지를 점령하는 자는 보병이듯이, 바이러스가 가축에게 침입하지 못하도록 방어해야 하는 최종 책임자와 수비수는 축산 현장, 즉 농가다. 농가에서 바이러스가 침입하지 못하도록 소독과 예방 접종, 차단 방역 등 방역 수칙을 준수하는 것이 가장 기본이고 중요하나, 그간 구제역이 발생한 농가를 분석해 보면 기본적인 백신 접종이나 외부 차량 등에 대한 출입 통제나 소독 등 기본적인 방역 조치를 소홀히 했던 농가가 많았다. 정부는 올바른 정책 수립과 지원을 하고, 농가는 기본에 충실한 농가 방역 관리를 하는 것이 각자의 임무일 것이다.

보이지 않는 바이러스와 싸워야 한다는 데 방역 업무의 기본적인 어려움이 있지만, 구제역과 AI의 동시 발생은 일선 현장의 어려움을 배가시킨다. 두 가축전염병이 동시에 발생한 지자체는 방역 인력이 절대적으로 부족한 어려운 상황에서도 질병별 방역을 해야 하는 것이다. 2014년 12월 3일 구제역이 발생한 시점에는 이미 고병원성 조류인플루엔자가 2014년 1월 16일 전북 고창에서 발생해 거의 1년 가까이 지속되고 있던 상황이었다. 해당 질병이 발생한 지자체뿐만 아니라 전국 방역 기관의 방역 공무원들은 장기간에 걸친 방역에 이미 지칠 대로 지친 상태였다. 농식품부에는 구제역(방역총괄과)과 고병원성 조류인플루엔자(방역관리과)를 담당하는 과가 분리되어 있지만 시·도 및 시·군 등 지자체에서는 한 방역담당과(팀)에서 구제역과 고병원성 조류인플루엔자를 같이 담당하고 있으므로 그 어려움과 피로도는 말로 표현하기 어렵다. 2014년 이후 구제역과 AI가 매년 발생하는 양상이어서 방역을 담당하는 수의사인 우리는 늘 가축전염병과의 전쟁을 위한 준비 태세로 업무에 임하고 있다.

수의사의 길은 참 다양하고 많은 분야에 걸쳐 있다. 한국직업능력개발원이 발표한 '10년 후 전망이 가장 좋은 직업' 중 수의사는 11위에 올랐다. 수의사의 진로 중 전체 수의 분야에서 동물병원 개업 다음으로 많은 수의사가 근무하고 있는 직종이 공무원이다. 지금까지 1만 8000여 명에게 수의사 면허가 부여되었는데 그중 동물병원에서 일하는 사람은 6000여 명으로 33퍼센트 정도, 공무원은 약 1900명으로 10퍼센트 정도를 차지한다(2016년 말). 수의사로서의 공무원은 특화된 전문가로서 가축 방역, 검역뿐만 아니라 식품 안전에 이르기까지 많은 분야에서 정책 수립과 집행 등 중요한 역할을 맡고 있다. 국가 정책을 수립·집행하는 성취감, 공복(公僕)으로서 국민을 위해 봉사와 헌신하는 자부심과 보람을 느끼고 싶다면 수의사 공무원에 도전해 보길 바란다. 국가는 그런 당신을 기다리고 있다.

나라를 지키는 또 다른 방법,
공중방역수의사

| 엄태윤 |

1987년생. 수의사인 아버지에 이어 수의대에 진학했다. 2014년 건국대학교 수의과대학을 졸업하고 공중방역수의사에 편입되었다. 2015년 경기도 공중방역수의사 대표, 2016년 대한공중방역수의사협의회 회장을 맡았고, 한국마사회에서 말 수의사로 근무했다.

"네가 지금 하는 일이 뭐라고?"

"공중방역수의사. 의사들이 공중 보건 의사로 일하는 것처럼 현역 복무 대신해서 3년 동안 일해."

"그러면 보건소처럼 동물병원 없는 지역에서 진료를 해?"

내가 흔히 받는 질문이다. '수의사' 하면 보통 동물을 진료하는 모습을 떠올리기 때문에 친구들도 대부분 내가 진료를 볼 것이라고 짐작하고 물어본다. 하지만 공중방역수의사는 국가와 지방자치단체의 가축 방역 업무를 지원하기 위해 2006년 처음 공익 수의사에 관한 법률이 제정되면서 탄생했다. 공중방역수의사가 법적으로 하는 업무는 가축 방역, 동물 검역 그리고 축산물 위생 관리 업무다. 흔히 알고 있는 '동물을 살리는 수의사'보다는 '동물을 죽이는 수의사'에 가깝다.

공중방역수의사는 크게 시·군·구청의 가축 방역 담당 부서, 동물위생시험소로 대표되는 시·도 가축 방역 기관(동물위생시험소법이 제정되었으나 아직 전국 가축 방역 기관의 명칭이 통일되지는 않았다) 및 농림축산검역본부 등 세 종류의 기관에서 근무한다. 같은 공중방역수의사라도 어떤 기관에 배치되느냐에 따라 업무는 천차만별이다. 나는 운이 좋게도 3년 동안 동물위생시험소의 본소와 지소, 시청에서 근무를 했던 덕분에 다른 공중방역수의사들보다 더 많은 경험을 할 수 있었다.

간단하게 업무를 설명하면 시·군·구청에서는 가축 방역을 위한 문서 처리 등의 행정 업무, 시·도 가축 방역 기관에서는 가축 방역과 축산물 위생 관련 현장 업무, 검역본부에서는 검역·방역·검사 등을 한다(일부 시·군·구청에서 규정 이외의 업무를 하도록 하는 곳이 있으나 개선 중이다).

사실 학교에서 제공하는 공중방역수의사에 대한 정보는 턱없이 부족하다. 그래서 보통은 가축 방역 업무를 한다는 정도만 알뿐 자세히 알기 어렵다. 공중 보건 의사의 진료라면 어떤 모습일지 바로 그려지는 것과 다르게, 가축 방역 업무는 딱 떨어지도록 설명하기 어려운 측면이 있기 때문이다. 인터넷을 봐도 몇몇 블로그에 현·전 공중방역수의사들이 친절하게 작성해 놓은 복무 관련 글이 있지만, 궁금증을 풀어 줄 만큼 충분하지는 않다. 자세히 써 놓았다 해도 기관별 업무가 워낙 달라 본인에게 직접적인 도움이 안 될 수도 있다. 나 또한 공중방역수의사로 복무하기 전에 검색을 많이 해 봤으나 실제로 하는 일과는 다소 차이가 있었다. 이 짧은 글이 조금이나마 공중방역수의사에 대한 궁금증을 해소하는 데 도움이 되면 좋겠다.

공중방역수의사, 지원부터 배치까지

공중방역수의사가 되는 데에는 두 가지 방법이 있다. 첫째는 수의학과 본과 1학년 때 수의사관 후보생에 지원하는 것이고, 둘째는 수의사 면허 취득 후 공중방역수의사 정원이 미달일 때 추가 모집에 지원하는 것이다. 나는 본과 1학년 때 수의사관 후보생에 지원했고, 수의사 국가시험 합격 후 역종 분류를 통해 공중방역수의사로 편입되었다(역종 분류를 통해 수의장교 또는 공중방역수의사가 된다). 6년간의 수의대 생활 중 마지막인 본과 4학년을 마친 후 1월에 수의사 국가시험이 끝나면 3월에는 훈련소에 입소하게 되는데 흔히 입소 전까지를 인생의 마지막 방학이라고 한다.

나는 논산 육군훈련소에서 4주간 공중 보건 의사, 공중방역수의사 예정자들과 함께 훈련을 받았다. 4주 훈련이 길지는 않았지만(물론 당시엔 4주가 4년 같은 느낌이었다) 현역으로 복무했던 친구들의 고충을 어렴풋이나마 느낄 수 있는 시간이었다. 군대에 먼저 다녀온 친구들에게 감사한 마음이 저절로 생겼다. 훈련소에는 각 지역에서 온 전국 10개 수의과대학 출신의 수의사 동기들과 공중 보건 의사가 될 의사 형들(전문의들이어서 대부분 수의사들보다 나이가 많다)이 10여 명 단위인 분대로 나뉘어 함께 생활했기 때문에 서로 의지하며 잘 지낼 수 있었다. 수의학과는 폐쇄적인 분위기여서 학교 다닐 때에는 특별히 나서거나 기타 대외 활동을 찾아서 하지 않으면 다른 대학의 학생이나 다른 직군과 친해질 기회가 별로 없다. 훈련소에서는 그런 것과 관계없이 4주간 함께 지내며 자연스럽게 친해질 수 있었다. 훈련소 동기들과는 지금까지도 가끔씩 연락을 하며 지낸다.

훈련소에서 퇴소한 후 월요일부터 금요일까지 5일간 전라남도 나주에 있는 농식품공무원교육원에서 공중방역수의사 직무 교육을 받았다(지금도 간혹 하는 얘기지만 나주 연수원은 밥이 참 맛있었다. 훈련소에서 나온 직후라서 그런가 했는데, 사회에서 적응한 3년 차에 공중방역수의사 전국 대표로서 복무 안내를 위해 연수원을 방문했다. 이때에도 밥을 먹었는데 여전히 맛있었다). 이 연수 기간에는 3년간 일하게 될 배치 지역이 결정된다. 또한 연수원에서의 첫날은 만 3년의 복무의 시작이기도 하다. 연수원에서 결정되는 배치 지역은 큰 단위의 광역시·도농림축산검역본부를 일컫는다. 검역본부의 경우는 1개의 시·도로 취급하고, 그 안에서 지역본부 등 배치 지역을 정한다.

시험은 내가 속한 8기가 들어온 2014년에는 3일 차, 11기가 들어온 2017년에는 4일 차 아침에 봤다. 매년 기관 사정에 따라 일정이 조금씩 변동되는 것 같다. 배치 지역의 선택은 연수 초반 공중방역수의사들이 각 시·도 및 농림축산검역본부의 정원을 확인한 후 지원 여부를 결정해 1~3지망을 작성한 뒤 농림축산식품부의 담당 주무관에게 제출하는 것으로 결정한다. 수도권 쪽은 아무래도 인기 지역이어서 사람이 몰리기 때문에 눈치 작전이 많이 벌어지고, 간혹 다툼도 생긴다. 이 시험 결과를 80퍼센트, 수의사 국가시험 성적을 20퍼센트로 합산해 그 순위에 따라 배치 지역이 결정된다.

나는 처음부터 경기도를 지원하겠다고 마음을 먹고 있었다. 경기도는 공중방역수의사들에게 가장 인기 있는 지역으로, 매년 한두 자리만 나는 특별시나 광역시 같은 지역들을 제외하면 가장 경쟁률이 높다. 그래서 훈련소에도 여자 친구(지금은 아내)를 통해 가축전염병 예방법, 축산물 위생 관리법 등 법령의 인쇄본을 우편으로 받아 틈틈이 공부했다. 연수원에서도 동기와 같이 방에서 이튿날 늦은 밤까지 공부했다. 그 덕분인지 가까스로 경기도에 배치될 수 있었다.

배치 지역이 결정되고 나면 그다음에는 세부 배치 기관이 정해진다. 도 단위에서 배치 기관은 시·군·구청, 동물위생시험소의 본소와 지소로 나뉜다. 대부분의 지역에서 배치 기관 결정은 공중방역수의사들의 뜻을 존중해 주는 편이다. 그리고 우리는 전통적으로 최대한 분란을 방지하기 위해 시험 성적순으로 배치 지역을 고른다. 앞서 말했듯 나는 가까스로 붙었기에 선택지가 많지 않았다.

실습과 다른 진짜 현실을 마주하다

내가 일하게 된 곳은 안성에 있는 경기도 동물위생시험소 남부지소였다. 배치 기관을 결정할 당시에는 어차피 큰 차이가 나지 않으리라고 생각해서 선배들에게 특별히 물어보지도 않았다. 나는 아무런 정보도 없이 무작정 업무를 시작하게 되었다. 하지만 배치 기관 정보는 굉장히 중요하다. 당시엔 전혀 몰랐으나, 안성은 전국에서 가장 많은 소가 사육되고 있을 뿐만 아니라, 다른 가금이나 양돈 등 가축의 사육 규모도 전국에서 최상위권에 있는 대표적인 축산 도시였다. 수도권에 이런 규모의 축산 도시가 있을 것이라고는 전혀 생각하지 못했다. 게다가 남부지소의 관할에는 용인과 평택도 포함되어 있는데, 두 지역 모두 경기도에서 손꼽히는 축산 규모가 큰 도시들이다. 사육 수가 많으니 그만큼 질병 발생도 많았다.

시·도의 가축 방역 기관에서 근무하는 공중방역수의사는 크게 방역 관련 부서 또는 축산물 위생 검사(도축장)를 담당하는 부서에 속하게 된다. 방역 부서는 주로 법정 가축전염병 관련 채혈과 정밀 진단 실험 등을 수행하고, 검사 부서는 주로 도축장에서 가축이 살아 있을 때부터 도축이 끝나서 나갈 때까지 전 과정에서 가축의 전염병 감염 여부를 판별한다.

어느 부서에 배치되든 흔히 공무원 하면 떠오르는 '9 to 6'의 '칼출근, 칼퇴근'과는 거리가 멀고 업무의 육체적 강도도 높은 편이다. 물론 공중방역수의사는 수의직 공무원에 비해 좀 더 자유로운 편이다. 방역 부서의 경우, 대부분의 농장에서 해당 농장의 스케줄에 맞춰서 아침 일찍 업무를 진행하길 원하기 때문에 새벽에 출근해서 출장 준비를 한다. 또한 농장에서 채취해 온 시료들을 검사해야 하는 경우가 많아 출장을 갔다 와서 실험까지 하면 퇴근이 늦어지는 때도 많다. 늘 소·돼지 등 대형 가축의 채혈 같은 업무를 수행하다 보니 소 발굽에 차이거나 가축에 떠밀려서 채혈하던 주삿바늘에 찔리는 경우가 비일비재하다. 게다가 뉴스에서만 보던 숨도 쉬기 힘든 방역복을 입고 한여름에도 매일 몇 시간씩 농장에서 일을 하다 보면 땀으로 속옷까지 다 젖는 일에 익숙해지게 된다.

검사 부서의 경우, 기본적으로 매일 수백·수천 마리의 가축이 도축당하는 피범벅인 현장에서 일한다. 도축된 가축의 장기나 근육을 매일같이 마주하며 사는 것이다. 도축장으로 출장을 나가는 경우도 칼출근, 칼퇴근을 할 수 없기는 마찬가지다. 대부분 새벽부터 도축을 하는데, 수의사인 검사관이 있어야 도축을 시작할 수 있다. 그래서 모두 새벽에 출근을 해야 하고 도축이 저녁까지 이어지는 경우도 많다. 나는 며칠 업무 지원을 나간 것 이외에 도축장에서는 일해 본 적이 없어서 정확한 느낌을 전달할 수는 없지만, 도축장에서 일하는 사람들의 말로는 도축장에서 일하면 정말 하루가 지워지는 느낌이라고 한다. 특히 명절 직전은 대목이라 더 이른 새벽부터 늦은 밤까지 도축이 이뤄지고, 주말까지도 작업이 이어진다.

공중방역수의사 8기에서는 나를 포함해 3명이 남부지소에 배치되었다. 나는 가축 방역 업무의 일환인 가축 질병 진단을 담당하는 부서에 배치되었고, 주요 업무는 옆자리의 수의직 공무원과 함께 의뢰받은 가축의 사체를 부검하거나, 시료(혈액, 분변, 장기 등)를 실험해서 질병을 진단하는 것이었다. 하지만 지소의 특성상 적은 인원이 많은 업무를 감당해야 하니 인력이 필요하면 담당 업무가 아니더라도 지소 내의 모든 인력이 나가서 함께 일해야 했다. 덕분에 내가 담당한 업무뿐만 아니라 다른 직원들의 업무에 대해서도 어느 정도 파악할 수 있었다. 특히 경기도 안에서 일이 많기로 유명한 남부지소였기 때문에 정말 이런저런 업무를 다 겪어 볼 수 있었다. 이는 2년 차에 시청에서 일할 때도, 3년 차에 본소에서 일하는 데에도 도움이 되었다.

부서 배치 후 첫 출장은 아직도 잊을 수 없다. 하필 내가 배치받은 때에 도축한 소에게서 인수공통감염병(사람과 동물 사이에서 상호 전파되는 병원체에 의한 전염성 질병으로, 특히 동물이 사람에게 옮기는 감염병을 말한다)인 소 결핵병 발생이 확인된 것이다. 그래서 규정에 따라 그 농장에서 사육하는 전체 소에 대해서 소 결핵병 검사를 해야 했다. 그 농장은 경기도에서도 사육 규모가 큰 곳으로 당시 1000여 마리의 소를 키우고 있었다. 검사를 위해서는 기본적으로 성인 10명의 무게는 족히 나가는 소 여러 마리를 보호 장비도 없이 몰아서 움직이지 못하도록 묶어 보정하고 검사용 약물을 주사해야 했다. 학부생 때

:: 소 결핵병 검진을 하기 위해 소를 몰고 있는 필자. '현실' 속 검진은 학부생 때의 실습과는 매우 다르다.

시설 좋은 농장에서 이미 움직이지 못하도록 보정된 소를 대상으로 실습해 보았지만, 이곳에서는 당장 눈앞에 있는 소를 밀고 묶고 주사해야 했다. 시설부터 검사하는 방식까지 학교에서 보던 것과는 다른 진짜 '현실'이었다. 그 현실을 마주하고 나간 넋을 되찾았을 때에는 이미 그날의 일이 끝나 있었다. 함께 간 수의직 공무원들이 시키는 대로 하면서도 '앞으로 매일 이러면 정말 오래 못 살겠다'는 생각이 들었다. 그나마 다행은 이 정도 규모의 농장에서 검사할 일이 1년에 몇 번 없다는 것이었다.

얼마 지나지 않아 농장에서의 업무도 적응되어 가축을 다루는 것도, 가축 똥 범벅이 되는 것도 익숙해졌다. 그해에 유난히 질병도 많이 발생한 탓에 함께 배치받은 공중방역수의사 동기와 거의 매일 수많은 농장으로 출장을 다녔다. 덕분에 일도 금방 능숙하게 할 수 있었다.

그렇게 지내던 겨울, 올 것이 왔다. 우리 관할 지역과 인접한 충청북도 진천에서 구제역이 시작됐고 우리 지소의 관할 지역에서도 확진 판정이 나왔다. 엎친 데 덮친 격으로 전남 지역에서 조금씩 꾸준히 발생하던 고병원성 조류인플루엔자(HPAI)가 경기도에서 다시 발병했다. 한 가지만 발생해도 정신을 차리기 힘든데, 두 가지가 한꺼번에 터지니 정말 힘들었다. 언제 들어올지 모르는 신고에 공중방역수의사를 포함한 전 직원이 비상 근무를 시작했고, 주말에도 제대로 쉬지 못하고 출근하며 계속해서 살처분에 동원되었다. 평일과 주말을 가리지 않고 구제역과 조류인플루엔자 의심 신고가 들어왔다. 수의직 공무원과 공중방역수의사들이 농장에 출동해 시료를 채취하고 검사하여 질병이 확진되면 살처분이 모두 끝날 때까지 숙식을 해결하며 농장에 남아 있었다. 전파력이 워낙 빠른 질병들이기 때문에 살처분은 최대한 신속해야 했다. 그래서 새벽 네다섯 시까지 당일의 살처분을 끝내고 복귀한 후 얼마 쉬지도 못한 채 다시 현장에 투입되는 공무원이 많았다. 한번 발생 농장에 투입된 사람은 질병 전파 위험 때문에 다른 농장에 보낼 수 없어서 살처분 업무를 한 사람이 연속적으로 다른 살처분 현장에 가기도 했다.

이러한 상황에서 나도 예외는 아니었다. 의심 신고가 들어왔을 때 영하 10도의 날씨에 주위엔 논밖에 없는 축사 앞에 차를 대고 혼자 자기도 했다. 창문을 닫고 자면 질식사할 수도 있다는 뉴스를 봤던 기억 때문에 불안해서 창문을 열어 두기도 했다. 제대로 쉬지도 못한 채 새벽에 깨서 오리 150여 마리의 피를 채혈한 후 연구소로 들고 갔다. 혈액 정밀 검사가 필요해서였는데, 전염병 발생 의심 농장에 새로운 인력이 더 들어가기 어려운 상황이었기 때문에 혼자서 해야 했다.

식탁 위의 안전과 농가 생계라는 부담을 어깨에 지고

2014년 12월부터 2015년 4월까지 쉼 없이 터지는 구제역과 고병원성 조류인플루엔자 발생에 정신을 차릴 수 없었다. 그리고 2년 차의 배치 기관 변경 시기가 왔다(경기도의 경우 도청에서 공중방역수의사에게 복무 기간 3년 중 한 번, 도내에서 배치 지역을 변경할 수 있는 기회를 준다). 2~3년 차로 올라가는 경기도 공중방역수의사들이 모여 가고 싶은 배치 기관을 결정했다. 나는 2년 차 연말에 건국대 동물병원에서 근무 중이던 여자 친구와 결혼할 예정이어서 단순하게 그곳과 가까운 남양주시청을 선택했다.

시청에서의 업무는 주로 전염병 예방 약품이나 소독 약품 등 방역 물품을 농가에 나눠 주고 그와 관련된 문서를 정리하고 공문을 처리하는 것이었다. 광견병 약품을 동물병원에 나눠 주고 그 접종 결과를 정리하거나 공문을 처리하고, 농가나 읍·면사무소에 구제역 백신, 소독약 및 간단한 전염병 예방 약품들을 나눠 주고 정리했다. 간혹 소 결핵병이나 브루셀라병 발생으로 살처분 현장에 나가긴 했으나, 살처분 자체는 지자체에서 위촉한 공수의사들이 담당했고 나는 살처분 관련 공문을 기안하거나 처리하는 등의 업무를 수행했다. 대부분 공문서 작성 등 서류 작업을 했기에 수의사보다는 행정 공무원에 가깝다는 느낌이 많이 들었다.

행정 업무도 분명 좋은 경험이고 앞으로도 경험해 보기 힘든 일이다. 하지만 반드시 수의사가 할 필요가 없고 일반 공무원이라도 충분히 할 수 있는 일이라고 생각했다. 수많은 시·군·구의 공중방역수의사들과 대화해 보면 나뿐만 아니라 이러한 의문을 가진 사람이 많았다. 특히나 1년 차에 가축을 직접 상대할 수의사가 부족해서 늘 힘들었던 남부지소에 있다가 이런 업무를 하니 그런 생각이 더 많이 들었다. 공중방역수의사들은 수의사 본연의 방역 업무가 아닌 일반 행정 업무를 하는 기관을 공중방역수의사 배치지에서 제외하라고 계속해서 요구하고 있다. 이 요구가 받아들여진다면 가축 방역 인력 부족이 조금은 해소되지 않을까.

2016년에는 3년 차로 수원에 있는 경기도 동물위생시험소의 해외전염병팀에서 근무했다. 이미 한 번 배치 기관을 변경했기에 경기도의 지침상 이동이 불가능했으나, 전국 대표 공중방역수의사를 맡고 있던 점을 도청에서 배려해 주어서 다른 공중방역수의사들과 함께 일할 수 있는 기관으로 옮기게 되었다. 아무래도 혼자 일하는 시·군청보다는 여러 공중방역수의사가 있는 연구소가 의견 청취에 좀 더 좋을 것이라는 판단에서였다. 해외전염병팀은 경기도의 조류인플루엔자, 구제역, 전염성 해면상뇌증(광우병과 같은 프리온성 질병) 등 해외에서 유입되었거나 유입될 가능성이 있는 가축전염병을 총괄해서 진단, 검사하는 부서다. 특히 조류인플루엔자와 구제역에 대한 정밀 진단 기관으로 지정되어 있어 경기도 전역에서 들어온 의심축 신고에 대한 정밀 검사가 1차적으로 이곳에서 이루어지고 질병을 확진한다. 몇 년째 터진 악성 전염병들로 인해 연구소에서도 업무가 많기로 유명한 팀이었다. 나는 이곳에서 주로 고병원성 조류인플루엔자 진단을 위한 폐사축 부검 및 실험실 검사, 검사용 시료 채취(채혈 등)를 맡았다. 남부지소에서 했던 일과 크게 다르지 않고 수의직 공무원 선생님들도 많이 배려해 주셔서 적응은 어렵지 않았다. 축산 도시에서 많은 경험을 하며 1년 차를 보낸 덕분인지도 모르겠다.

2016년 11월 역대 최악의 H5N6형 고병원성 조류인플루엔자의 발생으로 나를 포함한 전국 공중방역수의사의 업무량이 폭발적으로 증가했다. 나의 담당 업무는 AI 진단이었기 때문에 매일매일 밀려드는 신고에 밤까지, 늦을 때에는 새벽까지 부검과 실험을 반복했다. 바로바로 실험 결과가 나와야 현장에서 방역을 제대로 시작할 수 있기 때문에 신속성과 정확성이 모두 요구되었다. 또한 발생 농가에서 10킬로미터 이내 방역대 안에 위치한 농가들에서 달걀이나 닭의 출하는 정밀 검사 후 음성 판정을 받아야 가능하다. 그래서 평소보다 실험량은 수십 배 이상 폭증했다. 출하 전 검사에서 AI 진단을 받은 경우도 있고, 우리 식탁에 오르는 축산물의 안정성뿐 아니라 농가 생계까지 달린 문제이기에 부담이 큰 업무였다. 수많은 수의직 공무원과 공중방역수의사는 살처분 현장에서 밤을 지새우며 현장을 통제하는 것 외에도 수많은 예찰, 시료 채취 및 쏟아지는 서류와 민원을 처리하느라 쉴 틈 없이 일했다. 나는 직접 농장에서 현장 업무를 하지는 않았지만 1년 차 때 살처분에 투입된 경험이 있었기 때문에 현장의 어려움을 잘 알고 있다. 아직도 구제역 살처분 현장의 돼지 울음소리는 잊히지 않는다.

전 직원이 AI 업무에 투입되었어도 평시 방역 업무를 소홀히 할 수는 없기 때문에 더욱 힘들었다. 열심히 일한 만큼 방역이 성공적으로 이뤄졌으면 좋았겠지만 이미 엄청난 피해가 발생하고 말았다. 그러나 앞으로 이런 재난이 재발하지 않도록 미흡한 가축 방역 체계를 근본적으로 쇄신하는 계기가 되었으면 좋겠다.

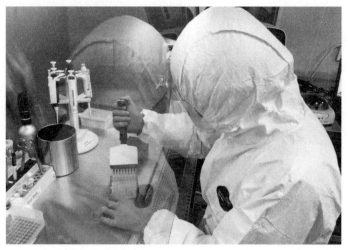

:: 경기도 동물위생시험소 해외전염병팀 BL3실험실에서 조류인플루엔자 정밀 진단 실험을 하는 필자.

배치 기관별 특징

공중방역수의사가 하는 업무는 배치 기관마다, 업무마다 확연하게 다르다. 하지만 많은 사람이 이렇게 이야기한다. 어디서 일을 하더라도 중요한 것은 결국 함께 일하는 사람이라고 말이다.

1. 시·군·구청

기본적으로 행정 업무가 대부분이라서 육체적으로 힘들거나 더러운 일은 거의 없다. 다만 수의사가 거의 없어 불합리한 대우를 겪는 경우가 더러 있다. 수의사 하면 흔히 생각하는 동물을 다루는 업무가 아닌 일반 행정 업무를 주로 하기 때문에 수의사로서 자괴감을 느끼기도 하고, 민원을 겪는 경우도 많아 스트레스를 받기도 한다. 공중방역수의사가 한두 명만 배치되어 있는 탓에 연고가 없는 지역에 혼자 있는 경우가 많아서 외로움을 느끼기도 쉽다. 가축의 사육 규모와 민원의 정도에 따라서 업무의 강도 차이가 심해 매우 편한 곳도, 매우 힘든 곳도 있다. 참고로 몇몇 기관의 경우 시·군의 본청이 아닌 농업기술센터라는 별도 기관에서 근무하기도 한다. 하지만 수의사가 아닌 공무원들과 같이 일을 해 보는 것은 사회생활 측면에서 좋은 경험이라고 볼 수 있다.

2. 동물위생시험소 본소 및 지소

시험소는 가축 방역의 최전선 기관이다. 구성원 대부분이 수의사라서 기본적으로 공중방역수의사에 대해 시·군·구청에 비해 조금 더 이해를 해 주는 편이다. 업무는 대부분 농장 출입이나 실험, 도축장 근무 등 수의사가 해야 하는 것들이기 때문에 위험하고 더럽고 힘들다(전형적인 3D 업무다). 늘 방역복을 입고 일하기에 여름에는 쓰러질 정도로 힘들 때도 있다. 겨울은 악성 가축전염병이 빈발하는 기간이기에 일도 많아지고, 추위로 인해 농장에서의 부상 위험도 높아진다. 하지만 기본적으로 가축을 다루는 수의사가 해야 하는 업무고, 공무원 분야뿐 아니라 산업동물 분야를 같이 경험해 볼 수 있는 장점이 있다.

3. 농림축산검역본부

이곳 또한 대부분이 수의직 공무원으로 이뤄져서 시험소와 비슷한 장점이 있다. 다만 지방자치단체가 아닌 중앙부처 기관이어서 예산을 세우는 것이 쉽지 않다. 일례로 방역 활동 장려금이 10년간 40만 원에서 전혀 오르지 않았다. 그래서 월급이 기타 기관들에 비해 낮은 편이다. 또한 가축 질병 발생 시 세종시의 농림축산식품부 상황실이나 질병 발생 지역으로 파견 근무를 나가게 되는 경우가 많아 잦은 외박이 필수다. 검역본부의 공중방역수의사는 현장 방역부터 축산물 및 수입 동물의 검역, 해외 우편 검역 등 과에 따라 하는 업무도 굉장히 다양해서 같은 기관에 일하는 공중방역수의사라고 하더라도 다른 과의 동료가 어떤 일을 하는지 정확히 알기 쉽지 않다고 한다.

공중방역수의사는 수의대를 진학한 남성 대부분이 겪는 과정이다. 2017년 4월까지 8개 기수의 1000명이 넘는 수의사가 공중방역수의사를 거쳐 갔다. 수의직 공무원과 거의 같은 업무를 하고, 옆에서 같이 근무하기 때문에 수의직 공무원을 직·간접적으로 3년간 경험해 볼 수 있다는 것이 큰 장점이다. 특히 공무원을 희망하는 경우 최고의 경험이고 경력일 것이다. 나는 공중방역수의사의 대표로서 농림축산식품부나 도청의 수의직 공무원들과 이야기를 나눌 기회가 종종 있었는데, 공중방역수의사들의 공무원 진출이 많아졌으면 좋겠다는 말을 많이 들

:: 대한공중방역수의사협의회 회장을 하며 총회 자리에서 다른 수의사 대표들과 대화를 나누는 모습.

었다. 꼭 공무원을 지망하지 않더라도 이러한 직·간접적인 공무원 생활 경험은 수의사로서의 진로 결정에 도움을 줄 뿐만 아니라, 우리나라의 행정 조직에 대한 이해를 높여 줌으로써 다른 여러 분야에서 일하는 데 충분한 힘을 발휘할 수 있을 것이다.

먹거리로 동물의
건강을 지킨다

| 정설령 |

1974년생. 2000년 건국대학교 수의학과를 졸업하고 충북대학교에서 수의예방학 석사 학위를 취득했다. 졸업 후 2004년 초까지는 메리알코리아에서 동물 약품 영업을 담당했으며 2004년 5월부터 2011년 10월까지 로얄 캐닌코리아에서 근무했다. 2011년 11월에 (주)포베츠를 창립하여 대표이사를 역임했고 (주)알파벳 총괄이사를 맡았다. 2018년 4월에 (주)한국반려동물영양연구소를 창립하여 대표이사를 역임하고 있으며 동시에 한국영양 전문동물병원 대표원장으로 있다. 또한 한국수의영양학연구회 이사, 삼성 안내견학교 영양 자문 수의사, 서울 호서전문학교 영양학 겸임교수를 역임하고 있다.

나는 제약 회사에서 사회의 첫발을 내디뎠다. 다른 일
반적인 수의사들과 달리 동물병원에서 진료를 하지 않고 회사 생활부
터 했던 것은 금전적인 이유에서였다. 내가 학교를 졸업할 당시는 IMF
구제 금융 사태가 일어난 직후로 많은 사람이 재정적 어려움을 겪었고
우리 집안 역시 마찬가지였다. 회사 생활을 하면 동물병원 인턴으로 근
무하는 것보다 벌이가 훨씬 괜찮았다.

그렇게 회사 생활을 하던 중 2002년에 난생처음 해외로 출장을 갔
을 때 내 인생의 전환점이 생겼다. 당시 나는 영어 회화가 거의 되지
않아 소통에 많은 문제를 겪었고 이로 인해 회사에 누를 끼쳤다는 죄
책감과 내 능력에 대한 자책감 때문에 상당히 괴로웠다. 귀국하자마
자 직장인 영어 회화반에 등록하여 매일 새벽과 저녁마다 영어 공부를

했다. 어느 정도 회화에 자신감이 붙을 무렵 어떤 다국적 펫푸드 회사에서 수의사를 채용한다는 소식을 접했다. 그 회사의 이름은 로얄캐닌(Royal Canin)이었고 펫푸드의 한 종류인 '처방식'을 판매하는 프랑스 회사였다.

처방식이란 질병의 예방과 치료를 위해 급여하는 음식으로 동물병원을 통해 유통된다. 나는 당시 이 '처방식'이 질병 치료에 어떻게 작용하는지 무척 궁금했다. 또한 당시에는 로얄캐닌이라는 회사가 국내에 들어온 지 얼마 되지 않아 인지도가 낮았다. 그래서 이 회사에 입사하면 많은 것을 시도해 볼 수 있고 주도적으로 회사를 키워 나갈 수 있겠다는 생각을 했다. 무엇보다 가장 가슴을 벅차오르게 했던 것은 '처방식'에 대해 교육받을 수 있는 기회라는 사실이었다. 또한 다국적 회사에서 매니저로 근무하게 되면 폭넓은 경험을 할 수 있고 다양한 교육 기회도 많을 것이라고 생각했다. 그래서 나는 5년 가까이 다녔던 제약 회사를 그만두고 로얄캐닌에 입사 지원하기로 결심했다.

2004년 4월 떨리는 마음으로 면접을 치렀다. 당시 면접관은 프랑스 사람이었는데 프랑스식 영어가 익숙하지 않아 이해하는 데 약간 애를 먹었지만 면접 전에 회사에 대해 미리 알아본 터라 질문에 대답하기는 어렵지 않았다. 결국 운 좋게도 면접을 통과했고 이때부터 펫푸드와의 인연이 시작되었다.

당시 로얄캐닌은 한국 총판 대리점과의 계약을 종료하고 한국에 지사를 설립하고 있었다. 한국 지사에 근무하는 인원은 나를 포함하여 5명밖에 되지 않았고 사료의 수입, 물류, 대리점 관리, 마케팅과 영업 활동을 이 5명이 모두 해결해야 했던 시기였다. 나는 주로 펫푸드, 특히 처방식에 대한 교육과 관련 자료의 번역·제작 및 동물병원을 방문해 회사와 제품을 소개했고, 일부 마케팅 업무를 맡아서 하였다. 교육을 잘하기 위해 펫푸드에 대한 공부를 많이 해야 했는데 다행히 처방식을 공부하는 것은 무척 재미있었다. 당시만 해도 수의과대학에는 개와 고양이가 아픈 경우 치료에 도움을 주기 위한 식이요법, 즉 수의임상영양학에 대한 교육 과정이 없었다. 로얄캐닌 본사는 각종 연구 자료와 발표 자료를 공유해 줌으로써 스스로 임상영양학을 공부할 수 있도록 도와주었는데, 경험해 보지 못한 새로운 분야였기 때문에 무척 흥미로웠고 이를 일선에서 임상을 하는 수의사들과 공유하고 싶었다.

당시 로얄캐닌은 교육 담당자를 각 국가에 1명씩 배정했는데 이들은 대부분 수의사였고 나도 그중 1명이었다. 교육 담당자들은 매년 두세 차례 각 나라를 번갈아 방문해 임상영양학과 기타 발표 기법 등을 교육받았다. 이는 더없이 좋은 학습 기회였고 여러 나라를 방문하는 것이라 여기저기 새로운 곳을 보는 재미도 있었다. 가장 기억에 남는 교육은 프랑스 아비뇽이라는 소도시에서 있었는데 당시 각 나라의 수의사들이 질병을 하나씩 맡아 해당 질병을 관리하기 위한 식이요법에 대한 발표를 했다. 나는 처음 참가하는 교육이었고 궁금한 것이 무척 많았다. 그래서 발표자들의 발표가 끝나자마자 질문을 퍼부었다. 그런데 이상하게도 다른 사람들은 질문을 하지 않는 것이었다. 조금 의아하긴 했지만 궁금한 것은 반드시 알아야 하는 성격이라 거의 모든 발표자에게 질문을 했다. 끝날 때쯤 옆자리에 앉아 있던 대만에서 온 수의사가 나를 툭 치며 이번 교육의 목적을 보라고 했다. 나는 깜짝 놀라 배포된 교육 안내지를 보았다. 거기에는 교육 목표가 임상영양학에 대한 정보 공유가 아닌 프레젠테이션 능력의 향상이라고 적혀 있었다. 나는 너무도 부끄러워 얼굴을 들 수가 없었다. 이때부터 모든 회의에서 그 목적

:: 로얄캐닌 재직 당시 임상영양학과 기
타 발표 기법 교육을 위해 한자리에 모
인 필자와 동료들.

을 가장 먼저 생각하는 버릇이 생겼다. 물론 그때 나의 잘못을 지적해
준 그 대만 수의사하고는 부쩍 친해져서 지금은 펫푸드 사업을 함께
하고 있다.

회사에서 수의사로 살아가기

펫푸드 회사는 크게 다국적 기업과 국내 기업으로 나눌 수 있다. 다
국적 기업의 경우 주로 우리나라에 지사를 두고 직접 펫푸드를 수입하
여 국내에 유통하는 방식, 국내 기업의 경우는 우리나라에서 직접 펫푸
드를 생산해 국내에 유통하거나 해외로 수출하는 방식으로 운영한다.
대부분의 펫푸드 회사는 생산, 물류, 회계, 영업, 마케팅, R&D(연구 개
발) 부서를 갖추고 있는데, 수의사들이 주로 관여하는 부서는 R&D,
마케팅, 영업이다.

다국적 기업에서 근무하는 동안 나는 주로 마케팅과 영업 지원 업
무를 담당했다. 마케팅은 다국적 기업의 특성상 본사에서 결정된 사항

을 그대로 국내에 적용하는 정도였다. 대표적인 것이 본사에서 만든 팸플릿, 리플릿, 포스터 등을 우리글로 번역해 그대로 제작한 뒤 고객에게 배포하는 일이다. 추가적으로 신제품이 출시되면 가격을 정하고 얼마나 판매될지 예상해 수입 물량을 결정하고 판매 목표를 설정하는 일도 했다. 사실 이 일이 굉장히 어려웠는데, 직관에만 의존할 수는 없고 시장 정보를 토대로 결정해야 한다. 너무 적은 물량을 수입해 들여오면 품절 문제가 발생해서 어렵게 차지한 동물병원의 펫푸드 진열 공간을 다른 브랜드에게 넘겨주는 상황을 초래할 수 있다. 반면에 너무 많이 들여오면 유통기한이 지나 폐기 처분을 해야 할 수도 있다. 나는 시장 정보를 얻기 위해 대리점과 동물병원을 방문하여 의견을 듣고 수입 물량과 마케팅의 방향을 결정했으며 제품에 대한 홍보도 병행했다.

영업 지원 업무에서 가장 중요한 일은 처방식에 대한 교육이었다. 사실 영양학 지식과 처방식의 작용 원리는 학교에서 자세하게 배우지 않았던 새로운 분야였다. 수의사들을 대상으로 소규모 스터디 그룹이나 각 시도별 분회에 접촉하여 세미나를 개최하는 형태로 교육을 진행했다. 세미나는 각 영양소, 즉 물, 탄수화물, 단백질, 지방, 미네랄, 비타민에 대한 간략한 리뷰에서 시작하여 급여량의 결정, 펫푸드 평가 방법, 홈메이드 또는 생식 급여에 대한 고찰, 개와 고양이 음식의 영양학적 차이, 각 질병에 대한 처방식의 작용 원리와 복합 질환이 있는 경우 처방식 선택 요령으로 이어졌고 질병 관리에 도움이 되는 과학적 근거를 들어 회사 제품 판매를 유도했다. 세미나는 주로 병원이 끝나는 시간인 밤 9시경에 시작해 11시에서 12시 사이에 마쳤고, 간단하게 뒤풀이를 했다. 이 뒤풀이 시간은 인간관계를 형성하는 데 중요한 역할을 했고 임상 수의사들의 실질적이고 허심탄회한 이야기를 들을 수 있는 좋은 기회였다.

세미나는 때로는 본사 수의사 또는 외국의 교수를 초청해 진행하기도 했다. 이는 제약 회사에서 많이 하는 형태로 주로 호텔을 빌려 수의사들을 초청한 뒤 강의와 제품에 대한 홍보를 진행하거나 각종 수의 콘퍼런스에서 시간을 배정받고 강의를 진행하는 방식이다. 이때 내가 했던 업무는 강의 내용 결정, 강사와의 시간 조율, 호텔 또는 콘퍼런스 강의장 섭외, 수의사 초청, 각종 판촉물 및 배포물 제작, 통역 등이었다.

마케팅 및 영업 지원 업무를 하면 주말 행사에 참여해야 하는 경우가 가끔 있다. 대표적인 것이 주로 봄과 가을, 주말에 걸쳐 개최되는 수의 콘퍼런스다. 수의 콘퍼런스에서는 여러 질병에 대한 최신 정보 또는 새로운 치료 방법에 대해 수의과대학 교수나 저명한 임상 수의사가 강의를 하고 이 강의를 듣기 위해 전국에서 많은 수의사가 참가한다. 이때 관련 회사들도 홍보 부스를 설치하여 참가하는데 짧은 시간에 많은 고객을 만날 수 있어 제품 홍보와 고객과의 친밀한 관계를 형성하는데 더없이 좋은 기회다.

먹거리는 매우 민감한 부분이다. 펫푸드를 판매하는 회사에 근무하면서 받았던 컴플레인은 알갱이의 크기와 색깔이 다르다는 작은 문제부터 사료를 먹고 반려동물이 죽었다는 극단적인 문제까지 다양했다. 본래 회사에는 고객 관계 관리(CRM)를 담당하는 부서가 있었다. 이 부서에서는 일반적인 컴플레인, 즉 가이드라인을 통해 쉽게 해결할 수 있는 컴플레인은 직접 처리했지만 사료를 먹고 건강에 이상이 생겼다는 등 심각한 컴플레인은 수의사인 내가 처리해야 했다.

기억에 남는 컴플레인 사례가 있다. 어느 날 컴플레인 담당 부서에서 내게 연락을 했다. 꾸준히 우리 사료를 먹여 왔던 어떤 사람이 키우

:: 수의임상영양학에 대한 세미나를 진
행하는 필자의 모습.

던 개가 어느 날 피오줌을 싸서 동물병원에 가서 진료를 했는데 방광
에 결석이 있다는 진단을 받았고 수술을 해야 한다는 것이었다. 문제
는 방광 결석의 원인이 사료이기 때문에 수술비와 치료비를 회사가 지
불해야 한다는 주장이었다. 견주가 막무가내로 화를 내는 상황이라 내
가 직접 방문해서 처리하기로 했다. 방광 결석의 문제가 사료 때문인지
의 여부를 떠나 컴플레인 처리에 있어서 가장 중요한 것은 신속함이기
때문에 문제를 전달받자마자 만나자고 했다. 전화상으로 그렇게 화를
내던 사람이 직접 만나서 어떤 상황인지 차분하게 경청해 주니 좀 진정
이 되는 듯했다. 이후 방광 결석은 일반적인 건식 펫푸드를 급여할 때
수분 섭취량이 부족할 경우 많이 발생하는 문제라는 것을 설명해 주
었다. 또한 제품 문제였다면 그 제품을 먹인 다른 동물들도 동시에 같
은 문제가 발생했을 것이고 회사에서는 리콜을 결정했을 텐데 그런 문
제가 없었다는 점을 이야기해 주고 기타 영양과 관련된 대화를 많이
나누었다. 결국 고객의 화가 풀렸고 이 만남을 계기로 우리 회사 제품
을 오히려 더욱 신뢰하게 되어 뿌듯한 기분이 들었다. 대부분의 클레임
은 오해에서 비롯된다. 클레임을 제기했다면 우선 그 사람의 이야기를

진심으로 경청해야 하고 무조건 방어하기보다는 서로에게 도움이 되는 방향을 모색하기 위해 노력해야 한다.

리더로서의 역할과 동물병원 전문 유통 회사 설립

시간이 지나면서 회사의 매출도 증가하고 사람도 늘어났다. 나의 경우 내 업무를 보조해 줄 인력이 필요했고 주로 동물병원 방문 및 영양학 세미나 업무를 같이 진행해 줄 수의사를 매년 한두 명씩 채용했다. 이렇게 수의사들로 구성된 우리 팀을 수의사업팀이라 했고 나를 포함해 모두 4명이 마케팅 및 영업 지원, 영양학 세미나를 진행했다. 팀리더인 나는 회사 생활을 하면서 조직의 리더가 되어 팀을 꾸리는 것이 처음이었다. 처음에는 어떻게 해야 할지 몰라 그저 내가 과거에 했던 일을 팀원들이 그대로 하도록 시켰다. 그러던 중 회사에서 제공하는 매니저 교육을 받게 되었는데 이때 사람을 관리하는 일은 여태 내가 해 온 일과 다르다는 것을 알게 되었고 공부가 필요하다고 느꼈다. 그래서 리더의 역할과 인적 자원 관리에 관한 책을 여러 권 사서 읽었다. 책을 읽다 보니 저자가 다르더라도 같은 주제에 대한 공통적인 메시지가 있었다. 내가 여러 권의 책을 읽고 느낀 메시지는 리더는 그 부서의 책임자로서 부서별 전략 수립 및 사안에 대한 최종 의사 결정을 해야 하며 다른 부서와의 협력도 잘 수행해야 하고, 사람에 대해서는 관리를 넘어서서 이들의 인생을 책임진다는 생각으로 대해야 한다는 것이었다.

나는 책에서 읽은 대로, 직접적인 업무 지시보다는 방향을 제시했고 수직 관계가 아닌 수평적인 관계를 형성하려고 노력했다. 또한 내가 책을 통해 많은 것을 깨달은 것처럼 팀원들도 그랬으면 좋겠다는 생각으로 한 달에 한 권, 괜찮은 자기계발서를 선정하여 함께 읽고 배운 점과 느낀 점을 공유하도록 했다. 이후 회사가 다른 거대 기업에 매각되고 사내 문화가 바뀌면서 나는 퇴사하고 창업을 하기로 결심했다. 이때 나를 따르던 부하 직원들에게 내가 새로운 사업을 시작할 테니 합류하길 원한다면 함께하자고 제안했다. 이들은 모두 내 제안을 받아들였다.

퇴사하고 가장 먼저 했던 일은 영국의 영양 보조제 브랜드인 벳플러스(VetPlus)의 제품 수입이었다. 영양 보조제는 영어로 'Nutraceutical'이라고 하는데 영양을 뜻하는 'Nutrition'과 치료를 뜻하는 접미사인 'ceutical'을 결합하여 만든 신조어다. 이 브랜드의 제품은 펫푸드의 한 종류로 분류되는데, 그 이유는 영양소를 가지고 치료에 적용한다는 개념이 처방식의 개념과 비슷하기 때문이다. 예전부터 이러한 제품에 관심이 있었던 터라 나는 이 회사와 총판 계약을 맺고 해당 제품을 국내에 유통하고자 했다. 그래서 이메일도 보내고 전화도 걸었다. 하지만 돌아오는 대답은 계속 기다려 보라는 것이었다. 당시 얼마나 마음을 졸였는지 지금도 그때를 생각하면 아찔하다. 그러던 중 어느 날 영업 총 책임자가 내게 전화를 걸어 조만간 중국 베이징에서 개최하는 수의학술행사에 참가한다며 혹시 그곳으로 와 줄 수 있냐고 물어 왔다. 나는 뛸 듯이 기뻤다. 당장 그 자리에서 베이징 미팅 일정을 잡았다. 그 영국 회사의 영업 총책임자와는 서너 시간 정도 미팅을 가졌다. 그는 주로 내가 현재까지 무엇을 했고 왜 벳플러스에 관심을 가지는지를 물었다. 나는 성실히 답했고, 국내 총판 계약을 따내고

:: 대학 동기들과 함께한 세계소
동물수의사회.

말겠다는 내 굳건한 의지가 잘 전달되었는지 그는 미팅 도중에 회사

창립자이자 CEO에게 전화를 걸어 인터뷰 내용을 전했다. 그리고 통화

를 마친 후 나에게 긍정적인 결과가 있을 거라고 이야기해 주었다. 뜻

이 있는 곳에 길이 있다는 속담을 실감한 순간이었다.

인터뷰가 끝난 후 나는 새로 창립할 회사의 이름을 정했다. 그리고

동물병원 전문 유통 회사로서의 소명과 업계에서의 비전에 대해 고민

했다. 이후 그 영국 회사의 제품을 국내에 독점적으로 유통시킬 수 있

는 계약을 맺고 동물병원에 유통을 시작했다. 처음에는 생소한 브랜드

의 제품이라 시장에서 쉬이 받아들여지지 않았다. 하지만 기존에 다양

한 경로로 관계를 유지했던 수의사들을 필두로 동물병원 거래처가 점

차 늘게 되었다. 결국 대부분의 동물병원에서 찾아볼 수 있는 브랜드

로 자리를 잡았다.

반려동물 영양 전문 회사와 동물병원을 차리기까지

영양 보조제 유통 회사를 창립해 운영하면서 수의임상영양학 세미나도 틈틈이 같이 진행했다. 기존에 진행했던 세미나와 달라진 점은 한 회사의 정보에 치우치지 않고 좀 더 객관적으로 처방식에 대해 이야기할 수 있다는 것이었다. 그리고 일부 저널과 잡지, 인터넷 커뮤니티 등에 영양학에 관한 글을 기고하기도 했다. 그러던 중 평소에 잘 알고 지내던 동물병원 원장님이 같이 사업을 하자며 제안을 해 왔다. 그 사업은 바로 펫푸드를 생산해 유통하는 일이었다. 때마침 나는 영양 보조제뿐만 아니라 반려동물 먹거리와 관련한 사업을 시작하려는 마음이 있었다. 원장님 또한 당시 운영하던 동물병원을 그만두고 펫푸드 사업에 전념할 거라고 했다. 나는 흔쾌히 그분의 제안을 받아들여 펫푸드 사업을 돕기로 했다.

처음 할 일은 브랜드 이름을 결정하는 것이었다. 우리는 브랜드 이름을 알파벳(AlphaVET)이라 지었고 회사 이름도 동일하게 정했다. 그다음에는 생산하고 판매하려는 펫푸드의 특징, 즉 우리가 강점으로 내세울 점을 정리하여 이에 어울리는 포장지 문구와 디자인을 마련했다. 우리는 펫푸드의 기호와 영양 균형뿐만 아니라 원재료의 질도 중요하다고 여겼기 때문에 이를 충족시킬 생산 시설을 찾기 시작했다. 여러 곳을 방문한 결과 우리의 요구를 가장 잘 충족시킬 수 있는 시설을 결정한 후 비로소 제품 생산을 시작했다.

우수한 펫푸드는 네 가지 조건을 만족시켜야 한다. 그 조건은 바로 기호성, 흡수율, 영양 균형, 원료의 안전성이다. 간단히 부가 설명을 하자면, 기호성은 특정 식품에 대해 동물이 선호하는 정도로 아무리 영양학적으로 우수하더라도 동물이 먹지 않으면 소용이 없기 때문에 극단적인 관점에서 가장 중요한 요소다. 흡수율은 음식이 섭취된 후 체내로 흡수되는 정도를 말하는 것으로 변의 상태를 결정하는 중요한 요소다. 영양 균형은 어떤 영양소가 적게 섭취되어 나타날 수 있는 결핍증과 너무 많이 섭취되어 나타날 수 있는 중독증이 유발되지 않도록 '적당한' 양의 영양소를 골고루 섭취할 수 있게 하는 것이다. 현재 일반 펫푸드에 대해서는 국제 기준이 일부 마련되어 있다. 다만 처방식의 경우는 영양 균형이 잡혀 있지 않을 수 있어 급여할 때 주의를 기울여야 한다. 예를 들어 만성 신장 질환이 있는 경우 인(phosphorus)이라는 미네랄의 함량을 극도로 줄여서 급여해야 생존 기간을 연장시킬 수 있다. 하지만 신장 질환에 급여하는 처방식을 건강한 개나 고양이가 먹게 되면 인 결핍증이 생길 수 있다. 이러한 이유로 처방식은 정확한 진단을 통해 급여되어야 하며 질병 관리와 건강 상태를 잘 평가할 수 있는 동물병원에서만 유통되어야 하는 것이다.

원료의 안전성은 몸에 해로울 수 있는 것이 펫푸드에 들어 있지 않아야 한다는 것으로 비위생적으로 처리된 원료 또는 병원성 미생물, 곰팡이 독소, 중금속, 살충제나 아직 안전성이 입증되지 않은 유전자 조작 원료(GMO), 항생제나 호르몬제 그리고 일부 유해할 수 있는 보존제 등 화학 성분이 들어 있지 않아야 한다는 것이다.

우리는 여러 검사를 통해 영양소 함량이 국제 기준에 맞는지 확인했다. 또한 원재료에 화학 물질 등 안전하지 않은 성분이 포함되어 있는지 여부를 알기 위해 살충제 또는 유기인제, 중금속 함량을 측정했고 마지막으로 병원성 미생물의 혼입 여부를 검사해 이상이 없음을 확인한 후 제품 생산을 시작했다.

:: 제품 홍보를 위해 참가했던 미
국서부수의과학회에서.

생산된 제품은 유통이 되어야 한다. 펫푸드는 일반적으로 동물병원,
펫숍, 대형 매장, 슈퍼마켓 그리고 인터넷 등의 경로를 통해 소비자들
에게 유통된다. 하지만 우리는 가장 잘 아는 유통 형태인 동물병원을
통해서만 우리 제품을 유통하기로 결정했다. 동물병원은 일반 펫푸드
와 달리 급여에 주의할 점이 많은 처방식을 취급할 수 있고 고품질의
제품을 유통하기에 가장 적합한 곳이다.

국내 유통을 시작함과 동시에 펫푸드 수출을 위한 노력도 시작
했다. 로얄캐닌과 벳플러스를 통해 알게 된 세계 여러 나라의 지인들에
게 연락해 도움을 요청했다. 또한 미국과 중국 등 해외에서 열리는 반
려동물 용품 박람회에 참석해 제품을 홍보하기도 했다. 오랫동안 알
고 지내 왔던 대만 수의사가 우리 사업에 합류해 아시아 지역 수출 업
무를 도와주고 있다. 현재 대만, 홍콩, 인도, 말레이시아, 일본의 경우는
대리점을 선정해 수입 허가 절차를 진행하고 있다.

한국반려동물영양연구소 설립

이렇게 동물병원, 펫푸드 관련 업무와 영양학 강의를 병행하면서 다양한 분야의 사람들을 만났다. 그러면서 예전부터 가지고 있던 욕망이 꿈틀거리기 시작했다. 그것은 바로 반려동물의 영양 관리를 중점으로 하는 회사를 설립하는 것이었다. 현재 가장 널리 팔리는 사료는 건식 사료인데 반려동물 음식 산업의 정점에 있다. 하지만 최근에는 반려동물에게 사람이 먹는 것과 비슷한 형태의 식품을 주고자 하는 이들이 많아졌다. 즉 자연식 또는 홈메이드 식이(食餌) 문화가 자리를 잡기 시작한 것이다. 하지만 이 문화는 아직 태동 단계이다 보니 영양 균형과 위생 관리 측면에서 문제가 종종 발생하곤 한다. 그래서 나는 영양학 정보를 공유하고 자연식, 홈메이드 식이 문화를 개선하는 데 도움이 되고 싶었다.

결국 기존 사업의 대부분을 정리하고 새로운 회사를 창립했다. 이름은 한국반려동물영양연구소로 정했다. 회사를 설립함과 동시에 반려동물 영양학 강의를 시작했고, 영양 전문 동물병원도 개설했다. 이 동물병원에서는 백신, 수술, 영상 진단, 약품, 사료, 용품 판매 등 일반적인 동물병원의 역할은 하지 않고 오직 식이 상담만 진행한다. 지금까지 내원해서 상담을 받았던 사람들은 모두 반려동물에게 홈메이드 식단을 제공하는 이들이다. 그들에게 영양학적으로 조금이나마 도움이 된다는 것이 너무나 기쁘다.

우리는 다양한 종류의 홈메이드 식단을 짜서 영양 균형이 맞는지 계산하고 측정 기관에 검사를 의뢰하여 실제 측정된 수치와 비교해 본다. 이를 바탕으로 다양한 영양 관련 정보를 마련, 취합하고 자료로 만들어 필요한 사람들에게 제공한다. 또한 미생물 검사를 진행하여 식재료의 오염 여부도 살펴본다. 이런 여러 가지 일이 내 가슴을 벅차게 만든다. 그리고 나를 지지하고 격려해 주는 사람들이 곁에 있어 행복하다.

나는 수의사다. 하지만 질병 진단과 수술, 또는 내과적 처치를 통해 동물을 치료하거나 살리는 일은 하지 않는다. 수의사의 길, 동물 건강을 위한 일이 병원 안에만 있는 것은 아니다. 나는 회사를 운영하며 간접적으로 동물의 건강과 복지에 도움을 주고 있다. 바로 영양학 관련 제품을 통해서다. 나는 전국 각지를 돌아다니고 여러 나라 사람들과 폭넓은 교류를 할 수 있는, 회사에 다니는 수의사로서의 삶이 즐겁고 만족스럽다.

남들이 선택하지 않은 길에서
스페셜리스트로 거듭나기

| 이형찬 |

1982년생. 건국대학교 수의학과를 졸업하고 수의사 면허를 취득한 후 법학전문대학원에 진학해 제3회 변호사 시험에 합격했다. 현재 서울대학교 농업생명과학대학 대학원에 재학 중이다. 농림축산식품부 자문 변호사, 의료문제변호사모임 재무이사, 서울시수의사회 법제이사, 각종 언론의 칼럼니스트 등 농업·수산·축산·식품· 의약 분야의 전문 변호사로 활발하게 활동하고 있다.

'기초 과학자'에서 '변호사'로 방향을 틀다

고등학생 시절 나의 꿈은 '줄기세포'를 연구하는 기초 과학자였다. 하얀 가운을 입은 채 라텍스 장갑을 끼고, 피펫으로 시료를 옮기는 모습이 그렇게 멋져 보일 수 없었다.

수의학과에 입학하니 서울의 한 수의학과에서는 '줄기세포'에 대한 연구가 활발하게 진행되고 있었다. 모 교수의 연구가 연일 언론의 관심과 지지를 받았고 '줄기세포' 연구는 정부 차원에서 엄청난 지원을 받았다. 이때만 해도 수의학과를 졸업하고 줄기세포 연구실에 들어가 기초 과학자로 살겠다는 목표가 확실했다. 어떠한 장기와 조직으로든 분화할 수 있는 줄기세포처럼, 줄기세포 실험실에 들어가기만 하면 어떠한 분야에서든 훌륭한 기초 과학자가 될 수 있을 것이라 생각했다.

하지만 한순간에 '줄기세포' 연구는 몰락했다. 〈PD수첩〉의 보도로 생명 윤리에 대한 논쟁이 시작되는가 싶더니 얼마 지나지 않아 해당 대학 조사위원회가 '확립된 복제배아 줄기세포는 하나도 없다'는 판정을 내렸다. 검찰의 판단도 같았다. 정말 순식간이었다. 사회적으로 엄청난 논란이 일었고 매일같이 언론의 톱 기사로 줄기세포 연구가 다뤄졌다. 개인적으로는 '줄기세포를 연구하는 기초 과학자'가 되고자 했던 나의 목표도 사라졌던 시기다. 유학을 가거나, 국내 줄기세포를 연구하는 다른 실험실에서 공부를 할 수도 있었겠지만, 당시에는 '줄기세포 연구는 모두 끝났구나'라는 생각밖에 들지 않았다.

이때부터 사회에 관심을 가지기 시작했던 것 같다. 과학이 발전하고, 제대로 연구하기 위해서는 법과 제도 그리고 정책이 뒷받침되어야 한다고 생각했다. 매일 싸움을 벌인다는 국회에서 무슨 일을 하는지도 궁금해졌다. 신문의 스포츠 기사와 연예 기사만 탐독하던 내가 정치면과 사회면을 읽기 시작한 것이다. 과학자를 꿈꾸던 내가 사회와 소통할 수 있는 직업을 찾기 시작한 것도 이때다.

그즈음 전문 지식을 기반으로 특허를 다루는 변리사라는 직업을 알게 되었다. 최신 기술을 통해 사회와 소통하는 변리사의 역할에 큰 매력을 느꼈다. 그런데 공교롭게도 당시 '법학전문대학원 설치·운영에 관한 법률'이 국회를 통과하는 걸 보고 변리사보다는 변호사가 되어야겠다고 결심했다. 변호사는 법제의 정비, 제도의 개선, 이에 대한 정교하고 치밀한 이론의 제시, 파생되는 법률적 쟁점에 대한 다양한 주장을 통해 사회와 깊게 소통할 수 있겠다고 생각했기 때문이다.

실제 변호사가 되어 로펌에서 업무를 해 보니, 당시 가졌던 생각이

틀리지 않았음을 알 수 있었다. 농업·수산·축산·식품 분야의 다양한 잡지 및 신문에 칼럼을 기고하고, 토론회에서 발제를 하거나 관련 분야 종사자들을 상대로 강의를 하며, 송무 및 자문 업무를 통해 사회와 소통하는 현재 내 모습은, 당시 머릿속으로 그렸던 변호사의 모습 그대로기 때문이다.

수의사 출신 변호사? 스페셜리스트 이전에 제너럴리스트

월요일 오전 9시 30분. 사무실에 출근해 자리에 앉았다. 사무실 책상 위에 '업무 연락'이라는 쪽지가 놓여 있었다.

"업무 연락: 재판부에서 ○○환경진단연구원에 감정을 맡길까 하는데 원고 측 의견을 '의견서' 형태로 제출해 달라고 업무 연락 왔습니다."

쪽지를 읽고 고민에 빠져 있는데, 비서가 법원 실무관에게서 연락이 왔다며 전화를 돌려 준다.

"안녕하세요, 변호사님. 검찰이 ○○○ 님에 대해 구속 영장을 신청했습니다. 내일 오전 열 시에 영장실질심사가 열릴 예정이라 연락드립니다."

머리를 해머로 맞은 것 같다. 그 의뢰인은 피해자와 합의가 진행 중이었기 때문에 이미 자백을 했고, 도주 및 증거 인멸의 우려도 없었기 때문이다. '의뢰인에게 어떻게 말을 꺼내지' 하며 고민에 빠져 있는데, ○○협회 국장님께 휴대 전화로 연락이 왔다. "이번 협회지 칼럼과 세미나 강의자료는 내일까지 가능하시죠, 변호사님?" "네. 그럼요, 국장님. 내일 오후 여섯 시 이전까지 작성 완료해서 꼭 보내드리도록 하겠습니다."

시계를 보니 9시 50분. 회의가 10분밖에 남지 않았다. 이번 주 예정된 변론의 방향에 대한 회의다. 지난주 회의에서 사건 진행 방향에 일부 이견이 있었던 A 변호사님을 이번 회의에서 필히 설득해야 한다.

9시 55분. 자리에서 일어나 회의실로 이동하던 찰나, 친하게 지내던 선배에게 연락이 왔다. "이 변호사, 지난번에 말했던 사건 있지? 상대측에서 우리 계좌를 압류했어. 소송이 시작될 것 같네. 어떡하지?" "선배님, 제가 10시부터 회의인데 마무리하고 바로 연락드리겠습니다." "그래, 빨리 연락 줘. 기다릴게."

나는 변호사다. 조금 다른 점이 있다면 수의사 면허를 가지고 있다는 점이다. 사람들은 수의사 출신 변호사라고 하면 동물 관련 사건을 주로 맡느냐고 묻는다. 물론 일반적인 다른 변호사들보다 동물과 관련된 사건을 많이 맡게 된다. 하지만 나는 법무법인에 '수의사 출신 변호사'가 아닌 '변호사'로서 소속되어 있다. 여느 변호사들과 비교해 업무의 종류가 크게 다르지 않다. 판사의 감정 의견서 제출 요구에 고민하고, 검사의 갑작스런 구속 영장 청구로부터 의뢰인의 구속을 막기 위해 밤을 지새운다. 자문 회사가 구상하는 새로운 사업이 관련 법률에 위배되지 않는지 검토하는 일반적인 변호사인 것이다.

물론 법무법인에서 동물 관련 사건이 들어오면 가장 먼저 나를 찾고 어떻게 사건을 진행해 나갈지 상의한다. 사건 진행은 다른 변호사가 맡더라도 소송 진행의 방향에 대해 조언을 한다. 동물 관련 사건뿐 아니라, 농림·축산·식품·의약 분야의 소송 및 자문 사건이 있으면 법무법인 내에서 내가 직접 상담을 담당한다. 하지만 변호사 업무는 법률적 지식을 기초로 관련 법률과 판례에 근거해 진행된다. 아무리 전문적인 지식이 있다고 하더라도 해당 사건의 핵심적인 법리 해석이 가장 중요하다. 전문적인 지식은 그다음 문제다. 해당 분야에 대한 깊이 있는 이해만 가지고는 문제가 해결될 수 없다는 의미다.

관련 분야에 대한 이해가 있는 경우 사건의 진행 과정에서 의뢰인과의 소통에 장점이 있고, 그 이해가 사건 해결의 중요한 실마리가 되는 것은 사실이다. 하지만 '수의사 출신 변호사'이기 이전에 '변호사'로서 다양한 송무와 자문을 경험하는 것이 중요하고, 그 경험과 지식 위에서 전문성을 쌓아야 한다. 즉, 스페셜리스트가 되기 전에 제너럴리스트가 되어야 한다.

가지 않은 길, 제너럴리스트를 넘어 스페셜리스트로!

앞서 설명한 것처럼 수의사 출신 변호사라 하더라도 실제 업무는 일반 변호사와 크게 다르지 않다. 의뢰인을 만나 법률 상담을 진행하고, 재판에 참석해 판사 앞에서 변론을 하며, 검찰이나 경찰서에서 진행되는 피의자 조사에 입회한다. 물론 의뢰인들의 각종 법적 자문에도 응하고, 계약서 검토도 하며, 회사를 대리해 협상도 진행한다. 하지만 수의사 출신 변호사로서 일반 변호사와 다른 점이 있다면, 의뢰인 중 일부가 공중 보건 분야에서 일하고 있다는 것이다. 즉 나의 업무 중 일부는 수의사의 업무 영역에서 발생하는 다양한 법적 분쟁이다.

수의사는 다양한 분야에서 사회의 전문가로 활동하고 있다. 동물(반려동물, 산업동물, 야생동물 포함)의 건강과 질병 관리, 원헬스(One

:: 한국동물약품협회에서 주최한 2017년 하반기 '동물용 의약품 등 산업 발전을 위한 동물 약사 업무 워크숍'에서 '동물용 의약품 관련 법적 분쟁 사례 및 대응 방향'이라는 주제로 강의했다.

Health. 인간, 동물, 생태계 분야 모두에게 최적의 건강을 제공하기 위한 다양한 학문 분야의 총체적 노력을 의미한다. 수의사는 인간, 동물, 환경이 하나로 연계되어 있음을 인식하고 이들의 접점에서 발생하는 위해 요소를 해결하는 데 통합적 해결 방법을 제시한다), 식품 안전, 환경 위생, 공중 보건 등의 분야에서 전문가로서 역할을 한다. 이 책에서 나누고 있는 수의사의 업무 분야만 해도 너무나 다양하지 않은가. 이러한 수의사의 모든 업무 영역이 변호사로서 나의 업무 영역이기도 하다.

한번은 자문을 진행하던 식품 회사에서 급한 연락을 해 왔다.

"안녕하세요, 변호사님. 갑자기 B 방송사 기자가 회사에 방문해 저희 제품의 안전성에 대한 방송을 내보내겠다면서 대표님과의 면담을 요청합니다. 막무가내로 자료를 요구하는데 어떻게 대응해야 할까요? 회사에 비상이 걸렸습니다."

해당 회사는 축산물을 가공해 제품으로 생산하고 있었는데, 인터넷을 중심으로 회사 제품의 안전성 문제가 제기돼 큰 어려움을 겪고 있었다. 해당 제품에 대한 국가 기관의 안전성 검사로 제품에 문제가 없음을 밝혔고, 그 과정에서 지속적으로 악의적인 소문을 퍼뜨렸던 블랙컨슈머들에 대해 내용증명 발송, 소송 제기 등을 통해 큰 고비는 넘긴 상황이었다. 다시 본격적으로 사업을 진행하려는 찰나에 커다란 악재에 맞닥뜨린 것이다.

"방송을 통해 회사의 명예와 신용이 회복될 수 없을 정도로 손상될 여지가 있다면 법원에 방송 금지 가처분 신청을 해 방송을 막을 수는 있습니다. 하지만 언론 기관의 방송·보도의 자유는 국민의 알 권리를 충족하고 여론 형성의 기능을 수행한다는 점에서 방송을 막는 것이 쉬운 일은 아닙니다. 우선 제가 기자님과 직접 통화를 해 보고 대응 방향에 대해 설명드리는 것이 좋을 것 같습니다."

당황하는 회사 담당자를 진정시키고 방송사 기자와 통화를 하니, 생각했던 것보다 문제가 훨씬 심각했다. 나는 회사가 생산한 축산물의 안전성과 관련된 여러 검사 결과를 공중보건학적, 식품위생학적 지식을 총동원해 상세히 설명했고 관련 자료까지 송부해 주었다. 하지만 기자는 '오늘이나 내일 중으로 회사 제품에 대한 방송이 나갈 것이다. 8시 뉴스에서 직접 다룰 예정이다'라는 입장을 밝혀 왔다.

어쩔 수 없었다. 회사에 방송사를 상대로 한 '방송 금지 가처분'에 대해 간략히 설명해 주고, 신속하게 진행 여부를 결정해 달라고 요청했다. 회사 입장에서는 국내 굴지의 방송사를 상대로 한 소송에 부담을 느낄 수밖에 없을 것이다. 하지만 회사는 방송이 나가게 되면 사업을 접어야 한다는 판단을 했고, 즉시 방송 금지 가처분을 진행하기로 결정했다. 회사의 진행 결정 이후 나는 곧바로 로펌의 변호사들을 소집해 대책 회의를 시작했다. 방송 금지 가처분은 방송사의 프로그램 방영을 막는 소송이다. 그러므로 다른 어떤 사건보다 신속하게 진행되어야 한다.

1시간 남짓한 변호사들의 난상 토론. 방송사 취재 과정의 문제점을 짚어 보고, 국가 기관 검사 결과 검토, 외부 식품 전문가들의 의견 청취 등을 통해 쟁점을 정리했다. 이 과정에서 나는 평소에 친분이 있던 외부 식품 관련 전문가들과 통화하며 다시 한 번 회사 제품의 안전성에 대해 의견을 나누고 소송에 유리한 자료를 수집했다.

총 3명의 변호사가 팀을 꾸렸다. 서면 작성·자료 조사·회사와의 의사소통 등으로 업무를 구분하고, 나는 총지휘를 맡았다. 방송 금지 가처분의 진행이 처음은 아니었지만, 공중파 뉴스에서 회사 제품의 안전성을 언급한다면 회사 운영에 치명타가 될 수 있기에 사건의 무게를 느끼며 진지하게 임했다. 회사 담당자에게도 새벽까지 업무 연락을 받아 줄 것을 요청하며 신청서 작성을 시작했다.

다음 날 새벽 3시 30분. 각 쟁점별로 작성된 변호사들의 서면을 하나로 모으고, 최종 검토를 진행한 후 회사 담당자에게 가처분 신청서 초안을 송부했다. 회사 담당자에게 전화를 걸어 가처분 신청서의 주요 쟁점을 간략히 설명한 후 구체적 사실 관계를 중심으로 확인을 요청했다.

새벽 5시. 회사의 사실 관계 확인 후 관할 법원에 방송 금지 가처분 신청서를 제출했고, 신속한 진행을 위해 법원에 기일 지정을 신청했다.

:: 식품 관련 종사자들에게 식품 위생 관련 법률 및 판례를 교육하는 모습.

　다행스럽게도 다음 날 B 방송사는 방송 금지 가처분 신청이 제기된 것을 확인하고 회사 제품에 대한 방송을 보류했다. 우선 소기의 목적은 달성한 셈이다. 방송사는 법원의 결정을 받은 후 방송 진행 여부를 결정할 것으로 생각되었다. 이틀 후 진행된 심문 기일에서는 제품의 안전성, 언론의 자유 및 국민의 알 권리 등에 대한 양측의 치열한 변론이 진행되었다.

　며칠 후 법원은 우리 측의 손을 들어 주었다. 짜릿한 순간이었다. 회사가 큰 비용을 들여 진행한 안전성 검사 등의 자료는 무시한 채 소비자들의 의견만을 방송에 내보내는 것은 회사에 회복할 수 없는 손해를 입히고, 회사의 존폐 자체가 위협받을 수 있다는 우리의 주장이 받아들여진 것이다. 방송사는 '표현 행위의 사전 억제는 표현의 자유를 보장하고 검열을 금지하는 헌법의 취지에 어긋난다'고 했지만, 법원은 방송이 양측의 입장을 균형 있게 다루지 않았고, 사실 확인 의무를 소홀히 한 것으로 보인다며 방송사의 주장을 받아들이지 않았다. 공중파 방송사를 상대로 회사를 위기의 순간에서 구해 낸 것이다.

이러한 일련의 과정에서 수의사로서의 축산물 관련 지식이 큰 도움이 되었다. 방송 금지 가처분 관련 법리도 중요하지만, 회사에서 생산한 제품의 안전성에 대해 법원을 설득하기 위해서는 식품에 대한 지식, 수의학 관련 지식, 공중보건학적 지식이 필수기 때문이다.

실제 법정에서는 변론 과정에서 구체적이고 개별적 사실 관계에 대해 판사를 설득하는 과정이 필수적이다. 나는 수의사 출신 변호사로서 법리적인 부분은 물론 일반 변호사들에게 생소한 식품의 안전성 관련 이론을 정교하고 치밀하게 설명할 수 있다는 강점을 가졌다. 특히 변호사로서 식품 안전 전문가들과 교류를 통해 얻은 전문 지식은 소송 과정에서 큰 도움이 되었다. 업계 전문가들과의 교류가 빛을 발한 것이다.

나는 앞으로도 위와 같은 농업·수산·축산 식품·의약 분야에서 스페셜리스트가 되기 위해 노력할 것이다. '먹거리의 안전'과 '농장에서 식탁까지(Farm to Table)' 발생하는 모든 법적 분쟁에서 신뢰할 수 있는 전문가가 되고자 노력 중이다.

나는 숲속에 난 작은 길 중 풀이 더욱 무성한, 사람이 밟은 흔적이 적은 길을 택했다. 이 때문에 나의 모든 것이 달라졌다. 나는 내가 택한 이 길을 묵묵히 그리고 담담하게 걸어갈 것이다. 오랜 세월이 흐른 후 '그래서 삶이 즐거웠다'고 말할 수 있도록 말이다.

수의학에서 중개의학 연구로

| 진희경 |

1970년생. 1993년 강원대학교 수의과대학을 졸업하고 2000년 일본 홋카이도대학교에서 수의학 박사를 취득했다. 2000년부터 3년간 미국 마운트시나이 이칸 의과대학(Icahn School of Medicine at Mount Sinai)에서 박사후 연구 과정을 거친 후 2003년부터 경북대학교 수의과대학 실험동물의학 교수로 재직 중이다.

수의사는 흔히 동물을 진료하는 직업이라고만 생각하기 쉽다. 대체로 그렇지만 그것만이 전부는 아니다. 동물에 대한 의학적 지식은 진료에 국한되지 않으며, 기초 과학 분야에서도 빛을 발할 수 있다. 특히 생명 과학 분야에서 그렇다. 생명 과학 분야에서는 많은 동물 모델을 이용해 연구하고 있으며 동물 모델에 대한 심도 있는 이해는 연구에서 무척 중요한 요소다. 수의학은 세포 수준의 지식부터 조직, 기관 그리고 기관 사이의 유기적인 관계까지 배울 수 있는 학문이기에 생명체를 통합적으로 이해할 수 있고 유기적인 하나의 시스템으로 생각하는 데 많은 도움을 준다. 그렇기 때문에 수의학의 영역을 임상 분야로만 국한한다면 이것은 매우 좁은 시각이다.

동물과 관련된 연구를 할 것이라고 생각하는 수의과대학 교수가 줄기세포와 치매에 대한 중개의학 연구를 한다고 하면 다들 의아해 한다. 수의사가 사람에게 발생하는 특정 질환을 연구한다니 생소할 만도 하다.

중개의학 연구(Translational Research)란 기초 연구 결과를 임상에 적용 가능한 새로운 치료법(의약품, 의료 기기, 진단 및 치료 기술)으로 전환하는 것과 동시에 임상 연구에서 얻어진 새로운 관찰로 기초 연구를 촉발하는 것을 말한다. 특히 현재 특별한 치료제가 없는 난치병의 신약을 개발한다는 것은 무엇보다 그 질병에 대한 전반적인 통찰 없이는 불가능하다. 20년 넘게 중개의학 연구 분야에서 알츠하이머 및 희귀 유전성 질환에 초점을 둔 맞춤형 줄기세포 치료제와 신약 개발의 연구를 진행하고 있는 나는, 중개의학 연구 분야에서 수의사가 다른 전공자들보다 경쟁력이 있다고 생각하며 더 많은 수의사가 이 분야에 도전하길 바란다. 물론 나도 처음부터 중개의학 연구를 시작한 것은 아니었다. 수의학에서 시작한 배움의 씨앗이 중개의학 연구로 이어지기까지는 많은 우연과 필연이 있었다. 그 여정을 소개해 보려고 한다.

수의학에서 중개의학 연구로

1988년 12월, 수의학과 면접 고사장에서 한 교수님이 물었다. "수의학과를 졸업하고 장래에 어떤 일을 하고 싶어요?" 나는 서슴지 않고 대답했다. "졸업 후에 외국 대학원에서 박사 과정을 마친 후 교수가 되어, 연구하고 교육하는 일을 하고 싶습니다." 입학도 결정되지 않은 상황에서 어떻게 그런 자신만만한 대답을 할 수 있었을까. 그러나 현재 나는 그때 대답한 대로 대학 교수가 되어, 연구하고 교육하고 있다.

내가 입학할 당시 수의학은 일반인들에게 그다지 친숙한 학문이 아니었고, 발전된 학문은 더더욱 아니었다. 수의학을 선택한 것은 아버지의 권유 때문이었다. 아버지는 수의학을 아직은 별로 알려지지 않았고 발전된 학문도 아니지만, 전망이 아주 밝은 학문이라고 말씀하셨다. 그때 아버지의 말씀처럼 지금은 경제 성장과 더불어 사회의 전반적인 분위기가 선진화되면서 수의학도 발전하고 국민의 관심도 커졌다.

1989년 수의학과에 진학하고 보니 신설된 지 1년밖에 되지 않은 학과였기 때문에 모든 것이 부족했다. 각 세부 전공 교수도, 수업과 실습 여건도 전부 부실했다. 또 선배도 없었던 터라 앞으로 어떻게 공부하고 졸업 후 어떤 진로를 택해야 할지 물어볼 데조차 없었다. 4학년 졸업 후 진로를 결정할 때, 나는 자연스럽게 대학원 진학으로 마음을 굳혔다.

석사 과정의 전공은 수의병리학을 선택했는데, 지도 교수님의 배려로 한림대학교 의과대학 실험동물센터(현재는 의학유전학 교실)에서 지내게 되었다. 소속 연구실을 떠나 다른 학교 연구실로 파견되는 일은 무척 큰 스트레스였다. 제대로 배워야 하고, 실수하지 않고 책임을 다해야 한다는 중압감이 늘 마음속에 있어서 언제나 긴장 상태였다. 하루하루가 무척 힘들었고, 많은 실험과 실험동물 관리로 피곤했다. 그러나 그곳에서 실험동물의학과 유전학에 관하여 연구하고 공부하면서 처음으로 수의학 내에서 '실험동물의학'이라는 전공이 가치 있다고 느꼈고, 더 깊이 공부를 해 보고 싶은 마음이 생겼다.

당시 국내에는 실험동물의학을 전공한 사람이 거의 없었고, 전공자체도 별로 알려져 있지 않았다. 그래서 나는 유학을 결심했다. 미국으로의 유학은 경제적으로 감당하기 어려웠고, 준비할 시간도 부족했다. 따라서 상대적으로 부담이 덜한 일본 수의과대학의 실험동물의학 교실들을 찾아보기 시작했다.

내가 선택한 곳은 일본 삿포로에 위치한 홋카이도대학교였다. 과거 일본의 7개 제국대학 중 하나이며, 오랜 역사에 걸맞게 연구 수준도 아주 높았다. 특히 일본 내 수의과대학 가운데 도쿄대학교와 어깨를 나란히 하는 명문이었다. 서툰 영어로 수의과대학 실험동물의학 교실 교수님께 박사 과정에 진학하고 싶다는 편지를 보냈다. 교수님으로부터 환영한다는 회답을 받고 입학 수속을 준비했다. 석사 과정을 마친 1996년 4월 일본 홋카이도대학교 수의과대학원으로 유학을 떠났다.

25년간 가족들과 함께 지냈던 춘천을 떠나던 날, 엄마는 공항으로 출발하는 순간까지도 "꼭 가야 하니? 어떻게 혼자 밥해 먹고 살 건데?"라고 걱정하셨다. 그러나 오빠와 언니의 전폭적인 지지를 받으며, 떨리는 마음으로 삿포로행 비행기에 올랐다. 흔히 '가깝고도 먼 나라'라고 하는 일본이 너무 낯설었지만 일본 유학 생활 동안 나는 최선을 다해 노력했다. 그 결과, 좋은 연구 논문과 함께 많은 기회를 얻었다.

일본에 도착한 다음 날 지도 교수님으로부터 박사 과정 동안 진행할 연구 주제를 받았다. 그때부터 많은 참고 문헌을 읽으며 연구 계획을 세우고, 실험 방법을 찾아 실험하고, 결과를 해석하며 논문을 작성했다. 기초가 너무나 부족했던 나는 많은 공부를 해야 했다. 더구나 실험 방법도 처음이라 시행착오가 많았고, 때론 해결하지 못해 며칠을 고민하기도 했다. 그럴 때마다 같은 실험 방법을 사용하는 다른 연구실의 선배들을 찾아다녔다. 일본어가 서툴렀던 첫해에는 미리 질문 목록을 작성했다가 선배가 편한 시간을 틈타 물어보곤 했다. 끈질기게 찾아다니던 나를 귀찮아하면서도 자세히 가르쳐 준 선배들 덕분에 대학원 생활도 조금씩 적응되어 갔다.

대부분의 유학생이 그랬겠지만 나도 경제적으로 참 어려웠다. 당시 홋카이도대학교에는 많은 한국 유학생이 있었는데, 수의과대학에만도 8명이 있었다. 대부분 나와 같은 자비 유학생이라 모두 장학금을 신청했는데 나는 매번 탈락했다. 가족을 동반한 유학생이나 고학년에게 우선권을 주기 때문이었다. 그 이유가 불합리하다고 생각한 나는 결과를 받아들이느라 속이 꽤나 많이 상했던 기억이 있다. 설상가상으로 그해에는 IMF 외환 위기 사태까지 벌어져, 학업을 계속할 수 있을까 하는 두려움도 컸다.

경제적 어려움을 극복할 수 있는 유일한 방법은 학위 과정을 1년 앞당기는 것뿐이었다. 홋카이도대학교에서 박사 학위를 받으려면 4년 동안 SCI 논문 2편을 주저자로서 내야 한다. 그런데 SCI 논문이 3편 이상이거나 피인용 지수(Impact Factor)가 높은 저널에 논문을 발표하면 기간을 3년으로 단축할 수 있으며, 그때에는 특별위원회를 설립해 심사한다는 규정이 있다. 그렇기 때문에 유학 기간 단축을 위해 좋은 논문을 내려고 많은 노력을 했고 또 운도 따라 주어 3년 만에 박사 학위를 받을 수 있었다.

박사 학위 이외에 일본 유학을 통해 얻은 큰 재산은 많은 선배(일본인)를 알게 된 것이다. 1988년 신설된 강원대학교 수의학과 2회 졸업생으로 선배보다는 후배들이 절대적으로 많았기 때문에, 이 점을 더욱 절실하게 느꼈다. 지금 일본 내 여러 지역의 대학이나 연구소에서 각각 연구와 교육을 담당하고 있는 선배들은 유학 시절 내 삶의 지표가 되었고, 지금도 나에게 많은 조언과 도움을 준다.

박사후 연구원이 되기 위해서, 《네이처》 구인란에 나와 있는 여러 대학에 이력서를 보내고 대답을 기다렸다. 미국 대학 두 곳에서 연락이 왔는데 그중 뉴욕의 마운트시나이 의과대학으로 결정했다. 일본학술진흥재단(JSPS)의 박사후 연구원으로 이미 선정되었지만, 미국에서의 연구 경험이 훨씬 유익하리라 생각해 미국행을 택했다. 뉴욕으로 향하며 나는 일본으로 유학을 갈 때보다 훨씬 더 긴장되고 두려웠다. '박사'라는 타이틀에 뒤따르는 책임감의 무게 때문이었는지도 모르겠다.

미국에서 내가 수행한 연구 과제는 그 당시만 해도 많은 연구자에게 새로운 연구 분야였다. 성체줄기세포를 이용한 신경퇴행성 질환의 세포 치료 가능성을 동물 모델에 시도하는 것이었는데 박사 과정 때의 연구 주제와는 또 다른 도전이었기에 많이 공부하고 열심히 실험했다. 그리고 정말 많은 것을 배웠다. 낮에는 실험에 몰두했고 밤이 되면 논문을 읽으며 생각에 잠겼다. 새로운 분야를 연구하면서 수많은 난관에 좌절도 했지만 다음 날이면 실험실에 출근해 난관을 헤쳐 나갈 수 있는 또 다른 가설을 세우고 실험했다. 끊임없는 질문과 해석 끝에 아주 조그마한 단서지만, 새로운 사실을 밝혀냈을 때에는 무엇과도 바꿀 수 없는 희열을 맛보았다. 이렇게 이 분야의 가능성에 매료되어 현재까지 20년이 넘도록 연구를 계속해 오고 있다.

소아형 알츠하이머병이 뭐지?

우리 연구실은 여러 신경퇴행성 질환을 연구한다. 특히 소아형 알츠하이머라고 불리는 니만·피크병을 자세히 연구하고 있다.

몸속 콜레스테롤 대사에 관여하는 NPC1 유전자가 변이되어 스핑고리피드(sphingolipid)와 콜레스테롤 등이 축적되면서 치매, 소뇌 실조, 시각과 청각의 소실 및 경련 등 각종 신경 장애를 일으키는 유전병인데 발병하면 10대에 사망할 수도 있는 신경퇴행성 질병이다. 아직까지 니만·피크병은 희귀 유전 질환으로 알츠하이머와는 다르게 크게 알려져 있지 않고, 특히 우리나라에서는 표본 자체도 적어서 연구하기가 쉽지 않다. 하지만 최근에 〈오 마이 금비〉라는 공중파 드라마에서 다뤄지면서 사회에서도 점점 관심을 가지는 추세다.

2015년 1월 부산 모 대학병원으로부터 니만·피크병으로 의심되는 환자의 샘플을 분석해 달라는 의뢰를 받았다. 니만·피크병은 희귀 질환으로 분류되어 있어서, 확실한 콜레스테롤 축적에 대한 분석 결과가 없으면 정부에서 치료 보조금을 주지 않아, 개인이 치료비를 감당하기가 무척 부담스럽다.

이를 위해 의심 환자의 피부생검 조직을 받아 섬유아 세포로 배양하여 최대한 빠르게 콜레스테롤 축적을 확인해, 그 환자가 치료받는 데 도움을 줄 수 있었다. 실험하는 동안 니만·피크병 환자가 아니길 기대했지만, 한편으로는 정확한 실험 결과로 환자의 치료에 조금이나마 도움이 되어 학자로서 보람을 느낄 수 있었다.

나는 니만·피크병에 대한 줄기세포 치료 연구도 하고 있다. 몇 해 전부터 골수 중간엽 줄기세포는 다양한 종류의 사이토카인 및 영양인자를 분비해 그 치료 효과를 나타낸다고 알려졌다. 이러한 배경 아래 연구 방향은 골수 중간엽 줄기세포와 소뇌의 신경 세포를 공동 배양해 신경 세포의 생존에 영향을 줄 수 있는 골수 중간엽 줄기세포의 분비 산물을 찾는 것이었다. 그리고 그 산물이 혈관 내 피 생성 인자(VEGF)

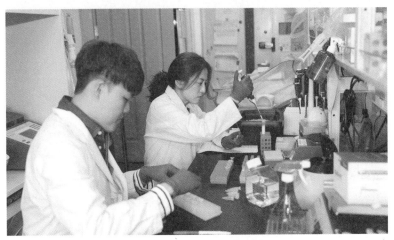

:: 고도의 집중력과 끈기, 무엇보다 항상 도전하는 자세가 필요한 연구.

라는 사실을 밝혀냈다.

　이 연구 결과의 의미는 골수 중간엽 줄기세포를 이용한 치료 기전을 밝혀낸 것이고, 니만·피크병에서 VEGF가 결손되어 있다는 것을 발견한 것이다. 즉, 니만·피크병으로 인해 결손된 VEGF를 골수 중간엽 줄기세포가 제공해 줄 수 있다는 것, 그리고 니만·피크병이 VEGF의 결손으로 인해 발병할 수 있다는 새로운 병의 원인을 규명하는 계기가 되었다. 이 결과는 2014년 11월《네이처 커뮤니케이션스》에 실림으로써 인정을 받았다.

　현재는 이 연구 결과로부터 아이디어를 도출해 분자세포생물학적 역할을 하는 신경 줄기세포와 신경 재생 측면에서 새로운 후속 연구를 진행하고 있다.

　결과만 놓고 보면 매우 간단해 보이지만 미지의 영역을 밝혀내는 것은 사실 쉽지 않다. 오랜 시간 동안 많은 시행착오를 겪고 연구 결과에 대해 질문과 해석을 반복해야 원래의 연구 목적을 달성할 수 있을 뿐만 아니라 우연히 도출된 새로운 결과물을 가지고 또 다른 연구로 나아갈 수 있기 때문이다.

연구자는 오전 9시에 출근해 오후 6시에 퇴근하는 직업과는 다르다. 퇴근 이후에도 끊임없이 고민해야 하고 새벽에 잠에서 깨어 좋은 아이디어가 생각났을 때는 이불을 박차고 책상 앞으로 뛰어가는 집중력도 필요하다. 정해진 끝이 없는 것이 연구지만, 반대로 끝이 없기에 항상 도전하고 호기심을 자극하는 것도 연구다.

연구자가 되려면?

많은 사람이 연구자로서 필요한 자질이 무엇인지 궁금해할 것

:: 나와 함께 연구실을 지키는 대학원생 제자들을 보면 모두 바르게 이끌고 싶다는 각오가 생긴다.

같다. 누군가는 높은 지능이 필요하다고 생각할 수 있고, 또 다른 누군가는 특별한 재능이 필요하다고 생각할 수도 있다. 하지만 나는 연구자에게 가장 중요한 것은 재능이 아니라 책임감과 포기하지 않는 태도라고 생각한다.

오랜 기간 동안 연구를 해 왔고 많은 학생을 가르쳐 온 나의 경험에 비춰 보았을 때 포기하지 않는 마음가짐과 긍정적인 태도가 어떠한 재능보다 중요하다고 확신한다. 연구는 아직 아무도 풀지 못한 매우 어렵고 복잡한 문제를 푸는 것과 같다. 그렇기에 어떤 연구 과제를 만나든 필연적으로 많은 난관에 부딪치기 마련인데 장애물을 만날 때마다 좌절하고 포기한다면 절대 앞으로 나아갈 수 없다. 포기하지 않고 머리를 짜내서 생각하는 것이 좋은 연구자가 되는 첫걸음이다. 그리고 항상 긍정적으로 생각해야 한다. 장애물을 내가 한 걸음 더 성장할 수 있는 디딤돌로 여길 수 있어야 한다.

또한 연구자는 다양한 정보들 사이에서 연관성을 찾아내는 능력을 키워야 한다. 실험을 통해 도출된 다양한 결과들 사이에서 연관성을 찾아내고 남들이 보지 못한 새로운 사실을 발견할 수 있어야 한다. 때로는 전혀 연관성이 없어 보이거나 심지어는 상반되는 결과에서조차 미처 발견하지 못한 인과관계를 발견할 수 있어야 한다.

이러한 능력은 하루아침에 만들어지지 않는다. 아무리 작은 결과라도 관찰력을 가지고 살펴보고 주의 깊게 해석하고 축적해야 한다. 그리고 모든 정보를 일관되게 설명할 수 있는 하나의 가설을 세우려는 시도를 해야 한다. 이렇게 새로운 가설을 세우고 수정하고 때로는 맞지 않는 가설은 버리기도 하면서 관련성을 찾아내는 능력을 발전시켜야 한다.

지혜와 지식은 모두 경험에서 나온다

경북대학교 교수가 된 지도 16년이 되었다. 나 홀로 시작한 연구실은 어느덧 학부생과 대학원생으로 가득 차 있다. 학생들이 열심히 논문을 읽고 실험하는 모습을 보고 있으면 학생 시절 내 모습이 떠오른다. 그럴수록 학생들 모두 바르게 이끌고 싶은 욕심, 내 연구 능력을 모두 발휘하여 내 지식을 후학에게 전달하겠다는 각오가 생긴다. 그리고 나를 이끌어 주셨던 지도 교수님들이 떠오른다.

사람 좋기로 유명했던 미국의 지도 교수 에드워드 셔크먼(Edward Schuchman) 박사는 학회 발표를 위해 함께 워싱턴 D.C.로 가던 기차 안에서 이런 이야기를 해 주었다. "희경, 인생은 서클(Circle)과 같다고 생각해. 내가 너에게 베풀면 너는 또 다른 학생들에게 베풀 것이고, 그 후 그 학생은 또 다른 누군가에게……. 이렇게 돌고 돌면서 언젠가

:: 학부 강의하는 모습. 많은 학생이 연구의 매력을 느꼈으면 좋겠다.

는 내가 남에게 베풀었던 것 이상이 나 자신에게 돌아오는 것 같아. 물론 그 형태는 내가 준 것과 다르더라도 말이야." 그 후 얼마 지나지 않아 나는 한국으로 돌아왔는데, 그 말은 지금도 내 마음속 깊이 각인되어 내 삶의 또 다른 지표가 되고 있다.

나는 이상한 버릇이 있다. 늘 아주 많은 상상을 하며 머릿속으로 미래를 그리는 것이다. 사소한 일부터 내 운명을 바꿀 만큼 큰일까지, '할 수 있다, 될 수 있다'라고 긍정적으로 상상한다. 그러면서 내가 상상하는 그 미래의 일들이 꼭 이루어질 것이라는 예감으로 매일매일 준비한다. 돌아보면 지금까지 대부분의 일들이 바라는 대로 이루어졌다. 나는 이러한 행운에 정말 감사한다. 그리고 연구하고 학생들에게 지식을 전할 수 있는 지금이 행복하다.

때로 연구를 실패하기도 하지만 엄밀히 따지면 이는 실패가 아니다. 실패라고 생각하는 실험조차 나중에 데이터로 사용될 수 있고, 그런 경험들 덕분에 다음 단계로 나아갈 수 있기 때문이다. 이런 경험들이 쌓이고 쌓여야 나의 지혜와 지식이 된다. 레오나르도 다빈치는 "지혜는 경험의 딸이다"라고 말했고, 아인슈타인은 "실패한 적이 없는 사람은 새로운 것을 시도해 보지 않은 사람이다"라고 말했다.

마지막으로 수의사가 되려는 학생들과 수의과대학 학생들에게 말하고 싶다. "기초 과학 분야에서 수의사가 할 일은 너무나 많고, 다른 분야를 전공한 사람들보다 많은 장점을 갖고 있다. 무엇보다 남들이 알지 못하는 사실을 스스로 밝혀내는 가슴 짜릿한 희열이 있다. 여러분도 연구의 즐거움을 느껴 보길 바란다!"

삶의 질은
동물에게도 중요하다

| 이혜원 |

독일 뮌헨 수의과대학을 졸업하고 동 대학교 수의대 동물복지연구소에서 동물 복지 및 동물 행동 분야로 박사 학위를 취득했다. 유럽동물자연보호협회 소속의 동물보호소에서 임상 수의사로 지냈으며, 동물보호시민단체 카라의 정책국장 및 행동 치료 수의사를 역임했다. 현재 건국대학교의 자회사인 카브의 동물복지지원센터 센터장으로 재직 중이며 잘키움행동치료동물병원의 원장이다. 여러 동물 복지 관련 연구에 참여하고 있으며 충남대학교, 성신여자대학교에서 동물복지학과 동물행동학을 가르쳤고 현재 건국대학교, 강원대학교에서 가르치고 있다.

살아온 지난 40년 동안 내 인생의 흐름에 막대한 영향을 준 세 사건이 있었다. 첫 번째는 초등학교 6학년 때 아버지의 발령으로 인해 독일 프랑크푸르트로 건너가서 3년간 그곳에서 생활한 것이다. 두 번째는 한국에서 철학과 독어독문학 학사를 졸업하고 10년 만에 어린 시절의 추억이 있는 독일로 배낭여행을 떠난 것이다. 세 번째는 독일 뮌헨 수의대에 입학하고 예과 1학년 1학기 때 접한 동물복지학과 동물행동학 수업이다. 이 세 가지 전환점이 동물 복지 전공 수의사인 지금의 나를 만들었다.

누렁이만 알던 나, 다양한 반려동물을 만나다

서울에서 태어난 내가 초등학교 6학년 때까지 만날 수 있었던 동물은 줄에 묶인 채 마당에서 크던 황구가 전부였다. 황구는 사람이 남긴 음식물(소위 잔반)을 먹고 자랐다. 그리고 가까이서 볼 수 있었던 고양이는 초등학교 앞 문방구에서 기르던 고양이 몇 마리가 전부였다. 그 당시에는 고양이를, 그것도 집 안에서 키우는 경우가 매우 드물었다. 보통의 어린아이들이 그러듯 나 역시 강아지를 예뻐했다. 그래서 어머니가 남대문에서 강아지를 사 오실 때까지 철없이 졸랐다. 그때는 품종이나 순종, 잡종이라는 개념도 없었다. 동물을 좋아하기는 했지만 동물에 대한 이해가 전혀 없었던, 말 그대로 철부지 어린이였다.

그러다가 초등학교 6학년 때 아버지의 발령으로 반려동물 문화가 정착된 독일로 가게 되었다. 독일인들이 집 안에서 반려견이나 반려묘와 함께 생활하는 모습은 나에게 신선함 그 자체였다. 뒷집의 그라프 할아버지네에는 검은색 유로피언 숏헤어 고양이 '데이지'가 살고 있었다. 집 안과 집 밖을 자유자재로 드나드는 소위 '외출냥이'였는데 우리 집 옆의 잡초가 무성한 공터에서 우거진 풀 사이에 숨어 지나가는 사람들을 관찰하곤 했다.

학교에서 같은 반이었던 동네 친구는 매일 하교 후에 한 살 된 반려견을 데리고 산책을 했는데 나도 가끔 동행했다. 반려견을 키우던 친구는 집에 햄스터와 기니피그도 키우고 있었다. 처음 보는 반려설치류가 신기해서 햄스터를 들어 올렸는데 나의 손길이 매우 불편했는지 내 손가락을 물어 피가 나기도 했다. 독일에서는 반려동물 주간지도 발행되었는데 나는 간혹 예쁜 동물의 사진이 새겨진 잡지를 사서 모으곤

했다. 그때 나는 커서 수의사가 되겠노라 친구에게 말하곤 했다.

3년의 시간이 흘러 한국으로 돌아왔고 부모님의 뜻에 따라 외국어 고등학교에 진학했다. 학교 내에 이과가 없었기 때문에 문과 공부를 하고 대학도 인문학부로 진학하게 되었다. 수의사가 되겠다는 어릴 적 꿈은 생각도 안 날 만큼 희미해져 버렸다. 영화 제작 동아리에서 활동 하면서 영화감독을 꿈꾸었다가 재능이 없음을 깨닫고 현실의 벽에 부 딪혔다. 그렇게 어영부영 대학 생활을 보내고 회사에 취직할까 고민만 하다가 졸업을 하게 되었다. 취직하기 전에 어릴 적 살았던 독일로 배 낭여행을 떠나자고 결심했고 그곳에서 예전에 반려견을 키웠던 동네 친구와 재회하게 되었다. 그 친구는 내게 한국으로 돌아가서 무엇을 할 거냐고 질문했고 나는 회사에 취직할 거라고 답했다. 그 친구는 그 러지 말고 네 어릴 적 꿈인 수의사가 되라고, 독일 수의대에 입학하라 고 권했다. 나도 잊고 있던 꿈을 10년 만에 만난 친구가 상기시켜 준 것이다. 친구의 말을 들은 순간에는 '20대 중반에 대학을 다시 들어가 라고? 문과 공부만 한 내가 어떻게 수의학을 공부할 수 있을까?'라고 생각했다. 한국에 돌아와서 취직을 준비하던 중에도 친구의 말이 계속 맴돌았다. 가능할지도 모른다는 희망이 꿈틀거렸다. 수의사가 된다는 생각만으로 가슴이 두근거리고 설렜다.

10년 동안 잊고 지낸 꿈을 향해 한 발 앞으로

결국 난 취직 결심을 접고 독일 유학길에 올랐다. 다행히 한국에서 의 수능 점수와 학사 졸업을 했다는 점이 유리하게 작용해 독일에 온

:: 예과 2학년 때 농장 실습을 나가 갓 태어난 송아지에게 초유를 먹이고 있다.

지 1년 만에 지원한 5개 수의대 중 4개 수의대에 합격했다. 나는 다른 동기생들보다 나이가 예닐곱 살이 많았지만 독일 학생들은 개의치 않았다. 그들에게는 나이보다 유럽이 아닌 나라에서 온 외국 학생의 존재가 더 신기할 뿐이었다. 나는 300명의 동기생들 중 유일한 동양인이었다. 수업에 들어가지 않아도, 수업에 들어가도 늘 눈에 띄었다. 그런 이유로 신입생 때부터 수업 시간이 불편했지만 유일하게 불편하지 않은 수업이 있었다. 바로 동물복지학과 동물행동학 수업이었다. 수의대에서 동물복지학과 동물행동학을 배우다니! 나에게는 신세계였다. 동물을 치료하는 것만 배우는 줄 알았는데 동물을 이해하고 동물의 삶의 질까지 고려하다니! 나는 이 학문을 꼭 한국에 가져가야겠다고 다짐했다. 수의대에 입학하자마자 내가 꼭 하고 싶은 일을 찾은 것인데, 앞으로 펼쳐질 날들이 얼마나 힘들지 그때는 미처 알지 못했다.

그 이후 포기하고 싶을 만큼 어려운 시험들과 여러 번의 재시험을 동물복지학과 동물행동학을 전공하겠다는 일념 하나로 버텨 냈다. 학부생일 때부터 동물복지연구소에서 개별적으로 실습을 하면서 교수님과 연구원들에게 나의 성실함과 간절함을 어필했다. 박사 과정 자리는 얼마 되지 않고 그 자리를 차지하려고 경쟁하는 학생이 많았으므로 내가 박사 과정을 할 수 있을지는 불투명했다. 그러나 나는 졸업하기 2년 전부터 한국인 특유의 근성과 부지런함으로 동물복지연구소 사람들에게 얼굴 도장을 찍고 긍정적인 평가를 받게 되었다. 결국 사육 환경에 따른 산란계의 건강 상태와 행동을 분석하는 박사 프로젝트를 맡게 되었다.

부끄러운 고백이지만 수의대에 들어가기 전까지만 해도 나는 수의대에서 개와 고양이에 대해서만 배우는 줄 알았다. 가축 동물에는 개와 고양이뿐만 아니라 말, 소, 돼지, 닭이 포함되어 있는데 그들이 인간의 삶에 얼마나 중요한 역할을 하는지 몰랐던 것이다. 그러나 동서양을 막론하고 수의학이 시작된 계기는 개와 고양이 때문이 아니다. 귀족들의 마차를 끌고, 사냥에 이용되거나 전쟁에 동원되었던 말로부터 수의학이 시작되었다. 예과 1학년 1학기 때 첫 해부학 실습을 하던 날 나의 눈앞에 놓여 있던 건 개나 고양이가 아닌 말의 뒷다리였다. 동물복지연구소에서도 마찬가지였다. 반려견이나 반려묘에 대한 연구는 몇 안 되었고 농장 동물을 대상으로 한 연구가 집중되어 있었다.

일상에서 반려견이나 반려묘를 흔히 접하다 보니 지구에서 제일 많은 가축인 것처럼 여기기 쉽다. 하지만 실상은 2006년 UN의 식량농업기구통계(FAOSTAT)에 의하면 한 해에 도살장으로 운송되는 육계(바로 우리가 흔히 먹는 치킨이다)는 480억 마리고 달걀을 낳는 산란계는

:: 조류 전문 병원에 실습을 나갔던 본과 때 모습.

56억 마리다. 돼지는 약 13억 마리고 소는 약 5억 4000만 마리다. 여기에서 주목할 것은 이 통계가 도살장으로 운송되는 동물의 수만 집계한 것이라는 점이다. 도살장으로 운송되는 동물이 있다면 새로 농장에 입주하는 동물들이 있기 마련이다. 따라서 인간이 키우는 농장 동물의 수는 여기에 곱하기 2를 해야 한다. 즉 육계와 산란계를 합친 닭의 수는 1100억 마리라는 것이다. 그러다 보니 동물 복지 연구는 농장 동물에 집중될 수밖에 없다. 사람들이 쉽게 접할 수 없는 곳에서 살고 있는 동물이다 보니 더 주의를 기울여야 하는 것이다.

동물 복지가 뭐냐고?

우선 수의대에서 이야기하는 동물 복지가 무엇인지 짚고 넘어가야 할 것 같다. 동물 복지(Animal Welfare)와 동물권(Animal Right)은 다르게 이해된다. 동물 복지의 개념은 기본적으로 인간이 동물을 이용하는 것을 전제로 하며 다만 동물을 인도적으로 대하고 동물의 기본적인 습성을 고려하여 사육해야 한다는 것이다. 동물권은 인간이 동물을 이용하는 것을 전면 반대한다. 동물은 인간의 편의나 이익을 위해서 사는 게 아니라는 것이며 인간으로부터의 동물 해방을 주장한다. 물론 수의사 중에 동물권을 이야기하는 사람도 있으나 대부분의 동물복지연구소에서 일하는 수의사들과 학자들은 동물 복지의 입장을 고수한다. 또한 동물 복지는 동물의 '삶의 질'을 논하는 것이지 '삶의 양'을 논하는 것이 아니다. 예를 들어 열악한 환경에 방치한 채 오래 살게만 하는 것은 동물 복지가 아니다. 짧은 기간을 살더라도 기본적 습성이 충족되는 삶을 이야기하는 것이다.

동물복지연구소에서 박사 과정으로 있던 3년 동안 다양한 프로젝트가 있었다. 내가 진행한 프로젝트는 산란계의 사육 환경에 따른 행동 변화, 건강 상태 그리고 생산성에 관한 것이었다. 유럽 연합은 2012년 1월 1일부터 연합에 속한 28개국에서 산란계 배터리 케이지 사용을 금지시켰다. 배터리 케이지는 닭 한 마리당 A4용지 한 장 면적도 안 되는 공간에 5~10마리의 닭을 수용한다. 배터리 케이지에서 사육되는 닭들은 사료를 먹고 달걀을 낳는 것 외에는 다른 정상적인 활동을 할 수 없다.

이와 관련해 동물복지학자들은 이미 30여 년 전부터 배터리 케이지 사육 환경의 문제점을 과학적으로 증명해 냈다. 유럽 연합은 배터리 케이지를 금지하면서 닭의 정상 행동을 고려하여 케이지 내에 산란 둥지, 횃대 그리고 모래 목욕판을 의무적으로 설치하게 했다. 닭은 무리에서 조금 벗어난 공간(둥지)에서 산란하는 것을 선호한다. 휴식과 수면을 취할 때에는 바닥보다 높은 곳을 좋아하기 때문에 횃대를 설치함으로

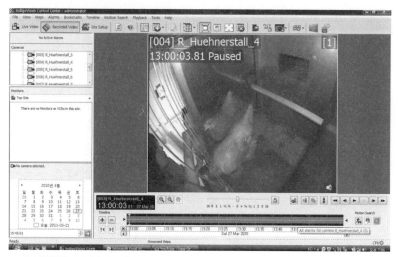

:: 닭들의 행동을 분석하기 위해 설치한 카메라에 필자의 모습도 찍혔다.

써 닭의 복지를 향상시킬 수 있다.

닭들의 안락 행동 중에 하나인 모래 목욕은 닭의 삶의 질을 판단하는 중요한 지표가 된다. 따라서 산란계 복지 관련 연구 중에는 모래목욕 행동을 분석하는 경우가 많다. 나는 모래 목욕판 위에 사료를 하루에 한 번에서 네 번까지 제공 횟수를 달리하여 모래 목욕의 횟수와지속 시간을 분석했다. 그 결과 유럽 연합의 최소 기준 사육 환경에서보다는 향상된 모래 목욕 행동을 보였지만 평사 사육이나 방목형 사육에서 보이는 닭들의 모래 목욕 행동 수치에는 미치지 못했다. 이런방식으로 다양한 동물들의 복지를 연구하고 분석한다.

또 다른 예로 박사 과정 시기에 밍크(족제비과 동물)에 대한 연구도 진행했다. 동물복지연구소 내에 모피 생산에 찬성하는 수의사나 연구원이 있었던 것은 아니다. 과연 인간은 밍크에게 그들의 습성을 고려한 사육 환경을 제공하는 것이 가능한가라는 의문에서 시작된 연구

:: 박사 학위를 받던 날, 동물복지연구소의 동료들이 축하를 해 주었다.

였다. 밍크의 기본적인 습성은 물가에서 수영을 하는 것인데, 기존의 밍크 사육장은 이러한 습성을 전혀 고려하지 않은 소위 '뜬장'으로 되어 있었다. 그래서 연구소에서는 밍크의 정상 행동을 고려해 수영장을 제공한 사육 환경을 조성했다. 수영을 할 수 있는 여러 종류의 환경을 제공하고 5년간 밍크의 행동 분석, 혈액 검사, 사육 환경 내의 위생 정도를 연구한 결과 밍크에게 개선된 사육 환경을 제공해도 정형 행동을 보이는 등 삶의 질이 개선되지 않았다. 따라서 밍크의 복지를 보장하면서 밍크를 가축화하는 것이 불가능함을 과학적으로 증명하여 밍크 산업에 브레이크를 걸 수 있는 토대를 마련했다. 이 연구는 독일의 동물 복지와 관련된 상인 '펠릭스 방켈 동물복지 연구상'을 수상했다.

이외에도 오리, 소, 칠면조 등의 사육 환경, 반려견의 분리 불안 치료제, 고양이의 스트레스 측정과 관련된 연구가 진행되었다. 또한 동물 복지연구소에는 행동학 전문 수의사들이 소속되어 있어 행동 치료 상담을 진행했다. 덕분에 담당하고 있던 산란계 연구 외에도 반려동물의 행동 치료 상담에 참여하고 행동 분석과 치료 계획을 세우는 일도 함께할 수 있었다.

우리나라의 동물 복지, 아직 갈 길이 멀지만

동물복지연구소에서 박사 학위를 받은 후 곧바로 한국으로 돌아가 동물 복지를 향상하는 데 기여하고 싶었다. 하지만 한국에서 동물 복지 연구가 진행되는 곳을 찾을 수 없었다. 결국 독일 현장에서 동물 복지 수의사로 활동하고자 유럽동물자연보호협회 소유의 동물보호소 내 동물병원에서 일을 시작했다. 그곳에는 70~100마리의 개와 비슷한 수의 고양이가 입양을 기다리며 생활하고 있었다. 그 외에도 구조된 토끼나 닭, 말을 위한 환경도 갖추고 있었다.

동물보호소는 개들의 짖는 소리 때문에 주민들이 사는 동네에서 어느 정도 떨어진 곳에 위치했다. 독일은 유기되었다는 이유 하나만으로 동물보호소에 입소한 동물들을 안락사시키지 않는다. 독일의 동물보호법 1조 1항은 합리적인 이유 없이 동물에게 상해를 끼치거나 고통을 주어서는 안 된다고 언급하고 있다. 유기되었다는 사실은 동물을 해할 수 있는 합리적인 이유가 될 수 없는 것이다. 이를 노킬(No-Kill) 정책이라고 하며 전 세계에서 극히 일부 국가만 실시하고 있다.

내가 재직했던 동물보호소에도 입양되지 못하고 2~3년째 상주한 동물들이 있었지만 대부분의 동물은 1년 이내에 입양된다. 독일 사람들은 동물보호소에서 동물을 입양하는 것에 관하여 다른 나라 사람들

:: 독일 동물보호소 내 동물병원에
서 고양이를 돌보는 필자.

에 비해 거부감이 덜하기 때문이다. 독일 내에 강아지와 아기 고양이를
판매하는 펫숍은 단 하나뿐이다. 강아지와 아기 고양이를 판매하는 것
이 불법은 아니지만 시민들이 펫숍에서 구매하는 일은 거의 없다. 가정
분양을 많이 하는데 이는 반려견과 반려묘의 복지를 고려한 소규모의
전문 브리더 제도가 안정적으로 정착되어 있기 때문이다. 나는 동물보
호소에서 일하는 동안 수많은 반려견과 반려묘를 만나면서 행동 치료
가 필요한 다양한 케이스를 접하게 되었고 독일 내 저명한 행동 치료
수의사들의 세미나를 찾아다니면서 행동 치료 전문 수의사 과정을 수
료했다. 동물보호소에서 일하면서 반려견과 반려묘들의 다양한 행동을
자세히 관찰할 수 있었던 건 이후 한국에서 활동할 때 좋은 바탕이 되
었다.

독일의 동물보호소에서 일하는 동안 한국의 동물보호시민단체인
카라에서 정책국장과 동물병원의 부원장이라는 직책을 맡아 달라는
제안을 받았다. 독일에서 몇 개월만 더 있으면 영주권이 나오는 상황이
어서 수없이 망설였으나 한국에서 동물 복지 일을 하고 싶다는 마음이

앞서 결국 영주권을 포기하고 한국에 들어왔다. 10년이 넘게 독일에서 살다가 한국에 들어오니 적응이 쉽지 않았다. 반려견과 함께 출퇴근하던 독일에서와 달리 반려견과 10시간 이상 떨어져 있어야 하는 한국의 상황도 힘들었다. 그래도 한국에서 동물 보호·복지 일을 한다는 것 자체가 즐겁고 새로웠다. 1년 정도 카라에 있으면서 한국의 동물 복지 현황도 어느 정도 파악하게 되었다. 하지만 동물 복지 전문 수의사라면 동물 복지와 관련된 객관적이고 과학적인 수치를 제공해야 한다는 생각이 머릿속에서 떠나지 않았다. 결국 연구를 계속해야겠다고 결심하게 되었다.

그래서 카라를 나와 임상 수의사로 지내면서 동물 복지 연구가 가능한 곳을 계속 모색했다. 그러던 와중에 강원대학교 수의대에서 동물복지학과 동물행동학 강의를 하게 되었고 얼마 지나지 않아 건국대학교 3R동물복지연구소의 부소장직을 맡게 되었다. 동물복지연구소에 처음 들어올 때에는 동물 복지나 동물 행동과 관련된 연구 과제가 하나밖에 없었지만 1년도 채 지나지 않아 연구 과제는 4개로 늘어났다. 관람 동물의 동물 복지를 위한 사육 환경에 대한 연구, 식용견 사육 환경과 위생에 대한 연구, 길고양이 급식소 개선 방안과 관련 조사, 길고양이 개체수 조절을 위한 불임 백신 연구를 하게 된 것이다. 연구 외에 동물 복지 전문가로서 국회의 정책토론회에 참석할 일도 종종 생겼다. 일반인들을 대상으로 동물 행동과 관련된 특강을 하기도 했다. 동물의 행동을 잘못 이해해서 의도치 않게 동물을 학대하는 상황을 예방하기 위해서였다. 농림축산검역본부의 동물보호과에서 관리·감독하는 동물 복지 인증축산물에 관심을 갖는 사람이 지속적으로 증가하자 동물 복지형 농장을 운영하고자 하는 사람들을 위해 매해 특강을 실시했다.

:: 독일의 케이지 프리 산란계 농장을 방문하여 동물 복지 조사를 하고 있다.

한국뿐만 아니라 독일동물복지학회에서 한국의 동물 복지 현황을 발표하기도 하고 국제 콘퍼런스에 참여해 꾸준히 국내외의 동물 복지에 대한 정보를 공유하고 있다.

지금까지는 유럽의 동물 복지 현황이나 연구에 대해 소개에 그치는 경우가 많았는데 한국 실정에 맞고 단기에 실현 가능한 단계적 동물 복지를 제안하고 싶은 마음이 앞섰다. 그러기 위해서는 동물을 실제로 사육하고 있는 사람들의 이야기에 귀를 기울여야 한다. 실제 동물의 사육 환경 변화는 농장주들이 그 필요성을 인지하는 데에서 시작하기 때문이다. 그리고 그 변화는 농장주에게 피해가 되지 않는 한에서 가능하다. 아직까지 전반적인 사회 분위기나 인식은 인간의 생존권과 먹거리를 선택할 권리를 가장 중요하게 여긴다. 그러므로 동물 복지는 인간의 권리가 충족된 다음에 고려된다. 하지만 이와 관련하여 앞으로 더욱 많은 논쟁과 토론이 이어질 것이다.

:: 독일 동물복지학회에서 발표를 시작하기 직전의 모습.

　동물 복지가 인간의 복지만큼 소중하다는 의견이나 인간의 권리와 동물의 권리가 다르지 않다는 의견 등 학자와 동물 보호 활동가들의 입장은 무엇에 더 가치를 두느냐에 따라서 차이가 생긴다. 그러므로 전 세계인이 모두 동의하는 동물 복지에 대한 정의는 없다. 하지만 동물 복지가 동물의 삶의 질을 논한다는 것에 이의를 제기하는 사람도 없다. 사실 한국뿐만 아니라 전 세계가 공통적으로 동물 복지보다 인간의 먹거리를 선택할 권리를 더 중요하게 여긴다. 그렇기 때문에 나라에 따라 동물 복지와는 거리가 먼 먹거리가 존재한다. 할랄(또는 코셔) 고기가 그러하고 푸아그라가 그러하며 식용 개가 그러하다. 해결책을 논의하는 방식은 분명 다양할 것이다. 그리고 이러한 음식에 이용되는 동물의 고통이 과연 합당한 것인가라는 질문과 이에 대한 답을 개개인의 윤리성이나 판단에서 찾으려는 시도가 끊이지 않을 것이다. 확실한 것은 동물의 고통이 거기에 분명 존재하며 동물복지학자라면 이 문제를 외면하지 말아야 한다는 것이다.

지난 100여 년간 과학의 발전은 동물 복지와 거리가 먼 사육 방식을 개발해 냈다. 하지만 전 세계의 동물 복지 과학 분야의 학자들은 동물 복지와 관련한 수많은 연구를 진행했다. 그리고 동물들의 스트레스를 최소화하고 삶의 질을 보장하는 방향을 제시하고 있다.

그렇기 때문에 실현 가능한 단계적인 동물 복지는 학자들의 목표라고 할 수 있다. 한국에서 동물 복지 연구는 아직 초기 단계라 많은 시행착오가 있다. 하지만 나는 '동물 복지 수의사'다. 지금 불편함과 고통을 겪는 동물들, 앞으로 태어날 동물들이 더 나은 환경에서 살 수 있도록 만들기 위해 쉽지 않은 이 길을 가고 있다. 그리고 마음을 다잡아 최선을 다하고자 다짐한다.

나는 국제기구에서
일하는 수의사다

| 박민경 |

1985년생. 2008년 워싱턴주립대학교 복수 전공으로 신경과학학과와 동물학과를 졸업하고 수의과대학에 입학한 후 2012년에 Doctor of Veterinary Medicine(DVM) 학위를 받았다. 2013년부터 세계동물보건기구인 OIE(World Organisation for Animal Health)에서 OIE 표준실험실 관련 업무를 시작으로, 현재는 지위평가부서 부국장으로 일하고 있다.

나는 국제기구인 세계동물보건기구(OIE)에서 일한다. OIE 는 가축의 질병과 예방을 연구하고 국제적 위생 규칙에 대한 정보를 회원국에게 보급하는 수의 전문 국제기관이다. 사람의 보건 분야에 세계보건기구(WHO)가 있다면, 동물 분야를 담당하는 것이 OIE다. 오늘날 '인수공통질병', 'One Health' 같은 단어들이 자주 등장하는 만큼 OIE는 인간의 건강과도 밀접한 관계가 있는 중요한 일을 담당하고 있다. 그리고 내가 이런 기관에서 일할 수 있는 기회를 얻은 것이 참으로 감사하다.

Dream come true

네다섯 살 꼬마 시절, 미국에서 수의학 박사 과정을 공부하시던 아버지의 학교에 쫄래쫄래 따라가곤 했다. 그럴 때면 아버지는 학교 건물에 설치된 자판기에서 아이스크림 샌드위치를 뽑아 주시곤 했는데 어찌나 맛있던지! 아직도 기억이 생생하다. 이후 고등학생 때 다시 미국으로 유학을 떠났다. 하지만 초등학교와 중학교는 한국에서 다닌 덕분에 모국어를 완벽하게 배울 수 있어서 얼마나 다행인지 모른다. 고등학교를 졸업한 후 미국에서 대학교에 진학해 복수 전공으로 신경과학과 동물학을 공부했다. 4년간 대학교 생활을 마치고 다시 4년 과정의 수의과대학에 진학했다.

내가 수의사를 꿈꾸게 된 건 대학교 3학년 때였다. 수의대가 그저 맛있는 아이스크림 자판기가 있는 학교라고만 생각했던 꼬마 시절로부터 20년이 지난 후 나는 워싱턴주립대학교 수의과대학에서 미국 친구들과 함께 수의과 과정을 공부하게 된 것이다.

아마도 내가 수의사가 된 건 아빠의 영향이 크지 않았을까. 어떤 결정적인 계기가 있어서 선택했다기보다 어린 시절부터 당연하게 품고 있던 꿈이 대학에서 드러난 게 아닐까 생각한다. '열심히 공부하다 보면 나도 아빠와 함께 갔던 국제 콘퍼런스 같은 무대에서 근사하게 발표할 수 있지 않을까? 그런 기회가 내게도 찾아오지 않을까?' 하는 부푼 꿈을 안고 임상보다는 질병 연구에 집중했다.

미국 수의대를 졸업하기 전 마지막 해였다. 실습 기간이었는데 방학 동안 잠시 한국에 방문할 기회가 있었다. 마침 한국에서는 OIE 광견병 국제회의가 열리고 있었다. 우연히 해당 국제회의에서 자원봉사

:: OIE 총회에 처음 참석했던 인턴 시절 모습. 이국땅에서 일하는 동안 세계 각국의 동료들과 서로 힘이 되어 주었다.

를 했는데, OIE를 제대로 알 수 있는 기회가 되었다. OIE에서 일하는 사람들과 대화도 많이 했고, 초청된 전문가들과도 소통할 수 있었다. 수의대 졸업 후 주위의 권유에 따라 OIE 인턴십에 지원했고 감사하게도 받아들여졌다.

드디어 파리에 도착해서 기대 반 걱정 반으로 근무지로 향했다. 프랑스 파리에 위치한 OIE 본부는 생각보다 규모가 크지 않았다. 직원은 전부 합해 90명 정도였다. 인턴 근무를 시작한 뒤 한두 달이 지나자 나는 거의 모든 직원을 알게 되었고 이야기를 나누는 사이가 되었다. 전형적인 국제사회 초년생의 마음을 가지고 적극적으로 행동했던 것 같다. 파리에 아는 사람이 별로 없었던 내게는 회사 사람들이 동료이자, 가족이었다. 세상에서 가장 국제적인 대가족이라고 확신한다.

인턴 생활의 하루를 따라가 보자. 먼저 아침에 출근하면서 볼리비아 동료들과 인사를 나눈다. 오전에는 프랑스, 그리스, 이탈리아 동료들과 회의하고 일한다. 영국, 세르비아 동료들과 점심을 먹는다. 퇴근 후 저녁에는 스페인, 인도, 브라질 동료들과 맥주 한잔하면서 이런저런 이야기를 나눈다. 대부분 각자의 현장 경험이라는 흔하고 자연스러운 소재가 대화에 등장하지만 단순한 넋두리나 수다가 아니었다. 이국땅에서 일하며 서로 의지하고 교감하는 훈훈한 시간이었다.

각국 대표 수의사들이 한자리에 모이는 OIE 총회

인턴 시절에는 마냥 신기하고 새로웠던 일들이 정식 직원으로 일하게 되면서 당연한 일상이 되었다. 이제 이곳 OIE에서 어떤 일을 하는지, 또 어떤 일이 가장 중요한지 소개하겠다.

매년 5월 마지막 주에 OIE 총회가 열린다. OIE에서 진행하는 가장 크고 중요한 회의다. 모든 OIE 회원국에서 각국 대표 수의사와 정부 기관 수의계 종사자들 800여 명이 한자리에 모이는 대규모 행사다. OIE 회원국은 현재 182개이며, 우리나라는 1953년 11월에 가입했다. 북한도 2001년부터 OIE 회원국이 되었다. 총회에서는 지난 한 해의 주요 동물 질병 현황 및 OIE 활동 내역을 발표하고, 앞으로의 활동 방향을 논의한다. 또 안건을 채택해 중요한 사항들을 결정한다. 총회의 마지막 순서는 OIE 회원 국가들의 청정국, 위험도 지위를 평가해서 증서를 수여하는 일이다.

구제역(FMD), 우폐역(CBPP), 돼지열병(CSF), 아프리카마역(AHS), 가성우역(PPR)의 질병들로부터 청정국 지위를 수여하고, 소해면상뇌병증(BSE)으로부터 위험무시(Negligible) 또는 위험통제(Controlled) 등의 위험도 지위를, 그리고 질병 관리 프로그램을 공식 인증받은 회원 국가들에게 증서를 수여한다. 참고로 우리나라는 OIE로부터 아프리카마역, 가성우역에 대한 청정국, 소해면상뇌병증에 대해서는 경미한 위험국이라고 인정받았다.

OIE 총회의 꽃이라고 할 수 있는 질병 청정국 증서 수여식에서는 여러 나라 수의사들의 환한 미소를 볼 수 있다. 무대에 올라가 증서를 받을 때, 그 흐뭇한 표정을 보면 나도 덩달아 기쁘고 행복한 마음에 젖곤 한다. 자국의 수의 방역 체계와 동물 보건 개선에 힘써 온 결실이기 때문에 경건한 마음까지 든다. 내가 일하고 있는 지위평가부서의 주된 업무와 밀접하게 이어진 순서라서 더 의미 있게 느껴지는 것 같다.

총회가 끝나면 한시름 놓을 수 있겠거니 생각했다면 틀렸다. 곧바로 총회에서 결정된 내용들을 정리해서 OIE 홈페이지에 세 가지 공식 언어로 올리는 작업이 뒤따른다. 특히 청정국 지위와 관련된 내용은 실수가 있으면 안 되는 부분이다. 홈페이지에서 공식화하기 전에 지위나 국가, 국가 내 지역 등이 올바르게 번역되었는지 꼼꼼히 체크해야 한다. 철자 하나하나 틀리지 않도록 여러 번 검토를 거친 후에야 공식 홈페이지에 게재할 수 있다. 총회가 끝난 뒤에 1~2주 안에 모두 공식화해야 하기 때문에 이 작업은 총회를 시작하기 전부터 심혈을 기울여 진행한다. 한바탕 전쟁 같은 총회 및 후속 업무를 치르고 나면 7~8월의 여름 바캉스 시즌이 시작된다. 하지만 우리는 바캉스를 가지 못하고 다시 본격적인 OIE의 업무 사이클을 가동한다. OIE의 연간 프로그램은 가장 큰 행사인 총회를 기준으로 끝나고 다시 시작되는 것이다.

칼퇴하는 편한 직장? Not at all!

지금까지 총회의 전반적인 내용을 설명했다. 이제 총회 때 내가 하는 업무가 구체적으로 무엇인지 그리고 일상을 어떻게 보내는지 소개하고자 한다.

　일단 무척 바쁘다. 아침 8시 반쯤 출근해서 정신없이 일하다 보면 '벌써 저녁 아홉 시네? 얼른 집에 가서 간단히 저녁 먹고 자야겠다. 그래야 내일 또 일하지……' 하는 생각이 절로 든다. 퇴근 시간은 6시지만 건물 보안 경보기가 작동되는 9시 반까지 일하는 날이 적지 않다. 하루 11시간 동안 화장실 가는 시간, 챙겨 온 도시락을 먹는 점심시간을 빼고 쉬지 않고 일해야 한다. 그렇게 해도 주말에 온갖 문서를 집에 가져가서 추가 업무를 해야 하는 경우가 허다하다. 다행히 곧 충원할 계획이라고 하니 빨리 새로운 직원이 와서 업무에 적응하고 일을 조금이라도 나눌 수 있었으면 좋겠다.

　우리 부서가 유난히 일이 많은 데엔 또 다른 사연이 있다. 오랫동안 OIE 사무총장을 맡았던 베르나 발라(Bernard Vallet)가 세 번의 임기(15년)를 마친 후 2015년에 새로운 사무총장인 모니크 에르와(Monique Eloit)가 부임했다. 그러면서 내부에 엄청난 변화가 있었고 구조도 많이 바뀌었다. 과학기술부의 업무 중 큰 부분을 차지했던 청정국 지위 평가부가 독립해 지위 평가 부서가 만들어졌다. 그것이 바로 비서를 제외한 총 5명으로 이루어진 우리 부서다. 그러니 매일 업무가 넘쳐 나는 건 어쩌면 당연하다.

　OIE에서 공식 인정하는 여섯 가지 질병 중 내가 책임지고 있는 것은 구제역(FMD)와 돼지열병(CSF)이다. 청정국 지위 신청이 자발적 절차다 보니 회원 국가들의 신청서 양은 해마다, 또 질병마다 천차만별이다. 그중 내가 맡은 구제역과 돼지열병은 일반적으로 청정국 지위 신청이 꾸준히 많은 질병들이다. 신청서 마감일은 모든 OIE 회원국들의 대리자들이 인지할 수 있도록 총회 기간 중 발표하고, 총회가 끝난 뒤에도 사무총장의 공문을 통해 한 번 더 발표한다. 신청서 마감일은 각 질병의 전문가 회의 날짜로부터 60일 전인데, 마감일이 가까워지면 신청서들이 하나둘 도착한다.

나는 아직 수의사로서 현장 경험이 많지 않다. 그래서인지 신청서를 읽으며 알게 되는 여러 국가의 질병 방역과 관리 체제가 매우 흥미롭다. 이 신청서는 애드혹(ad hoc, 특별작업반) 회의 때 국제적인 질병 전문가들의 1차 평가를 거친다. 내 개인적인 견해가 전문가들의 의견과 비슷한지 다른지 비교하고 점검하는 시간 역시 또 다른 즐거움과 배움의 시간이다. 그러니 어떻겠는가? 신청서가 많아질수록 배움의 기쁨이 커지지만 동시에 업무가 기하급수적으로 늘어나는 고통을 맛볼 수밖에. 좋기는 한데 마냥 좋아할 수 없는 상황이다.

각국에서 보내오는 청정국 지위 신청서는 첨부 자료까지 포함하면 50페이지가 넘는다. 그 외에도 지위 평가 보고서, 신청국들에 보내는 공식 문서, 또 지위 평가를 위한 전문가 회의를 위한 문서 정리 및 전달, 수월한 회의 진행을 위해서 챙겨야 하는 세세한 부분들까지…… 이 모든 일을 다 하려면 하루가 너무 짧게 느껴진다. 각국의 질의에 답변하는 일까지 하려면 숨 돌릴 틈이 없다. 특히 우리 부서 업무는 공식적인 데드라인이 있어서 정해진 시간 안에 꼭 처리해야 한다.

사무국에서 나의 역할은 애드혹 회의가 열리기 전 준비 작업부터 시작된다. 신청서에서 빠진 내용이나 부족한 부분을 체크해서 신청 국가에 재기입을 요청하는 공문 작성, 회의에 참석할 전문가 초대, 자료 검토, 애드혹 회의 보고서 준비 등. 특히 애드혹 회의 때는 순조로운 진행을 위해 애써야 한다. 전문가들이 과학위원회에 보고하고, OIE 회원 국가들과 공유할 검토 결과 보고 내용이 정확한지, 제대로 명확하게 전달될 수 있도록 구성되었는지 철저히 점검해야 한다.

애드혹 회의가 시작되면 의논 내용의 핵심을 추려서 실시간으로 보고서를 작성하는 일이 나의 가장 큰 역할이다. 전문가들이 지위 평가를 할 때 신청서에 설명된 국내 입법, 규제, 질병 상황 보고와 그것을 증명하는 자료가 OIE 기준을 준수함을 충분히 보여 주는지 검토한다. 각국에서 제출한 신청서에서 어떤 부분이 평가 결과를 좌우하는 중요한 내용인지—긍정적인 평가는 제출된 어떤 내용에 근거하는지, 부정적인 평가는 어떤 부분에서 개선이 필요한지—정리해서 최대한 정확하고 명확한 보고서를 작성하는 게 나의 목표다.

OIE의 공식 언어는 영어, 프랑스어, 스페인어다. 맡은 부서와 역할에 따라 다르지만 보통 이 중 한 가지 언어는(주로 영어) 완벽하게 구사해야 하고 다른 한 가지 언어는 실무를 진행할 수 있는 수준이 필요하다. 대부분의 전문가 회의는 영어로 진행된다. 보고서 및 공문의 90퍼센트가 영어로 작성되고 있으며, 공식적으로 OIE 홈페이지에 발표되기 전 전문 번역가들에게 의뢰해 프랑스어와 스페인어로 번역한다. 이런 상황에서 조금 의외일 수 있지만 아직까지 OIE 본부 전체를 통틀어 영어 원어민이 많지는 않다. 지금 내가 일하는 부서에도 영어 원어민이 없는데 이게 감사한 일인지는 모르겠다. 왜냐하면 그나마 내가 미국에서 오랫동안 지낸 사람이라서 내가 참석한 회의뿐만 아니라 다른 회의 보고서와 공식 문서까지 검토하는 경우가 자주 생기기 때문이다. 업무가 왕창 늘어나는 셈이다. 그리고 내 업무가 거의 영어로 이루어지기 때문에 프랑스에 온 지 만 5년이 되었는데도 프랑스어 실력은 아직 제자리걸음이다. 그래도 식당이나 가게, 슈퍼마켓에서 원

:: 회의 내용의 핵심을 추려서 최대한 정확한 보고서를 작성하는 것이 중요하다.

하는 것을 구입하는 데 큰 문제는 없으니 굶을 일은 없을 것 같다. 그저 감사할 따름이다.

내 손가락이 가장 빨라지는 순간

OIE에는 4개의 전문가 위원회가 있다. 육지동물보건기준위원회, 수생동물보건기준위원회, 생물표준위원회 그리고 동물질병과학위원회. 이 위원회들은 각국에서 직접 투표해서 뽑은, 국가와 지역을 대표하는 수의사들로 구성되어 있다. 그중 과학위원회는 OIE의 모든 육지 동물 관련 수의과학과 기술 관련 문건들에 대해 토론하고 나아갈 방향을 모색한다. 회원 국가들이 투표 및 결의할 안건들을 잠정적으로 결정하는 위원회라고 보면 된다.

나는 2년 전부터 애드혹 전문가 회의에 이어 과학위원회에서 사무국 직원의 역할을 맡고 있다. 우리 부서에서 맡고 있는 청정국 지위 관련 결정들뿐만 아니라 그 외에 다른 여러 수의과학과 기술 주제를 다루는 토론과 거의 최종적인 결정을 하는 과학위원회 회의는 고되기는 하지만 박진감이 넘친다. 현재 각 위원회는 OIE 본부에서 1년에 두 번, 1~2주에 한 번 주간회의를 가진다. 특히 총회 전에 있는 2월 회의 때에는 청정국 지위를 신청한 모든 국가의 최종 심사가 있어서 회의 전후로 우리 부서는 매우 분주하다. 지난 반 년 동안의 안건들을 1~2주 안에 토론하고 신중하게 결정해야 하기 때문에 위원회 회원들과 사무국 직원들의 집중력이 최고로 요구된다. 우리가 나누는 대화를 생생하게 들려주고자 영어 그대로 옮기고 번역을 덧붙였다(OIE에서 나는 'Min'으로 통한다).

- 대화 1

Scientific Commission President: "Min, could you please give us a brief overview of the last meeting of the ad hoc Group on the evaluation of classical swine fever status of Members?"

Min: "With pleasure, President. The OIE received the submission of a total of 3 applications from OIE Members for official recognition of a CSF free country status. The ad hoc Group has recommended that 2 of the 3 Members be proposed for official recognition of their countries' freedom from CSF, while they have concluded not to recommend the CSF free status of one of the applicant countries. The main reasons of this conclusion are⋯."

과학위원회 회장: "민, 지난 회원 국가들의 CSF 질병 지위 평가 전문가 그룹 회의 때 논의된 내용들을 간략하게 요약해 줄 수 있을까요?"

나: "그럼요. OIE는 돼지열병 청정국 지위 공식 인정을 위한 신청서를 세 회원국으로부터 접수받았습니다. 전문가 그룹은 3개국 중 2개국의 공식 인정을 추천했고, 나머지 한 개 회원 국가의 인정은 추천하지 않는 것으로 결론을 내렸습니다. 이 결론의 주된 이유는⋯⋯."

– 대화 2

Scientific Commission President: "Dear Commission members, do you have any further comments on the report of the ad hoc Group and its evaluation? Would you agree with the recommendation made by the expert ad hoc Group on its conclusions?"

Scientific Commission member: "Yes, I agree. While this country has not reported any CSF cases for almost 20 years, the application does not provide sufficient evidence demonstrating that the country has an effective early detection system. In addition, some key points related to the capacity in properly following up any suspicions of CSF by laboratory and epidemiological investigations is lacking. To mention a few examples⋯."

과학위원회 회장: "위원회 여러분, 전문가 그룹 보고서 및 평가에 대

한 추가 의견이 있으십니까? 전문가 그룹의 권장 사항과 결론에 동의 하십니까?"

과학위원회 회원: "네, 동의하는 바입니다. 이 나라는 거의 20년 동 안 돼지열병 사례가 보고된 바 없지만, 효과적인 조기 발견 시스템을 갖추고 있음을 입증하는 충분한 증거들을 제시하지 못했다고 여겨집 니다. 또한 돼지열병으로 의심되는 사례가 발견되었을 때 실험실 및 역 학 조사를 통해 의심 사례를 확실하게 추적할 수 있는 역량을 제시하 는 핵심 사항들이 부족합니다. 몇 가지 예를 언급하자면……."

이런 대화가 오갈 때 이를 듣고 이해하고 정리하기 위해 내 머릿속 은 엄청나게 빨리 회전한다. 또 이것을 기록하는 내 손가락의 속도도 빨라진다.

세계 곳곳을 누비는 국제공무원?

국제기구라는 명칭 때문에 세계 여러 나라로 자주 출장을 다닐 거 라고 생각하는 사람이 많다. 하지만 출장 횟수는 OIE에서 근무하는 수 의사들 사이에서도 어느 부서에서 일하는지, 또 어떤 업무를 맡고 있는 지에 따라 천차만별이다. 2013년에 내가 일을 시작했을 당시 한 해 동 안 딱 두 번 출장을 다녀왔다. 그것도 한 번은 우연찮게 4년에 한 번 있는 OIE 표준실험실 회의가 한국에서 열린 덕분이었다. 그 출장은 내 가 OIE 인턴 기간에 맡았던 프로젝트를 발표할 기회가 되었다.

이제는 OIE 정식 직원으로 근무한 지 5년째가 되었다. 현재 내가

:: 세계 각국의 수의사와 소통할 수 있는 워크숍은 여러 의미에서 소중한 기회다.

우리 부서에서 맡고 있는 질병(FMD, CSF) 관련 출장은 다른 질병들보다 많은 편이다. 지난해만 하더라도 두 달에 일주일 꼴로 집을 비웠다. 여행지로 생각해 본 적 없는 나라와 도시에 가는 것은 새롭고 더 넓은 관점으로 그 나라 사람들과 문화를 경험하고 이해하는 기회다. 이런 경험에 늘 감사한 마음을 가지고 있다.

하지만 출장은 일정이 빡빡해 도착하자마자 회의를 준비해야한다. 회의가 끝나면 곧바로 사무실로 돌아와야 해서 출장지의 호텔 방만 기억에 남는 안타까운 경우도 빈번하다. 우리 부서의 부장은 한때 한 달에 일주일 이상 자리를 비워야 했는데 자녀를 넷이나 둔 엄마로서 아이들을 자주 못 보는 어려움을 털어놓기도 했다. 다른 부서의 수의사 직원들 중에는 주로 본부에 있으면서 1년에 한 번 출장을 갈까 말까 한 직원도 있다. 이처럼 OIE 회원 국가들의 필요와 요청 그리고 각 부서에서 맡은 업무에 따라 출장 횟수와 장소는 제각각이다.

2015년 3월부터 우리 부서는 OIE 청정국 지위 신청 절차와 관련해 지역별로 워크숍을 진행했다. 아메리카, 유럽, 아프리카, 중동, 아시아 지역 국가들과 동남아시아, 북부 아프리카 같은 소지역의 국가들을 대상으로 해당 지역의 중요 혹은 관심 질병을 선정하고 그 질병에 관련된 'OIE 육상 동물 건강 코드'의 기준을 설명하는 것이었다. 실질적인 시나리오와 실습을 통해 참여 국가들이 OIE 기준을 이해하도록 돕고, 청정국 지위를 획득할 때 신청서에 빠뜨리면 안 되는 내용을 알려주는 등 실용적인 워크숍이었다. 하지만 이런 워크숍은 기본적으로 서너 개의 프레젠테이션과 실습을 구상하고 준비해야 하므로 상당한 시간과 노력이 요구된다.

하지만 사무실에서 바쁜 업무에 치여 지내다가 가끔 이렇게 워크숍 덕분에 출장을 가게 되면 그 시간이 매우 값지다. 서류와 이메일로만 교류했던 각국의 수의사들과 직접 만나 질문하고 함께 답을 찾는 등 직접 소통할 수 있기 때문이다. 또한 워크숍이 끝난 후 참석한 수의사들로부터 OIE 기준들을 좀 더 쉽게 이해할 수 있었고 궁금증이 풀렸다는 피드백을 받으면 내가 중요한 역할을 했다는 생각에 뿌듯하다.

멋진 한국인 수의사로 기억될 수 있도록!

내가 OIE에서 정식 직원으로 일을 시작할 수 있었던 것은 나보다 먼저 OIE에 몸담았던 훌륭한 한국인 선배들과 선생님들이 있어서라고 생각한다. OIE에서 나는 수의사로서 그리고 한국인으로서 자부심을 갖고 한국을 대표하는 마음으로 일한다. 그러므로 대충은 없다. 부족할 수도 있겠지만 내가 맡고 있는 일에 늘 최선을 다한다.

앞으로 더 많은 한국인 수의사가 여러 국제기구에 진출할 것이다. 훗날 OIE에서 일할 수의사 후배들을 생각하면서 나는 다짐한다. 오늘도 내일도 멋진 한국인 수의사로 기억될 수 있도록 열정을 가지고 달리자고. 마지막으로 나의 후배, 그 후배의 후배, 그 이후 세대까지 한국인으로서, 수의사로서 사명감을 갖고 국제 무대를 넘나드는 열정을 이어 가기를 간절히 바란다.

4장

수의사 정보 업그레이드

시야는 넓게,
마음가짐은 긍정적으로!

| 이학범 |

서울대학교 수의과대학을 졸업했으며, 현재 수의사 신문 《데일리벳》 대표다.

1. 수의사가 되고 싶습니다. 어떻게 하면 수의사가 될 수 있나요?

우리나라에서 수의사가 되려면 우선 수의과대학에 입학해서 졸업해
야만 합니다. 수의과대학을 졸업하지 않고서는 수의사 국가시험에 응
시할 수 없거든요. 수의사 국가시험은 1년에 한 번 실시되는데요, 수의
사 국가시험에 합격해야 수의사 면허증이 발급됩니다.

수의사 면허증을 받아야 진짜 수의사가 된 것이고, 수의과대학을
졸업했다 하더라도 국가시험에 떨어지면 수의사가 되지 못합니다. 수
의사 국가시험에 떨어질 경우 수의사가 되기 위해 재수를 해서 다시 시
험에 응시해야 합니다. 해외 수의사 면허가 있는 사람도 국내 수의사
시험에 합격해야 우리나라 수의사 면허를 받을 수 있습니다.

2. 공부를 잘해야만 수의대에 갈 수 있나요? 수의대 진학을 위해 중·고교 시절 어떤 준비를 하면 좋을까요?

수의사의 인기가 높아지면서 수의학과 입학 성적도 꽤 높아졌습니다. 그래서 수의대에 입학하려면 공부를 잘해야 하는 것이 맞습니다. 다만, 최근에는 입학 전형이 다양화되면서 성적 이외의 활동도 중요해졌습니다. 즉, 수의사가 되기 위해서 중·고교 시절 다양한 활동을 했다면 수의대 입학에 유리할 수 있습니다. 수의사가 꿈이라면, 유기 동물 보호소 봉사 활동, 야생동물 구조관리센터 봉사 활동, 그리고 각 수의대에서 실시하는 수의과대학 탐방 프로그램(고교생 수의학 아카데미 등)에 참여해 보라고 추천하고 싶습니다. 성적이 조금 떨어지더라도 수의사가 되기 위해서 진정으로 열심히 활동한다면 입학에 유리할 수 있거든요!

3. 수의과대학에서는 어떤 과목들을 배우나요?

수의과대학은 6년제입니다. 예과(수의예과) 2년과 본과(수의학과) 4년 과정으로 구성되어 있는데요. 예과 때는 주로 생물학, 수의학개론, 유기화학, 분자세포생물학, 수의유전학 등 수의학과 관련된 기초 과목들을 배우고, 교양 과목(스포츠, 영어, 음악, 철학 등)을 각자 수강 신청해서 들을 수 있습니다.

본과 4년 동안은 교양 과목 없이 100퍼센트 전공 필수 과목만 배웁니다. 물론 학점과 상관없이 별도의 시간을 내어 교양 과목을 수강할 수 있지만, 전공 필수 과목 공부만으로도 너무 바쁘기 때문에 교양 과목 수강은 쉽지 않습니다.

본과 4년간 배우는 과목은 수의해부학, 수의조직학, 수의약리학, 수의생화학, 수의기생충학, 수의발생학, 수의미생물학, 수의면역학, 수의병리학, 수의독성학, 실험동물의학, 수의전염병학, 가금질병학, 수생동물의학, 야생동물의학, 수의임상병리학, 수의진단영상학, 수의내과학, 수의외과학, 수의안과학, 수의피부과학, 대동물내과학, 수의방사선과학, 전통수의학, 말수의학, 수의영양학, 수의법규학, 동물병원경영학 등 정말 많습니다. 다만, 수의과대학마다 학년별로 배우는 과목이 조금씩 차이가 있으니 정확한 커리큘럼은 각 수의과대학 홈페이지에서 확인해 보시길 바랍니다.

4. 좋은 수의사가 되려면 어떤 품성을 가져야 할까요?

무엇보다 동물을 사랑하는 마음이 가장 중요할 것 같습니다. 모든 동물은 몸집이 크든 작든, 힘이 세든 약하든 사람에 비해 약자입니다. 사람은 자신보다 몸집이 훨씬 큰 코끼리도 타고 다니고, 힘이 센 호랑이도 동물원에 두고 관람하니까요. 또한, 동물과 사람이 함께 감염될 수 있는 '인수공통감염병(Zoonosis)'이 점차 늘고 있습니다. 메르스, 사스, 지카, 광견병 등이 대표적입니다. 결국 동물의 건강뿐 아니라 사람의 건강을 위해서도 수의사의 역할이 중요한 것입니다.

따라서 약자인 동물을 아끼고 사랑하는 마음, 그리고 더 나아가 사람을 포함한 모든 생명체를 사랑하는 마음이 수의사의 가장 중요한 품성이라고 생각합니다.

5. 해부학 등 실습을 하게 될 텐데, 무섭거나 징그러울까 봐 걱정됩니다. 피 한 방울도 잘 못 보는 데 수의사가 될 수 있을까요?

수의대에 다니면 수의해부학 등 다양한 과목에서 실습을 하고, 피를 보게 되는 경우가 있습니다. 처음에는 징그럽고 실습하기 힘들더라도 점차 적용해 나갈 수 있으며, 대부분의 학생이 큰 문제없이 수의과대학 과정을 잘 마치기 때문에 입학 전부터 너무 걱정하지 않으셔도 됩니다.

또한, 최근에는 실습용 동물 모형이 개발되었고 계속 발전하고 있습니다. 그래서 실제로 살아 있는 동물이 아닌 모형을 대상으로 실습하는 경우가 늘어나고 있답니다.

6. 수의대 학비는 얼마나 비싼가요?

수의과대학별로 학비 차이가 있는데요, 평균적으로 예과 때는 한 학기에 200~300만 원 선이고, 본과 학비는 한 학기에 300~600만 원 선이라고 보면 됩니다. 장학금 제도가 잘 발달되어 있기 때문에 장학금 혜택을 통해 학비를 아낄 수도 있습니다.

7. 전국에 수의과대학이 몇 개 있나요? 또 각 수의대마다 어떤 차이가 있나요?

전국에 수의과대학은 총 10개가 있습니다. 서울에는 건국대학교, 서울대학교 등 2개 학교가 있고, 그 외에 각 도마다 수의과대학이 1개씩 있습니다(강원대학교, 경북대학교, 경상대학교, 전남대학교, 전북대학교, 제주대학교, 충남대학교, 충북대학교).

수의과대학별로 큰 차이는 없습니다. 또한 배우는 과정도 비슷합니다. 다만, 제주대학교의 경우 별도로 말 전문 동물병원을 설립할 정도로 말 분야에 특화되어 있으며, 경상대학교의 경우에도 다른 학교에 비해 수생동물 분야에 뛰어난 성과를 보이는 등 각 수의과대학별로 특징이 있으니 입학 전에 참고하면 좋을 것 같습니다.

8. 자신의 진로는 언제 어떻게 결정하나요?

진로를 결정해야 하는 특정 시점은 없습니다. 수의사의 진출 분야가 워낙 다양한 만큼 졸업 직전까지 진로 고민을 하는 경우가 많으며, 심지어 수의사가 된 뒤에도 진로 고민을 하는 경우가 종종 있습니다. 하지만 진로 결정은 빠르면 빠를수록 좋겠죠? 그래야 그 분야에 대비할 수 있는 시간도 늘어날 테니까요.

수의과대학에 입학한 뒤, 다양한 분야에 종사하는 선배들을 찾아가서 만나고, 여러 기관에서 실습해 보면서 많은 경험을 한 뒤 진로를 결정하면 후회가 적을 거라고 생각합니다. 선배들을 찾아다니면서 진로 고민을 털어놓고 조언을 받을 수 있는 것도 수의대 학생이 가진 특권이기 때문에 많은 경험을 쌓고 진로 결정에 도움받길 바랄게요!

9. 여성 수의사의 비율은 어느 정도 되나요? 여성 수의사의 경우 취업에 차별이 없나요?

2017년 5월 기준 여성 수의사의 비율은 약 25퍼센트입니다. 현재 수의과대학 입학생들 중 여학생이 차지하는 비율이 점점 늘어나고 있고, 남학생보다 여학생 수가 더 많은 수의과대학도 있기 때문에 앞으로 여성 수의사의 비율은 점차 높아질 것으로 예상됩니다. 실제 최근 5년간 수의사 시험 합격자 중 여성의 비율은 33.2퍼센트입니다.

소 같은 대동물 분야에서 체격적인 불리함이 있을 수는 있지만, 여성 수의사라고 해서 취업에 차별을 받는 경우는 거의 없습니다.

10. 수의사 국가시험의 합격 기준 및 합격률은 어느 정도 되나요?

수의사 국가시험은 기초수의학 100문제(100분), 예방수의학 100문제(100분), 임상수의학1 75문제(75분), 임상수의학2 55문제+수의법규·축산학 20문제(75분) 등 총 350문항이 출제되며, 350문항 모두 객관식 5지선다형 필기시험으로 치러집니다. 전 과목 총점의 60% 이상, 매 과목 40% 이상 득점해야 합격할 수 있습니다.

수의사 국가시험 합격률은 80~90% 수준입니다. 2014년 58회 합격률은 95.6%(610명 응시 583명 합격), 2015년 59회 합격률은 85.1%(544명 응시 463명 합격), 2016년 60회 합격률은 97.2%(606명 응시 589명 합격), 2017년 61회 합격률은 96.1%(592명 응시 569명 합격), 2018년 62회 합격률은 96.9%(565명 응시 548명 합격)였습니다.

11. 수의사도 인턴, 전문의 과정이 있나요?

동물을 진료하고 치료하는 임상 수의사의 경우 국가에서 인정한 인턴, 전문의 과정은 없습니다. 다만, 수의사가 된 뒤 처음으로 일하는 1년 차 수의사를 흔히 인턴 수의사라고 부릅니다.

공식적인 인턴, 전문의 과정은 없지만 수의과대학에서 운영하는 대학동물병원과 일부 대형 로컬 동물병원에서 인턴 과정을 운영하기도 합니다. 또한, 수의과대학 임상 대학원에 진학해서 특정 과목을 2~5년 정도 추가로 공부하고 전문적인 지식을 쌓는 수의사도 많아지고 있습니다. 게다가 최근 한국수의안과전문의, 한국수의병리전문의, 한국수의내과전문의 등 각 과목별로 전문의 제도가 생기는 추세이기 때문에, 언젠가 국가 차원의 수의사 전문의 제도도 시행될 것으로 보입니다.

12. 동물병원에 취업할 때 시험을 보나요?

일반적으로 필기시험을 보는 경우는 없고, 서류 심사 및 면접을 거쳐 동물병원에 취업하게 됩니다. 수의과대학 재학 시절의 학점도 중요하지만, 학점보다 성실함과 성격 등이 취업에 더 중요한 요소입니다.

13. 의료 소송도 많이 발생하나요?

동물병원에서의 의료 소송(수의료 소송)은 점차 빠르게 늘어나고 있습니다. 동물 진료·치료 중 사고가 발생했을 경우, 그에 대한 수의사의 과실 여부를 판단하기 위한 소송이 대부분입니다. 사람의 의료 소송과 달리 수의료 소송에서 피해를 입은 대상은 동물입니다. 우리나라에서는 동물의 지위가 생명체가 아닌 '물건'으로 규정됩니다. 따라서 수의료 소송의 피해 금액이 그 동물의 가격(구입 가격)에 그쳐야 법적으로 맞지만, 최근에는 주인의 정신적 고통에 대한 손해 배상까지 판결하는 경우가 늘어나고 있습니다. 즉, 법적으로 동물이 물건으로 취급된다고 하더라도 동물이 주인에게 특별한 존재였다는 것을 법원에서도 인정하고 있는 것이죠.

14. 수의사의 수입은 어느 정도 되나요?

우선 동물병원 원장의 경우 수입은 자신의 능력에 따라 달라집니다. 엄청나게 큰 수익을 올리는 동물병원도 있지만, 반대로 망하는 동물병원도 있기 때문에 수의사의 수입이 얼마라고 정확하게 특정할 수는 없습니다.

월급을 받는 수의사의 경우 일반 회사원과 비슷한 수준이거나, 원장과의 계약 수준에 따라 일반 회사원보다 훨씬 많은 수입을 올릴 수도 있습니다.

동물병원 수의사가 아닌 공무원 수의사나 회사 소속의 수의사의 경우, 정해진 연봉에 수의사 수당을 추가로 받는 경우가 많습니다.

15. 동물병원을 여는 데 얼마만큼의 비용이 필요한가요?

동물병원 개원 비용은 규모에 따라 천차만별입니다. 하지만 작은 동물병원이라고 하더라도 대부분의 동물병원이 내과, 외과, 산과, 영상 등 모든 진료 과목을 보는 종합동물병원이기 때문에 많은 장비가 필요합니다. 따라서 작은 규모의 동물병원을 개원한다고 하더라도 수억 원의 개원 비용이 듭니다.

개원 비용이 큰 부담으로 다가올 수 있지만, 수의사 전용 대출 상품이 많이 있어서 그것을 활용하거나 동료 수의사와 동업을 하여 개인 부담을 낮추는 경우도 많습니다.

16. 개, 고양이 이외에 어떤 동물을 진료하나요?

수의사는 사람을 제외한 대부분의 동물을 진료할 수 있습니다. 개, 고양이 이외에도 고슴도치, 페럿, 토끼, 파충류 등 다양한 반려동물과 소, 말, 돼지, 닭, 오리, 사슴, 양, 거위, 타조, 꿩 같은 축산동물, 노루, 부엉이, 소쩍새 등의 야생동물, 물고기, 돌고래 등 수생동물, 동물원에 있는 코끼리, 사자, 기린 등 관람 동물까지 다양한 동물을 진료합니다. 심지어 꿀벌 같은 곤충을 치료하는 수의사도 있습니다.

17. 구제역, AI 등 가축전염병 방역 분야에도 수의사들의 역할이 많은가요?

그렇습니다. 구제역과 고병원성 조류인플루엔자(AI) 같은 가축전염병이 점차 많이 발생하고 있고, 이런 가축전염병을 막는 '방역 업무'를 수의사가 담당하고 있기 때문에 수의사의 역할이 매우 중요합니다. 구제역과 고병원성 AI 같은 국가 재난형 가축전염병이 발생하면 수천 억 원에서 수조 원의 피해를 입게 됩니다. 또한, 고병원성 AI처럼 동물뿐만 아니라 사람에게도 감염이 가능한 전염병이 많기 때문에 가축전염병 방역 업무는 동물은 물론 사람을 위해서도 중요합니다. 가축 방역 업무에 종사하는 수의사들은 공무원 수의사(가축 방역관)입니다.

18. 수의사는 몇 살까지 근무하나요? 나이가 많아도 수의대에 진학 가능한가요?

수의사는 은퇴 시기가 없기 때문에 본인이 원하면 70~80세까지도 근무할 수 있습니다. 수의사 면허가 소실되는 것이 아니기 때문에 언제든지 동물병원을 열 수 있고 운영할 수 있는 것이죠!

또한, 나이가 많아도 수의대에 진학할 수 있으며, 실제로 30세 이상의 수의대 신입생이 꽤 많습니다. 아마 수의사의 정년이 없기 때문에 많은 나이에도 불구하고 수의대에 진학하는 사람들이 늘어나는 것 같습니다.

19. 동물병원이나 수의사 간 경쟁이 심하지는 않은가요?

신규 배출되는 수의사들이 주로 반려동물 임상 분야로 진로를 결정합니다. 그래서 동물병원 간의 경쟁이 점차 심화되고 있는 것이 사실입니다. 따라서 동물병원의 경쟁력을 위해 '내가 가진 장점'을 잘 살리는 것이 중요해지고 있습니다.

반면 산업동물 분야, 공무원 분야, 연구소, 회사 등 반려동물 임상 외에 다른 분야에서는 수의사가 부족한 상황입니다. 그렇기 때문에 오히려 이런 분야에 자신의 능력을 발휘할 기회가 더 많을 수도 있습니다. 따라서 수의과대학 입학 전에 동물병원 이외에도 다양한 진로가 있다는 사실을 꼭 인지하시길 바랄게요!

20. 유기 동물 문제에 대한 수의사들의 대응은 어떤가요?

버려지는 동물이 1년에 10만 마리에 이를 정도로 문제가 심각합니다. 이 때문에 수의사들이 정기적으로 유기 동물 보호소 봉사 활동을 하면서 노력하고 있습니다. 대한수의사회, 서울시수의사회, 경기도수의사회, 부산시수의사회 같은 수의사협회에서 운영하는 봉사단은 물론이고 '버려진동물을위한수의사회(버동수)' 같은 자발적인 수의사 봉사 단체도 있습니다.

또한, 각 수의과대학에도 동물 보호 및 동물 의료 봉사 동아리가 존재해 수의대 학생 시절부터 유기 동물 문제 해결을 위해 봉사에 참여하는 수의사들이 늘어나고 있습니다.

21. 수의사라는 직업의 전망은 어떤가요?

동물에 대한 사회적인 관심이 증가하고 있고, 반려동물을 키우는 사람들이 늘어나고 있으므로 수의사의 전망은 좋은 편이라고 생각합니다. 또한, 새롭게 발생하는 신종 사람 감염병 중 60퍼센트가 사람과 동물이 함께 감염되는 인수공통감염병이며, 그중 75퍼센트는 야생동물로부터 온다고 합니다. 따라서 사람의 건강까지 고려한 공중 보건 분야를 포함하여 야생동물, 관람 동물, 실험동물, 산업동물 등 다양한 분야에서 수의사의 역할과 중요성이 점점 커질 것으로 예상됩니다.

전국 수의과대학 일람표

(지역순)

지역	구분	대학명	주소	전화번호
강원	국립	강원대학교 수의과대학	강원도 춘천시 강원대학길 1 http://vetmed.kangwon.ac.kr	033-250-8650
경남	국립	경상대학교 수의과대학	경남 진주시 진주대로 501 http://vet.gnu.ac.kr	055-772-2307
광주	국립	전남대학교 수의과대학	광주 북구 용봉로 77 http://vetbk21.jnu.ac.kr	062-530-2806, 2842
대구	국립	경북대학교 수의과대학	대구 북구 대학로 80 http://vet.knu.ac.kr	053-950-5951
대전	국립	충남대학교 수의과대학	대전 유성구 대학로 99 http://vetmed.cnu.ac.kr	042-821-6751, 6761
서울	사립	건국대학교 수의과대학	서울 광진구 능동로 120 http://veterinary.konkuk.ac.kr	02-450-3114
	국립	서울대학교 수의과대학	서울 관악구 관악로 1 http://vet.snu.ac.kr	02-880-1209
전북	국립	전북대학교 수의과대학	전북 익산시 고봉로 79 http://vetmed.jbnu.ac.kr	063-850-0906
제주	국립	제주대학교 수의과대학	제주도 제주시 제주대학로 102 http://vetmed.jejunu.ac.kr	064-754-3360, 3305
충북	국립	충북대학교 수의과대학	충북 청주시 서원구 충대로 1 http://vetmed.chungbuk.ac.kr	043-261-2595